跟马云
学口才

郑一群◎著

北京工业大学出版社

图书在版编目（CIP）数据

跟马云学口才／郑一群著．—北京：北京工业大
学出版社，2014.12
  ISBN 978-7-5639-4102-5

  Ⅰ．①跟…　Ⅱ．①郑…　Ⅲ．①口才学－通俗读物
Ⅳ．① H019-49

  中国版本图书馆 CIP 数据核字 (2014) 第 259908 号

跟马云学口才

著　　者：	郑一群
责任编辑：	闫　妍
封面设计：	尚世视觉
出版发行：	北京工业大学出版社
	（北京市朝阳区平乐园 100 号　邮编：100124）
	010-67391722（传真）　bgdcbs@sina.com
出 版 人：	郝　勇
经销单位：	全国各地新华书店
承印单位：	香河利华文化发展有限公司
开　　本：	787 毫米 ×1092 毫米　1/16
印　　张：	18
字　　数：	237 千字
版　　次：	2014 年 12 月第 1 版
印　　次：	2018 年 4 月第 7 次印刷
标准书号：	ISBN 978-7-5639-4102-5
定　　价：	32.80 元

前　　言

　　口才是指一个人说话的能力，驾驭语言的能力。口才训练大师戴尔·卡耐基说过："一个人的成功，约有15%取决于专业知识，85%取决于沟通能力——发表自己意见的能力和激发他人热忱的能力。"由此可见，在当今社会，拥有好口才绝对是非常重要、必需的。

　　口才是一个人智慧的反映，是影响一个人事业成功、人际和睦的重要素质，也是现代人必须具有的重要能力，更是创造型、开拓型人才的必备技能。一些成功者之所以能成功，除了自身技能和素质高之外，好口才也为他们加分不少。很多成功的企业家都有好口才，如新东方的俞敏洪、金山的雷军，还有阿里巴巴的马云。

　　马云的好口才使他成了最抢手的英语老师；令他在全世界各地演讲时座无虚席；在与孙正义谈投资时，仅用了6分钟就打动了孙正义，决定为他投钱……

　　马云的精湛口才之所以能够盛名在外，是因为他在表达时具备一种独特魅力。甲骨文大中华区产品战略高级总监刘松曾说过："马云身上兼有商人的狡猾、政客的辩才和宗教领袖的启发性。"

从马云身上，可以看到语言的魅力无处不在。要想成为事业上的强者，就必须掌握说话的技巧，如果对说话技巧掌握得不好，就很难达到你想要的效果。

世界巨富比尔·盖茨说："这是一个竞争的时代，也是一个合作的时代。现代人都需要别人的帮助，因此人际沟通能力和交往能力在很大程度上决定了一个人的前途和发展。"一个人如果善于言辞、会说话、口才好，就能把自己的工作生活安排得有趣而且非常愉快，不仅使自己快乐，也使他人快乐。所以说，拥有良好的口才，做一个会说话的人，是生命中最基本也是最重要的一件大事。

好的口才并非天生，只要方法得当，再加上持久的练习，你也一定能像马云一样用口才改变自己的命运，成就闪耀的人生！

本书精心整理和收集了马云近几年来在不同场合的精彩演讲，对其独特的说话风格进行了深入的剖析。读者可以从中体验到马云最精彩的口才魅力与沟通技巧，从而结合自身的特点打造出属于自己的口才魅力。

目　　录

第一章　自信，点燃你的正能量

第二章　简洁，把话说到点子上

第三章　激励，言谈间传递正能量

第四章　委婉，说话不要太直接

第五章　幽默，为你开启智慧之门

第六章　坚定，说话果断不动摇

第七章　说服，一开口就能打动人

第八章　豪迈，狂人狂语显英豪

第九章　个性，永远不做大多数

第十章　低调，把姿态放低一些

第十一章　智慧，语言贵在睿智

附　录

自信，点燃你的正能量

拥有自信是获得好口才的基础，不树立自己的自信心，只片面地强调训练口才，无异于舍本逐末。口才固然重要，但好口才的背后一定需要用自信来支撑。

带着自信去说话，会让人高看你一眼

口才，是一种语言技巧。它可以展现一个人的自信，也可以显示一个人的价值。在很多公开场合，我们需要发表自己的意见，展现自己的才华。古人云：三寸之舌，强于百万雄师；一人之辩，重于九鼎之宝。这就是口才的魅力。

一个人有没有自信，是完全可以通过说话判断出来的。如果你能把自己的想法或愿望清晰、明白地表达出来，那么说明你的内心一定具有坚定的信心和明确的目标，同时你充满信心的话语也会感染他人，吸引他人的注意力，还会对你的事业发展有着巨大的推动作用。马云正是利用这样的自信征服了很多人。

2009年5月，阿里巴巴在香港举办股东大会，大会采取了"巴菲特式"股东大会的模式进行，来自阿里巴巴的股东、员工、媒体等300人参加。这是香港股市第一例"透明式"交流的股东大会。下面是我们摘取的其中一段演讲：

"如果今天阿里巴巴说裁员2000人、不发年终奖，我相信没有人反对我们，因为全世界都在降工资、都在裁员。这时候我们要做的决定是要不要给他们发年终奖，在冬天到来的时候你该不该对员工负责任。这个年终奖是很多人期盼的，工资也是。所以我认为2008年是阿里巴巴创办九年以来最成功的一年，因为这一年我们躲过了金融风暴，这一年我们做了全面的准备，对员工做了大量的改造，一切都很好，我们应该给员工发年终奖，并且给优秀的员工加工资。

"事实上到今天为止我不知道中国有多少CEO像我一样，我很自信，自信并不是说我狂妄，而是我看到了未来，看到了自己的员工。当然，说心里话我并没有听到很多股东对我们说'你们公司好像真不太挣钱'。大家回忆一下两年前发行IPO（Initial Public Offerings的简称，即首次公开发

行股票）时，我在这儿路演了一场15分钟的讲座，我跟大家讲电子商务在
中国真正繁荣起来需要3～5年的时间，我相信那一天会到来。如果参加路
演，我从香港到新加坡、到英国伦敦、到纽约，我一路上讲电子商务需要
3～5年的时间。那时候投资者说阿里巴巴利润太高，我也觉得太高，哪有
40％多的利润，这些利润应该返回到市场上去，去聘请更多的优秀员工，
因为真正的电子商务市场要形成大概需要5～10年，10年以后整个世界的电
子商务将发生剧烈变化。"

自信是获得成功的先决条件。一个人如果对自己充满自信，那么他的语言的
影响力就会很强，所要表达的想法就会被有效地传达，更有利于和他人进行有效
的沟通。所以说，自信的人具有丰富的个人魅力和感染力，他们更容易与人沟通
和交流。

美国总统罗斯福是一个相当自信的人。当他还是参议员时，潇洒英
俊，才华横溢。但是，有一天，罗斯福在加勒比海度假，游泳时突然感到
腿部麻痹，动弹不得，幸亏旁边的人及时发现和救助才避免了一场悲剧的
发生。经过医生诊断，罗斯福患上了"腿部麻痹症"。医生对他说："你
可能会丧失行走的能力。"罗斯福并没有被医生的话吓倒，反而笑呵呵地
对医生说："我还要走路，而且我还要走进白宫。"

第一次竞选总统时，罗斯福对助选员说："你们布置一个大讲台，我
要让所有的选民看到我这个患麻痹症的人，可以走到前面演讲，不需要任
何拐杖。"当天，他穿着笔挺的西装，面容充满自信，从后台走上了演讲
台。他每次的迈步声都让每个美国人深深感受到他的意志和十足的信心。
后来，罗斯福成为美国政治史上唯一一个连任四届的伟大总统。

自信的语言，散发着一个人的人格魅力。在与他人说话时，你的自我感觉
会在很大程度上影响着别人如何看待你。如果你心里就觉得自己"行"或"可

以"，那么你就能得到对方的赏识和尊重，对方也会愿意与你继续交流下去。所以说，培养一种自信的感觉是非常重要的，它会让你在与人沟通的过程中受益无穷。

　　一个叫黄美廉的女子，自小就患上了脑性麻痹症。这种病的病状十分惊人，因为肢体失去了平衡感，手足便时常乱动，眯着眼，仰着头，张着嘴巴，口里念叨着模糊不清的词语，模样十分怪异。这样的人其实已失去了语言表达能力，不亚于哑巴。

　　但黄美廉硬是靠她顽强的意志和毅力，考上了美国著名的加州大学，并获得了艺术系博士学位。她靠手中的画笔，还有很好的听力，来抒发自己的情感。

　　在一次演讲会上，一个不懂世故的中学生竟然这样提问："黄博士，你从小就长成这个样子，请问你怎么看你自己？"在场的人都在责怪这个学生说话太没礼貌，但黄美廉却十分坦然地在黑板上写下了这么几行字："一、我好可爱；二、我的腿很长很美；三、爸爸妈妈那么爱我；四、我会画画，我会写稿；五、我有一只可爱的猫；六……"最后，她以一句话做总结："我只看我所拥有的，不看我所没有的！"

　　黄美廉以自己的实际行动揭示了走好人生路的真谛：人需要自信，要敢于接受和肯定自己。

　　由此可见，一个人是否拥有自信，在与人交流的时候，显得至关重要。通常情况下，一个说话自信的人基本都会头脑灵活、判断力强、信心十足，说话富有磁性而有吸引力，同时，他还能在各种谈话场合中，得心应手，滔滔不绝，赢得别人的认同和赞扬。

　　自信是一种人格魅力。没有信心，人们就无法开展有效的交流。而能否保持自信，能否有效地开展交流，决定了你能否拥有成功的生活。但凡有所成就的人，他们对自己的了解都相当清楚，并且充满肯定。他们的共同点是说话十分自信，时时刻刻都用积极的语言来肯定自己，让自己自信起来。

相信自己，不怕质疑

俗话说：一样米养百样人。对同一事物或观点，不同的人有不同的看法，这是正常的。看法不同就会出现质疑，可以说，质疑的声音会伴随我们一生，特别是当我们有所成就或者有所创新的时候，质疑就会围绕过来，它想要困住我们，让我们迷失方向，最终失去自我。但是，一个自信的人是不会那么容易被困住的，冲出迷雾就能看到前方的路和胜利的曙光。

马云曾经感慨至深地说过这样一段话："阿里巴巴从成立以来一直备受质疑，从8年前我做阿里巴巴的时候一路被骂过来，大家都说这个东西不可能成功。不过没关系，我不怕挨骂，在中国反正别人也骂不过我。我也不在乎别人怎么骂，因为我永远坚信这句话——你说的都是对的，别人都认同你，那还轮得到你吗？你一定要坚信自己所做的事情是正确的。"从饱受质疑的"骗子"成长为受人尊敬的企业家，从屡败屡战的"疯子"磨砺成指点迷津的创业教父，一路走来，马云都坚持自己的信念，他的成功是靠自信支撑的。

在杭州师范大学2011级新生的开学典礼上，马云做了这样一番自信的演讲：

"我去过很多大学，哈佛也好，MIT(美国麻省理工学院)也好，还有北大、清华，我都以杭师大为骄傲。我一直说这是最好的学校。因为，好与不好很多时候不是别人怎么看，而是你自己怎么相信的。如果你觉得自己不好，你就没有好的机会。

"在大多数人眼里，我们杭师大确实跟北大、清华有距离，但正因为有距离才给了我们机会。假如我当年考进了北大，就没有现在的马云了，因为杭师大才给了我这样的机会。我自己也想，今天这个开学典礼不是为了庆祝我们曾经诞生了多少校友，而是我们希望能够产生更多、更好的校友。而这些校友就来自这里，就坐在下面。因为你信，你才有机会；如果你不信，你一点儿机会都没有。"

马云的演讲很亲切，也很有说服力。通过透露自己对母校的信任来赞美母校，远比那些从学校的未来发展战略、学校的硬件设施等方面来强调学校优秀的演讲有吸引力得多，一番话铿锵有力，让人坚信不疑。

一般来说，有强烈自信心的人，都是能言善辩的人；能言善辩的人，又都具有强烈的自信心。自信可以促进说话能力的提高，说话能力的提高又可以进一步增强自信，两者是相互作用的。

自信，是提高说话能力的推动力，是促使事业成功的重要力量；说话是自信的外在表现，是提高自信最有效的方法之一。

林肯说："不论人们如何仇视我，只要他们肯给我一个略说几句话的机会，我就可以把他们说服。"这是何等自信！在创造自己人生价值的路上，或许每个人都会走过一段荆棘丛，但你要明白质疑会伴着我们成长，自信会使我们变得更加强大。

小泽征尔是世界著名的交响乐指挥家。在一次世界优秀指挥家大赛的决赛中，他按照评委会给的乐谱指挥演奏，却敏锐地发现了不和谐的声音。起初，他以为是乐队演奏出了错误，就停下来重新演奏，但还是不对。他觉得是乐谱有问题。这时，在场的作曲家和评委会的权威人士坚持说乐谱绝对没有问题，是他错了。面对一大批音乐大师和权威人士的否定，他思考再三，最后斩钉截铁地大声说："不！一定是乐谱错了！"话音刚落，评委席上的评委们立即站起来，报以热烈的掌声，祝贺他大赛夺魁。

原来，这是评委们精心设计的"圈套"，以此来检验指挥家在发现乐谱错误并遭到权威人士"否定"的情况下，能否坚持自己的正确主张。前两位参加决赛的指挥家虽然也发现了错误，但终因随声附和权威人士的意见而被淘汰。小泽征尔却因充满自信地坚持自己的判断以及高超的指挥水平而摘取了世界指挥家大赛的桂冠。

有人说：每一个质疑声都将是一个进步。的确如此，每个人都会有遭到他人质疑的时候。在工作中，别人会对你的工作指指点点，甚至直接抨击你无法胜任目前的工作，这些质疑根本算不上我们前进的障碍。面对质疑，我们要满怀自信，要接得住质疑并且用实际行动把它击碎。我们要相信自己，相信自己的能力，走正确的路，做正确的事情，那么那道质疑的围墙自然会不攻而破。

因此，无论说话还是办事，都要做到不卑不亢，自信在握，让言语中的闪光点去照亮对方的心，那么你的言谈不但会有说服力，而且还会更受欢迎。

先相信自己，然后别人才会相信你

"先相信你自己，然后别人才会相信你"，这是19世纪俄国现实主义小说家伊凡·谢尔盖耶维奇·屠格涅夫说过的一句名言。有时，我们会抱怨别人不相信自己，但是你相信自己吗？只有相信自己的人，别人才会相信他。

只有自信，别人才会相信你。因为充满自信的言行是对自己的肯定。如果说话没有自信，连自己都不能肯定自己，别人怎么相信你，怎么肯定你！所以，你的自信，能让别人起码知道你值得去相信。马云就是这样一个人。

2010年，马云在台湾一个经济论坛上公开表示，过去的全球化是必须懂得欧洲、懂得美国，但是今后必须是懂得中国才有可能到全世界做生意，中国将会是制定这个游戏规则的一方。

马云说："为什么外国互联网公司到中国大都失败了？谷歌不行，雅虎也不行，eBay易趣这些都被中国本土公司给搞掉了。是不是在中国不能做？任何一个失败的人都喜欢找借口，人类总是为失败找借口，不为成功找方向。

"外国公司在中国倒下了五六家，中国互联网公司倒下多少家？5000家都不止！那些企业为什么倒下？他们说跟政府不会搞关系、没有钱、没有这个那个。他们有的只是借口。

"阿里巴巴到今天没有跟政府要过一分钱，没有跟银行贷过一分钱，我们可能比任何人都艰难，但是我们为什么活下来了？因为我们有理想，我们知道中国互联网一定有未来。我们必须一点一滴地向外奋斗。我们乐观，我们看好未来，不能因为一点儿困难就撤走。"

马云的成功就在于他心中始终都能怀有一份信心，从他的讲话中我们也不难看出他对自己未来的事业的信心。他的话中所包含的这份自信与激动，无不让听者动容。而这样真实可信的演讲，才会真正具有吸引力。

有句话说得好："你相信什么，你就会是什么，你就会过上怎样的生活。"相信了才会有自信，马云所说的每句话都透露着一股自信，这股自信正源自于他只说自己相信的话。就像他自己说的那样："很多人演讲的话全是对的，但是他们自己却不相信，我讲的东西可能全是错的，但我自己很相信。"

一个人如果想赢得别人的信任，首先就要自己相信自己。相信自己，是对自己的充分肯定，是对自己能力的认可。一个连自己都不相信的人，又能相信谁呢？

在美国爆发经济危机那年，许多公司都在裁员，而此时，有个青年刚从大学毕业，想到当地一家百货公司找一份工作。他带有一封介绍信，这是他的父亲写给当年的大学同学——百货公司经理的。

经理读了介绍信，对年轻人说："我本来可以给你找个工作干干。你的父亲是我大学里最要好的朋友之一，每年校友联欢会上，我都期望见到他。可不巧的是，你在这个时候来，真是再糟糕不过了。好长时间以来，我们的生意一直亏本，除了最必需的人员，我们不得已把所有的职员都解雇了。"

这所大学的许多毕业生都来这家百货公司找工作，得到的全是同样的答复。

一天，又有一个学生说他要到百货公司寻个差使，同伴们不禁哄笑起来，说他纯粹是在浪费时间。

但这个小伙子自有主意，他相信自己有能力得到一份工作。他手上没有什么介绍信，进了商店就径自来到经理办公室的门口。他请人送进去一张条子，字条上写着："本人有一个主意，可帮你的公司从大萧条中解脱出来。可否与你一谈？""请他进来！"公司经理命令道。

小伙子进去后马上转入正题："我想帮你开办大学生专柜，向大学生销售服装。本校有16000多名学生，人数年年都有所增长。我虽然对批发衣服一窍不通，但我懂得这些学生喜欢什么。让我帮你开办会受大学生欢迎的专柜，我可以向他们宣传，吸引他们来这里买衣服。"

没过多久，这家百货公司果真办起了大学生专柜，新颖的服装款式吸引了一批又一批大学生涌入百货公司，公司很快就生意兴隆，走出了经济大萧条的困境。不用说，这个小伙子成了公司的雇员。

我们不排除这个小伙子的成功与他非凡的个人能力有关，但重要的是，他十分相信自己，进而赢得了经理的信任，并得到了一个机会。所以说，如果不是他相信自己，纵使他有再强的能力，也得不到经理的信任。

让别人信任我们和自己相信自己同样重要。但要想让别人信任我们，我们首先要相信自己，时刻保持一种自信，相信自己一定能够成功。只有如此，我们才能赢得别人的信任。

假设你在销售一件产品，连你自己都不相信产品的性能和质量，那么推销起来必定也是模棱两可，当然难以说服别人。只有自己真的相信，才能让别人相信你。一个人只有在讲自己相信的事物的时候，才能够讲得自信满满，讲得铿锵有力。

有一位卖地板清洁剂的销售代表到一家饭店去销售，刚一推开经理室的门，发现已有一家公司的销售代表正在销售地板清洁剂，而且经理已表示要购买。后进来的销售代表凑过去看了看说："经理，我也是销售地板清洁剂的，不过我的产品质量比他的好！"说完，他将自己销售的清洁剂往地上一泼，擦了两下说："你来看！"地板变得干干净净的，先进来的销售员愣住了，不知道怎么应付。饭店经理对先来的销售员说："你以后别来了，我要这家的产品了。"

一个人如果连自己都不相信，还有什么资格让别人相信！要想说服别人首先要说服自己，就像推销员在推销东西时，对自己的产品越了解、越有信心，跟别人讲的时候才会越有热情，越有热情就越有感染力，成功的推销就源自于对产品相信的力量。

很多时候，相信只是开始，不是终点，因为在相信之后，更重要的是切实的付出和努力。只有内心真正地相信，才会源源不断地产生出能量和动力，而这也才是相信的真正意义。所以，从现在开始，拿出你的积极性、勇气，更要拿出你的自信，这会引导你走向成功、走向辉煌！

气场的力量是无穷的

在最近几年，"气场"一词越来越受到人们的关注，从世界巨富比尔·盖茨到美国总统奥巴马，从世界最著名脱口秀主持人奥普拉到阿里巴巴集团创始人马云，从官方新闻到足球世界杯——全世界都在讨论它，评价它，它已经成为全世界知名人士都在运用的成功秘诀。气场如同一面镜子，不仅能够反映出一个人对周围人群的影响力，而且还能从中折射出这个人的才能和智慧。

气顺则人顺，气和则人和。每个人都是在一种生动的气韵中生活、成长的。所谓气场，就是指一个人的言行举止、性格修养所形成的一种个人魅力。

气是一种吸引力，是一种魅力，它使得人们的目光总是被你吸引，不论你在做什么或说什么，都能让你受人关注，让你的对手敬畏你的实力。

《世说新语·容止》中有这样一个故事：

三国时期，魏国曹操统一北方后，声威大振，各少数民族部落纷纷依附于他。北匈奴派使者送来了大批奇珍异宝，使者请求面见曹操。曹操自认为形貌丑陋，不能用威仪震慑匈奴，就将声姿高扬、眉目疏朗的崔琰召来，要他代替自己接见使者。接见时，崔琰正中端坐，接受了匈奴使者的拜贺，曹操却扮作侍卫模样，手握钢刀，挺立在座榻旁边。

接见完毕后，曹操派间谍去问匈奴使者对魏王的印象如何。使者不假思索地说："魏王高雅的气质很不一般，但是他边上拿刀的那个人，才是真正的英雄！"

这就是气场的力量。虽然曹操假扮侍卫，但也不能掩饰自己的气场所散发出的巨大力量。

气场是一个人身上显现出来的独特的个人魅力。只要你有丰富的阅历就会发现，这种气场能从很多细节方面反映出一个人的真实身份。比如，一个人说话有底气，不但能给人留下气场很强的感觉，而且在说话过程中，那种无形的气势也会直逼他人。尤其是在说服对方、陈述自己意见的时候，如果我们总是能自信满满，那么就会在一开始就取得气势上的胜利，可见，气场的能量是无穷的。

在马云的言谈之间，我们同样可以看到强大的气场，那是一种耀眼的光芒，让人拜服或崇敬。

在谈到阿里巴巴的团队时，马云的语气中总是透露着几分执着和肯定。在马云的心中，树立良好的团队精神才是团队共创业绩的关键，而不是去看个人的能力。马云的这番话底气十足，显示出其独特的管理理念。下面便是马云要求对客户实施的"271"战略：

"刚刚提出电子商务是一个过程，是以商务为目的，电子商务是一个可以用来经营你的企业和业务的工具和手段。我们现在实行内部'271'战略，20%是优秀员工，70%是不错的员工，10%是必须淘汰掉的员工。我对客户也要实行'271'战略，有10%的客户是每年一定要淘汰掉的。比如说我是医生，你是病人，你来看病，你把药买回去，往家里面一放不吃，我也没有办法。

"我经常跟员工交流一个故事，这是我对企业的了解。杭州有一个很有名的饭店，6年前我到这个饭店去，这个饭店还没有几张桌子，我点好菜后在那儿等，过了5分钟经理来了，说：'先生，你的菜重新点吧。'我问怎么了，他说：'你的菜点错了，你点了四个汤一个菜。你回去的时候，一定说饭店不好，实际上是你菜点得不好，我们有很多好菜，你应该点四个菜一个汤。'我觉得这个饭店很有意思，为客人着想，不会像有些饭店看见有客人来，就说龙虾怎么样，甲鱼也不错。可他会对你讲没必要这么多，两个人这样点菜就行了，不够再点。你感觉他为客户着想，客户满意了，他才会成功；如果客户不满意，就是你不成功。"

在谈及自己制订的战略计划时，马云不仅理由充分，而且还表现得十分自信。通过列举自己所获得的经验，来向外界陈述自己定此计划的原因，让大家看到了一个自信满满、气场强大的马云，从而让更多的人去理解和肯定他的计划。

气场来自于一个人的自信心。当一个人足够自信的时候，他的自信就会由内向外不断散发出来。这时候他可以通过形态、气势、语言、动作等去表达和体现。在他表达和体现这一切的时候，他的周围就形成了强大的气场。

一个人有气场，就是指这个人的正面能量在扩散、传递给周围的人，那么他们就会受到感染，具有热情、积极乐观的态度。气场强的人，能对别人产生震慑力，那么他一定是内心强大，有一定的社会成就，得到大家普遍认可的人。

1960年美国总统大选的时候，约翰·肯尼迪和理查德·尼克松进行了一场电视辩论。在那之前，许多政治分析家都认为肯尼迪处于劣势。他年轻，比较不出名，天主教徒，非常的富有，波士顿口音太重。但是，在荧光屏上，观众看到的是一个气场强大的人。他心平气和，说话很快又充满自信，面孔新鲜而讨人喜欢。在他旁边，尼克松看起来毫无气场，饱经风霜，紧张、不自在，他的黑眼圈似乎显示出他不是一个自信的人。据说就是由于这次的辩论，这种在美国大众面前的推销，改变了人们的看法，转而喜欢肯尼迪。

由此可见，气场强大的人，总会带动周遭人群的情绪，影响和感染他人。气场是一个人能力的体现，决定着我们的方向和成败，并为我们构建了一个社交环境。

每个人都有气场。它不是天生的，而是培养出来的。如果你想拥有强大的气场，就需要不断地提升和培养自己的各方面能力。以下几个方面是提升一个人气场的有效方法。

1. 微笑

微笑是传递友好与善良的信号，它会让一个人变得魅力十足。在人际交往中，自然清新的微笑能给人亲切、和蔼的感觉，也能拉近人与人之间的距离。如果你想要发展良好的人际关系，拥有强大的气场，就必须养成微笑的习惯。

2. 风度

风度是气场的表现形式，它是指人的言谈举止中所显露出的美好神韵，是一个人内在实力的自然流露。现实生活中，一个人的风度体现在语言恰如其分，着装整洁合体，举止温文尔雅，态度自然诚恳，工作兢兢业业，为人诚实守信，生活俭朴健康，见解独到深刻，情趣高雅脱俗，等等。

3.勇气

勇气是面对任何事物都无所畏惧的心理状态。无论做什么事，首先要有勇气。有了勇气，才敢于做事，才能最终战胜困难和挫折，到达成功的彼岸。只有敢于向前，勇于争取，你的气场才会具备势不可当的征服力，这比气势重要得多。

4.技巧

技巧是气场的组成部分。一个人说话的技巧、做事的技巧、为人处世的技巧，往往决定着他的气场，决定着他是否具有足够强大的吸引力和凝聚力。

即便身处逆境，也要保持自信的姿态

人的一生中并不会永远一帆风顺。身处顺境时要居安思危，身处逆境时更要勇敢地去面对，并且还要充满信心地去面对。

自信具有很强的影响力。一个人如果具有很强的自信心，而且能够将自己的自信化作一种影响他人的力量，帮助别人树立信心，就可以获得别人的认同和支持。

2008年，世界性的金融危机爆发，致使全球主要金融市场出现资金流动性不足，大量的公司裁员并且倒闭，阿里巴巴的员工也是人心惶惶，面对经济市场这一风暴的来临，马云依旧十分自信且淡定，他说："风暴一旦形成，天就会渐渐变亮。"

2008年11月11日，马云在集团内部会议上就这场世界性的金融风暴给员工们做了如下演讲：

"我相信在座所有的阿里人都非常关注今天的金融形势和经济形势，我也相信很多人都在关注我们的股票。为什么我们不回购股票？为什么在这样的经济形势下阿里巴巴还在不断做投资？我们到底想干什么？世界经济形势到底什么时候会恶化？金融局面什么时候会恶化？今天我想跟大家作一个分享。

"首先我想告诉大家，世界金融危机最黑暗的时候我认为已经过去了。最最黑暗的时候在今年2月形成了，奥运会之前的6、7月是最黑暗的，就像狂风暴雨一样，在大风暴将来之前天是最黑暗的，但是风暴一旦形成，天就渐渐变亮。

"我个人认为，金融风暴最黑暗的时候已经开始过去。全世界各国领导人、各国企业里的绝大部分公民都已经意识到，人类已经进入一场100年才能碰上一次的机遇，也是100年才可能碰到一次的灾难，这次的危机是从1929年至1933年经济危机以来最严重的一次。大家都已经意识到了。

"特别是在中国迎接奥运会的时候，所有的危机已经形成，但是我们没有意识到形成的时候是最危险的。等到高速公路上所有警察都已经出来了，知道这段路出现了事故，所有人都开始小心翼翼的时候，大问题已经不会再出现了。"

为了稳定军心，马云说了如上的话。我们可以从中看出，马云是淡定、自信的，他永远都不会露出灾难来临时的恐惧，他的这种镇定源自于他对事情的把握度与坚定的信念。在他的心中，任何事情都会有解决的一天，千万不要被胆怯所吓倒。

自信是行动的基础，是一个人走向成功的非常重要的心理素质。只有心里充满必胜的信念，对自己所从事的事业坚信不疑，才可能迈出坚定的步伐，产生克服困难的勇气和力量，想出解决问题的方法和对策，赢得他人的信赖和支持，最后才能到达为之奋斗的终点。这一点对领导者来说尤其重要。

一个成功的领导者最需要具备的态度是相信自己。既要使自己从内心里相信自己，也要在公众面前表现出这种自信心。

在中国古代，有一段时期战争频频，一位大将军带领人马杀赴疆场，不料自己的军队势单力薄，寡不敌众，被困在小山顶上，注定将被敌军吞没。就在士气大减，甚至有士兵要缴械投降之际，这位将军站在大家的面前说："士兵们，看样子我们的实力是不如人家，可我却一直都相信天意，老天让我们赢，我们就一定能赢。我这里有9枚铜钱，我把这9枚铜钱撒在地上，向苍天祈求保佑我们冲出重围。如果都是正面，一定是老天保佑我们，如果不全是正面的话，那肯定是老天告诉我们冲不出去了，我们就投降。"

此时，每个士兵都闭上了眼睛，跪在地上，祈求苍天保佑，这时将军摇晃着铜钱，一把撒向空中。铜钱落在了地上，开始士兵们不敢看，谁会相信9枚铜钱都是正面呢！可突然一声尖叫——"快看，都是正面！"大家睁开了眼睛往地上一看，果真都是正面。士兵们跳了起来，把将军高高举起喊道："我们一定会赢，老天保佑我们了！"

此时，将军拾起铜钱说："那好，既然有苍天的保佑，我们还等什么！我们一定会冲出去的，各位，鼓起勇气，我们冲啊！"

就这样，一小撮人马竟然奇迹般地战胜了强大的敌人，突出重围，保住了军队。事后，将士们一谈起铜钱的事情就说："如果那天没有上天保佑我们，我们就没有办法出来了！"

这时候将军从口袋掏出那9枚铜钱，大家竟惊奇地发现这铜钱的两面都是正面！

自信非常重要，所谓自助人助，自助天助。作为领导者，自信不只会对自己产生重要的影响，更重要的是领导者的自信将感染整个组织，影响到成员的士气。如果一个组织的领导者缺乏必需的自信，在工作中将会表现为优柔寡断，消极悲观，而且这种不好的情绪会迅速蔓延至整个组织，影响整个组织的士气。因此，指望一个缺乏自信心的管理者率军攻城拔寨是不现实的。相反，由自信的领导者带领的团队往往会士气高涨，工作效率高，协作性强。

传递自信，敢于当众讲话

任何成功都离不开自信，离不开自我的展示。这样一来，善于演讲、口才良好的人则会拥有更多的自信，也有更多的机会去展现自己。一个会说话的人，总能够清楚地、动听地把道理说清楚，使别人很乐意地接受，从而将自己的意思与想法顺利地表达出来。

马云无疑是一位善于当众讲话的超级演说大师，在他的魅力构成中，他的演讲能力占据很大一部分。如果马云不是如此擅长于振奋人心的演讲，他的公众魅力就会大打折扣。在他的领导才能中，当众讲话的能力是必不可缺的一项，他总是妙语连珠、字字珠玑，征服了观众，给人们带去听觉上的冲击与智慧和灵感的碰撞。

下面是马云在员工大会上的一段演讲，让我们来看一看，马云是如何当众讲话，向他人传递信念的：

"什么是品牌和企业？比别人活得长。你活着，人家死了，你就是品牌，就是这么简单。品牌是什么？同时创业的10个人，其他人死了，你还活着，这就是品牌。

"如果走102年，我们要有为这个公司长期工作10年、20年、30年的员工。以前互联网做4年，cash out(套现)，走了。因为有这种想法，大批互联网公司倒了；因为有这种想法，大批企业走不下去。

"我跟彭蕾前两天讲，我们公司十周年的时候，要搞一个真正的party(派对)，其中有一个设想，工作十周年的员工应该走红地毯，男的旁边是美女，帅哥美女。在互联网行业，在一家公司里面待10年的员工很少，我们要为10年、20年、30年努力。

"我们believe（相信）才会学习，不管别人怎么说，不管别人怎么看我们，疯人院里面的人从来不相信自己是疯的。我们这里的人不能相信自己是傻的，不可能是102年，你说是第一就是第一了？听到了、断言、重复、传染、相信我是第一，传十遍，然后不断地重复说100遍，然后你就是第一了，很多事都是这么做成的。

"所以我们今天只要你跟自己讲，跟同事讲，跟信赖的人讲，我们要进入世界前三强。这是我们的力量。"

马云的演讲之所以能让人感觉到强大的力量，其中一点就在于他敢于当众讲话，这与他与生俱来的自信心有关。他总是能够总揽全局，并且在有事实依据的情况下，将自己懂得的东西全部讲出来。

一个人的自信可以透过他的语言传达给听众，使听众感受到演讲者的力量。然而，生活中，不少人缺乏自信，害怕当众讲话。事实上，大多数人都不同程度地具有这种心理，或者说是怯场。美国的一位演讲学家的观点阐述了人们怯场的根源，他认为每个人都具有理性的、社会的、性别的、职业的自我形象，当人们进行演出、演讲时，其自我形象完全展现在公众的面前，由于担心自我形象遭到破坏，因而产生了窘迫不安的怯场心理。怯场是每个人都会有的一种心理障碍，有的人表现得比较强烈，当这种心理占据上风时，就会阻碍你前进的步伐。

一家调查公司在1993年做了一项调查。研究证实，有45%的人当众讲话就会出现紧张的情绪。另外，亚特兰大行为研究院的罗纳德·塞弗特所做的研究也表明："有四千万美国人不喜欢发言，他们宁愿做任何事也不愿意当众讲话。而且，超过四千万需要经常讲话的人无法摆脱焦虑和紧张。"所以，你如果以为只有自己害怕讲话，那么，你尽可以放心，你绝非那么孤单。可以毫不夸张地说，人人都可能在说话前后或说话过程中出现紧张的心理：性格内向、沉默寡言者如此，天性活泼、思想活跃者如此，即便演说专家、能言善辩者也不例外。如果你要想自己有更好的发展，说话说得更加精彩，就要放下思想包袱。每个人都会有说错话、做错事的时候，别人议论也是正常的，"走自己的路，让别人去说吧！"让自己变得洒脱一点，勇敢正视别人的"指指点点"。

有这样一个女孩，一遇到人多的公众场合，她就会紧张得要命，说话还会有些结巴。但她有一个习惯，那就是无论遇到什么事，她的脸上总会呈现出灿烂的微笑。

那一年，女孩所在的学校要组织演讲比赛，女孩特别喜欢演讲，于是报了名。女孩经过不懈努力之后终于进入了决赛，女孩高兴极了，便把妈妈也邀请了过来。轮到女孩上场了，看到台下众多的观众，她十分紧张。刚开口，就出现了结巴的情况。台下的人开始骚动起来，有人嘲笑女孩："结巴也能演讲？真不害臊！"甚至有人还喝倒彩。就连神情严肃的评委也有些显得不耐烦了，女孩的妈妈生怕女儿会承受不住别人的讽刺，便小声抽泣了起来。可下面发生的一幕让全场在座的人都惊呆了，女孩不但没有气馁，反而面带微笑并自信地说了一句："我……相信……自己的……能……力，请大家也要……相信……我……好吗？"这一番话简短而经典，让台下的人都赞不绝口。台下渐渐安静了下来，女孩也逐渐地摆脱了紧张的情绪，开始了她的正式演讲。每个人都很用心地去聆听女孩的演讲，评委也给了女孩高度评价。演讲结束后，台下响起了雷鸣般的掌声，这掌声是发自内心的！

二十年后，女孩成了一名家喻户晓的主持人，当然也克服了一紧张就口吃的毛病。当有人问女孩成功的秘诀时，女孩的脸上闪出那令人熟悉的自信的微笑，女孩轻轻地说了一句，就是这一句话让在场的人印象深刻："什么时候都要有着自信的微笑！"

上面这个故事告诉我们：在当众说话时，产生一定程度的恐惧感是正常的，但是你要做的就是，利用好这种适度的恐惧感，使自己讲得更好。

当一个人克服了在一群人面前说话的畏惧后，也会克服对自己、对别人以及对生活本身的畏惧。他对自己有了全新的感觉和看法后，会受到一种鼓舞，敢于去做以前从来不相信自己能做到的事——这就是当众讲话带给一个人的自信。所以说，只要你肯多花时间，努力改变，不断训练自己，就会发现这种恐惧感很快就会降低到适当的程度，这时它就会成为一种动力，而不是阻力了。

丘吉尔可以说是20世纪最伟大的政治家之一，但他在口才方面也并没有什么过人的天赋，完全与普通人一样。他初次在国会演讲时，为了准备这次演讲，他一连几天写稿、背诵、对着镜子反复练习，生怕出点差错，当众出丑。但是，演说那天，他担心的事情还是发生了，他很紧张，而且很怕自己会表现不好，他越怕越紧张，脑海里终于一片空白，结果使他尴尬极了。从那以后，他开始锻炼自己演讲的能力，但与别人不同的是，他不是单纯地去提高演讲技能，而是从改变心理态度出发，在心理方面做了充分的准备，他不再害怕失败，不怕出丑，不论在什么场合，他都敢于当众说出自己要说的话，于是，他很快变成了一位颇具感染力的演说家。

提高当众讲话能力的关键是克服畏惧、建立自信，这是实现更有效说话的前提。只有这样，人们才能够最大限度地发挥自己的潜在能力，在各种场合下发表恰当的讲话，博得赞誉，赢得别人的喜欢，获得成功。

说出自信，并让别人感觉得到

在现实生活中，很多人都渴望自己能拥有良好的口才，而在谈话交往的过程中又不能很好地发挥自己的口才。当他们在说服别人让自己得到认可的时候，话语无吸引力，很难打动对方。这些情况很常见，他们并不是说服能力差，而是缺乏相应的自信心。正如拿破仑·希尔所说："有很多思路敏锐、天资高的人却无法发挥他们的长处参与讨论，并不是他们不想参与，只是因为他们缺少信心。"

一个人如果想让公众认可自己，那么最重要的一点便是要心怀自信。

有一次，马云被记者问及阿里巴巴与eBay易趣的竞争时，与记者做了如下的对话：

　　记者："前几天你曾说一个月后要反攻eBay易趣，能详细解释一下吗？"

　　马云："前18个月，eBay易趣打算彻底消灭淘宝，可没成功，该轮到我们反击了。商战中有些基本的问题一定要解决，可我发现eBay易趣并没解决，淘宝会再给它一个月的时间。"

　　记者："淘宝明年是要大规模打广告吗？"

　　马云："肯定要。但我觉得，商战如果只是拼钱，岂不是一点技术含量都没有？淘宝明年会用一些'古怪'的招数，但做事不会那么'血腥'。商战是一门艺术，只有'艺术'了才能开心。我们的主业不是为了战斗，而是要做中国最好的C2C（电子商务专业用语，指个人与个人之间的电子商务）企业，竞争只是开胃小菜。"

　　记者："听你的口气，淘宝已铁定要成为中国C2C市场的老大了？"

　　马云："衡量C2C公司业绩有5大指标，我们有4个超过了eBay易趣，只有用户数量没超过，可他们成立6年了，而淘宝刚诞生1年。"

　　记者："感觉你似乎太轻视eBay易趣的实力了。"

　　马云："淘宝的对手不是eBay易趣，而我从来不敢轻视eBay易趣，甚至为今年能有eBay易趣这样的对手感到过瘾。论实力，eBay易趣就仿佛是装甲车，淘宝只能算三轮车，但eBay易趣今年在中国下的臭棋太多。我相信，eBay易趣仍是一个九段高手，下臭棋是因为起先没把淘宝当成年人对待。"

从上面的对话中，我们可以看出马云表现得非常有自信，并且一开始就使用一副王者的口吻，向记者述说了自己完胜竞争对手的信心。

自信是人对自身力量的确信，深信自己一定能做成某件事，实现所追求的目标。内在的信心不仅可以激发自己内在的力量，还能在交流时让别人感受到你的坚定和笃定，吸引别人跟随你，并忠诚于你。

英国保守党领袖伊恩·邓肯·史密斯在竞选时，因为缺乏自信而落选。2002年9月，在接受BBC（英国广播公司）电视台记者采访时，伊恩·邓肯·史密斯面色茫然、腼腆、毫无生机，他用有气无力的、贫乏的语调攻击托尼·布莱尔首相及其政党的政策。记者问道："你认为自己能出任下一届首相吗？"他犹豫了一下，目光下垂，语气不坚定地说："是的，我可以，但我需要努力争取。"几分钟之后，电视台收到观众表示不满的电子邮件及电话录音："他自己都不相信自己能成为首相，让我们如何相信他可以做我们的首相？""他看起来根本就不像个英国首相！""难道保守党再找不到别人做领导者吗？"

自信是赢得别人信任的最好方式。缺乏自信的人不易于让人信任，没有一个人愿意让一个缺乏自信的人承担重任，这往往会让人们联想到失败。莎士比亚说："自信是走向成功之路的第一步，缺乏自信是失败的主要原因。"坚定地相信自己，这是所有成功人士的基本品质。自信，就是相信自己的优势，相信自己的能力。

自信是锻炼好口才的驱动力，也是实现自我的王道。不论任何时候，如果我们每个人都能在谈吐间充满自信，那么定然能为我们增添个人魅力。

以下是帮助大家建立自信的几种方法：

1.保持微笑

微笑，能使人产生自信。一个人笑着说话，跟板着脸说话，带给听众的心理感受是截然不同的。笑着说话的人，让人感到亲切愉悦，很容易接受。而板着脸说话的人，让人感觉态度冰冷，望而生畏，不愿接近。因此在说话的时候，尽量使自己的面部带上真诚的笑容。

2．说话时正视对方的眼睛

说话时不正视别人通常意味着有自卑感，感到自己不如别人，做事无信心。

躲避别人的眼神意味着自己做错了事，心怀不安或内疚。正视别人等于告诉他：我很坦然，很光明正大，毫不怯懦。要让你的眼神给别人希望，这不但能给你信心，也能为你赢得别人的信任。

3.当众发言

在组织或团队中，很多人从来不发言，因为他们害怕自己说的话让别人觉得他们很笨。其实，这种想法并不对。一般而言，人们的承受力比想象的更强。事实上，大多数人都在和同样的恐惧作斗争。只要努力在每次会议时大声说出自己的想法，你就可能成为一个更好的发言者，对自己的想法也会更自信，并获得同事的认可。所以，不论参加任何性质的会议，每次都要主动发言，也许是评论，也许是建议或提问题，都不要有例外。

4．抬头说话

说话时要给人朝气蓬勃的姿态，就要昂首、挺胸、谈吐自若；千万不要低头、垂目、耷拉着脑袋，一副信心不足的样子。

简洁，把话说到点子上

最会说话的人永远是言简意赅的人，他们所说的话，往往简单明了、简洁有力；而有些人常常因为想得复杂、说得复杂，让人一头雾水，造成理解上的误会、沟通上的困难。

说话要说在点子上

你是否会有这样的感觉：当你和一个人说话时，你总会觉得对方没有在听你说话或是听得一头雾水？这说明你说话没有说到点子上，只有把话说到关键处，说到位，这样对方才会感受到你说话的分量，才会对你所说的话有所反应和关注。

讲话讲到点子上，不是一件容易的事。因为把一项任务、一件事情、一个问题用最简洁、最精练的话说出来，没有严密的逻辑、清晰的思路，是难以做到的。我们看看马云是如何做到这一点的。

在一次会谈上，当有人问马云职业经理人与企业家之间的区别时，马云沉默了一下说道："我认为一个企业家首先要具备职业经理人的优秀品格，一个职业经理人也必须具备企业家的胸怀和眼光，所以只有把别人的时间、精力、资源当作自己的时间、精力、资源去做的时候，他才会成为一个好的企业家和职业经理人，职业经理人要像企业家一样心胸开阔，企业家必须像职业经理人一样职业化，把员工的事情当作自己的事情去做。"

马云在谈及两者之间的区别时，虽然只有短短几句话，却将提问者的问题答得滴水不漏。

说话说到点子上，就是要言简意赅，即主题突出、准确、透彻、明了，说话要一针见血、一语破的。要达到什么目的，说明什么问题，表扬或批评什么人和事，表达什么样的感情，要求别人做什么、不做什么，都要讲得清清楚楚、明明白白，不能让听众听了感到恍惚如坠入云雾中，丈二和尚摸不着头脑。

美国总统哈里·杜鲁门一生最推崇简洁的语言，他曾说过："一个字能说明问题就别用两个字。"但生活中，常有些人为了卖弄才华，在叙述一件事情时，极力修饰他们的语句，用重复的形容词，或故意用复杂的语法，或穿插歇后语、俏皮话，甚至引用经典、名人语录。如果你没有专心听他说话，或许根本弄不清他到底在说什么。有的人说话费了很大的精力，仍使人抓不住他所要表达的意思，这样的话，即使用词再华丽，也没用。说话时切记要说得精练、简明扼要，在话未说出的时候，先在脑子里想好一个轮廓，然后，按照顺序一一说出来。

明代有个大臣，名字叫茹太素，此人有才是有才，就是写起文章来喜欢长之又长。有一次，他写一个公文，本来只用500字就可以完成，而他竟然用了大约1.7万字，满篇的套话、官话、空话。他在朱元璋面前滔滔不绝地读着公文，读完了几页，还不见他切入正题。朱元璋越听越生气，因为他厌听繁文，于是便龙颜大怒，命令手下人将茹太素一顿痛打。

这个故事告诉人们这样一个道理：讲话要长话短说。说话啰唆、不懂节制，这是一种很不好的语言习惯，也是十分令人讨厌的说话方式。所以要记住，话贵精不贵多，啰唆一堆不如精练一句，把话说到点子上，把力量用在关键问题上，就可以收到很好的效果。

古语云："言不在多，达意则灵。"语言是传递信息和交流思想的工具，做好思想工作的技巧和表现手法主要体现在语言的运用上。要语不繁，字字珠玑，简练有力，能使人不减兴趣；冗词赘语，语言唠叨，必令人生厌。因此，和别人交谈、说服别人时，要筛选、过滤出最精辟的、恰如其分地表情达意的语句，尽可能以精练的语言表达出深刻的内涵。这样才可能更快、更准地说服别人。

在第二次世界大战期间，美国人担心日本夜间空袭，于是政府部门下达了灯火管制命令："务必做好准备工作。凡因内部或外部照明而显示能见度的所有联邦政府大楼和所有联邦政府使用的非联邦政府大楼，在日军夜间空袭时都应变成漆黑一片。可通过遮盖灯火结构或终止照明的办法实现这种黑暗。"

当富兰克林·罗斯福获悉这项指令后，他换上了自己的命令："要求他们在房屋里工作时必须遮上窗户；不工作时，必须关掉电灯。"

哪一种说法听起来更有说服力呢？第一个命令废话连篇，给听者增加了理解上的负担，只有在删掉那些官样文字后才能明白这条命令的意思。罗斯福的话简短明了，并以谈话的方式表达。更妙的是，罗斯福让活生生的人参与具体的工作，通过这种方式使这条命令更加具有说服力。

其实，真正打动人心的语言往往不是长篇大论，而是那些简洁有力的话语。所以，人们在谈话时应遵循简洁的原则，甚至要惜字如金。

满嘴跑火车，词不达意，说得再多也无济于事，反倒让人生厌。一个会说话的人，往往语言精练，句句都说到别人心里；不会说话的人，总是语无伦次，话说不到点子上。所以，话不在多而在精，精练的语言往往更能打动人心。

最不会说话的就是喋喋不休的人

《墨子·附录》中有这样一则寓言：

有一名学生向墨子请教："话多好吗？"墨子回答说："青蛙日夜鸣叫，可仍然没有人听；报晓公鸡一叫，天下为之震动。话不在多，关键在于合乎时宜。"

这个寓言告诉我们，啰唆一堆不如精练一句，语言在精不在多，这是语言沟通的关键点。口才最差的人可能就是喋喋不休的人，但是他可能自己认为自己很棒。其实，如果一个人想要真正地把自己的话说得清楚，就必须让自己的语言很简练，这样才能让对方很快明白你所说的意思。

在《东方企业家》中，就曾经有一篇这样描写马云的文章：

"成了事之后的马云，在电视上侃侃而谈，每一句话都说到点子上。其实他脑子也有短路的时候。短路的时候，他往往自闭，他解决内心问题的唯一方法就是不交流、不露怯。等着有十足把握了再说话。他不太会说傻话笨话，因为没想明白的东西，他不往外说。不该他琢磨的事他也不去琢磨，把有限的能量放在该他操心的部分。他懂得省劲儿也懂得信任别人，知道所有人都希望自己有用。马云更像是一个心理学家，做社群工作的能耐一流，总给人们最想要的，小恩小惠的没意思。"

面对国外大珠宝品牌蜂拥而至，国内珠宝企业却在夹缝里苦苦求生存，停留在低附加值的中国制造……上海一家珠宝公司的老板李敏，近日在云计划上提问：小珠宝公司该如何突破发展瓶颈？想把企业做大是不是该融资？

对此，马云答复："不是想做大而融资，而是客户越来越多，需要更好地服务客户，才会融资。"马云还说："企业想做大，不是融资就能马上或者一定能成功的，企业想成功，和融不融资没关系。"

马云一方面肯定了李敏创中国一流珠宝品牌的想法，另一方面又十分言简意赅，因为要为这样的一番想法付出努力，那么就只能不断努力才有机会。毕竟那种世界一流品牌通常都是屈指可数的，而要想达到那个高度，通常也不是短时间就能实现的。谈到自己的公司融资时，马云解释，阿里巴巴不是为了做大而融资，而是客户越来越多，为更好地服务客户而融资的，做大是后来的结果。

马云就是用这样简单干脆地回答提问让提问者满意。用最少的字句，传达尽量多的内容，是说话的最高境界。俗语说得好，青蛙从晚叫到天亮，不会引人注意；公鸡只啼一声，人们就起身干活。会说话的人，不一定是说话最多的人，话贵在精，多说无益。

很多时候，我们要学会长话短说。事实上，讲话精练已成为当今世界上的一种风气。像申办奥运会那么浩繁的工作，申办陈述也仅有半小时；联合国一些会议的发言多数被限定在数分钟之内；上海承办《财富》全球论坛年会，会议发言就规定时限为90秒。但是，有些人习惯了"你方讲罢我登台"的讲话方式，尽管内容大同小异，甚至脱离了主题，还要说上几句，强调几句，补充几句。但是，虽然言者滔滔，费尽口舌，换来的却是听者恹恹，苦不堪言。

据说，有人曾去询问马克·吐温："演说是长篇大论好呢，还是短小精悍好？"马克·吐温没有正面回答，而是讲了一个有趣的故事：一个礼拜天，他到教堂去，适逢一位慈善家正用令人哀怜的语言讲述非洲慈善家的苦难生活。当慈善家讲了五分钟后，他马上决定为这件有意义的事情捐助五十美元；当慈善家讲了十分钟后，他就决定将捐款减至二十五美元了；当慈善家继续滔滔不绝讲了半小时之后，马克·吐温又决定减到五美元；慈善家又讲了一个小时后，拿起钵子向大家哀求捐助。当他从马克·吐温面前走过时，马克·吐温却反而从钵子里偷走了两美元。马克·吐温原本决定捐助五十美元，最后却变成偷走两美元，似乎太不近情理，但细想起来，却是理所当然的。

鲁迅说过："时间就是生命，无端空耗别人的时间，其实是无异于谋财害命的。"那位慈善家本来只需五分钟就能讲完的话，却滔滔不绝地拉长到一个多小时，致使他的形象一落千丈，说话风格令人生厌，这怎能不引起马克·吐温的反感，以至于恶作剧地从那位慈善家的钵子里偷走两美元。关于这一点，我们特别要注意。

某大学的一个学生会主席在周一学校大会上讲话，他使用了让人感觉非常亲切的语汇"咱们"，他拥有抑扬顿挫的语调，他还使用了排比句。他说："咱们要做有思想的一代新人，咱们要做有爱心的一代新人……学习是其乐无穷的，咱们要趁着青春年少多学知识，以后……咱们都是具有高度文明的人，应该要学会基本的做人礼仪……咱们……咱们……"

因为这些话基本上都是废话、空话、套话，以至于下面的学生根本就没有去听，可是他抑扬顿挫的声音却使"咱们"两个字格外明显，于是有同学就开始在下面数数，他说一个，就计一个，到后来，只要这个学生会主席说一声"咱们"，就会引起下面一阵轰动。开始，这个学生会主席还充满激情，但是逐渐地，他就发现情形不对，只得草草收场。

这就是因为语言不精练、不实用造成气场减弱的反面教材，没有谁喜欢听一堆废话，即使你是领导，也不会有人买你的账。

事实上，如果把话说得简短些，并不会影响讲话的效果，因为讲话时间长，并不意味着讲话效果好。讲话简短，是在追求效率，是懂得珍惜时间的表现，也是对别人的尊重。更为重要的是，这样的讲话别人才有可能听进去，并很好地理解。

说话不在多而在于精

有这样一个小故事：

从前，有个客商新开一家酒店，为了招揽顾客，特备厚礼花重金请几个秀才为他写一块招牌。秀才甲大笔一挥写下了"此处有好酒出售"七个大字。众秀才议论纷纷，秀才乙说："'此处'二字太啰唆。"秀才丙说："'有'字也属多余。"秀才丁认为，酒好酒坏顾客自有评价，"好"字应当删去。这时秀才甲带着几分怒气认真地说："如此说来，还是干脆只留个'酒'字算了。"众秀才频频点头赞许，大家也欣然接受。

其实说话也如此，有时需要简练，惜言如金，能用六个字说清楚不用七个字，能用七个字说清楚不用八个字。这就要求说话者多用简洁明快的语言。话不在多，简明即可；语言不用很华丽，只要一语破的即可。

世界上，最会说话的人不是口若悬河、滔滔不绝的雄辩之士，而是那些善于把话说到点子上的人。这样的人才是真正懂得说话的人，他们懂得用最简单的语言把意思表达到位，懂得在最短的时间内把话说到点子上。

在解释创业的概念时，马云说："到底什么是创业？很多人都讲，有些人问我今天做这个生意好不好，明天做那个事情好不好。其实创业的核心就是你必须要坚持不懈。如果你每天都坚持不懈地做一件事情，那么，我相信终有一天这个世界就围着你转，如果你每天都在做不同的事情，你每天就在围着这个世界转。"

马云在"赢在中国"节目中对参赛选手说："花时间去学习别人失败的经验，这个没什么好评论的，我认为，等你什么时候能看别人惨败的经验，看得一身冷汗，你就离成功不远了。"

教育家谢觉哉说："说话不在多，在于说得对。说中了事和理的要害，就能打动听者的心。"所以说，讲话不在多，而在于精，不在量，而在于质。一个真正会说话的人，往往不是因为他说了多少，而是在于他说了什么。在这方面，邓小平同志做得也是非常好。他的语言简洁精辟，善于抓住问题核心，绝少用形容词，更绝少拖泥带水。"不管白猫黑猫，会捉老鼠就是好猫"、"要摸着石头过河"、"大胆地试，大胆地闯"、"基本路线要管一百年，动摇不得"、"发展才是硬道理"等，所有话的针对性都很强，句句简洁，字字珠玑，同时又思想深刻，通俗易懂。

再看一下邓小平同志与刘志坚同志的一次谈话，领略一下邓小平同志谈话的魅力。

1975年，刘志坚被任命为军事科学院的政治委员。很快，邓小平把他叫去谈了一次话。这次谈话的特点是干脆利索、一语破的，且指点迷津。

刘志坚赶到邓小平家时，看见张爱萍也在那里。小平同志先和张爱萍谈，刘志坚就坐在旁边。内容不是很多，但重点十分突出。军委决定让张爱萍当科技人员的后勤部长。"要让他们安心搞科研，要解决他们的后顾之忧。"小平同志对张爱萍的工作提出了目标。

和张爱萍谈完，小平同志便把目光转向了刘志坚："你去昆明，第一条，首先要把军队的工作搞好。"见刘志坚点头，他又接着说："第二条，军队不能搞资产阶级派性。"刘志坚知道他是有的放矢，当时昆明军区内部的派性相当严重，对军队的破坏很厉害。"第三条，军队要同地方的派性彻底脱钩。"

刘志坚深知这三条的重要性，便坚毅地点点头。

"还有什么问题吗？"见他们没有说什么，邓小平又说："那就这样吧。"

正是由于小平同志谈话往往言简意赅，一语破的，要领清晰，因此，时隔几十年后，刘志坚同志还记忆深刻。

不言则已，言必有中。所以，话不在于多，而在于精。要想做到这一点，就需要多听、多观察，只有善于倾听，才可以博得别人的好感，才会给他人一种稳重、值得信任的感觉。

事实上，说话的关键并不在于你用多么高深的长篇大论使对方崇拜自己，而在于要将信息准确地传递到对方心中，即便语言朴实无华，只要你观点论述正确，表述有条不紊，那么你的谈话定能走进对方心中。

在剑桥大学的一次毕业典礼上，整个大礼堂里坐着上万名学生。他们在等待伟人丘吉尔的到来。在随从的陪同下，丘吉尔准时到达，并慢慢地走入会场，走向讲台。

站在讲台上，丘吉尔脱下他的大衣递给随从，接着摘下帽子，默默地注视着台下的观众。一分钟后，丘吉尔才缓缓地说出了一句话："Never Give Up！"（"永不放弃！"）

说完这句话，丘吉尔穿上了大衣，戴上帽子，离开了会场。整个会场鸦雀无声，顷刻间掌声雷动。

这是丘吉尔一生中的最后一次演讲，也是最精彩的一次演讲。他仅仅用了几个字，就将自己要演讲的内容说了出来。语言贵精不贵多，丘吉尔就是用简洁的语言达到了这个目的。

善于长话短说是说话的一种能力和艺术。不过，长话短说并不是目的，目的是要讲有用的话。做到有话则短，善于讲一些能给人以启迪、对推动工作有实际意义的短话。如果讲话不切实际，满篇套话空话，即使讲话时间不长，也使听者感觉味同嚼蜡，乏味枯燥，还浪费了时间和精力。

有句话说得好："吹笛要按到眼儿上，敲鼓要敲到点儿上。"会说话的人，往往会给听者创造大量的思想火花。就像很多时候，说话并不在于字的多少，而在于准确度与精确度如何。如果你能句句说到点子上，句句说进人心坎里，那么你的语言自然就会十分出彩。

坚守原则的话才有分量

俗话说："没有规矩，不成方圆。"生活中，相信很多人都有自己的原则，这种原则不仅要体现在做事方面，还要体现在说话方面。马云曾经这样感慨道："讲真话很重要，还有就是要坚持原则。"

对于娱乐行业，马云一直认为腾讯是做得比较好的。但是在原则上，马云却认为游戏不能改变互联网产业，因此人不能总是玩游戏，尤其是电子商务这块，未来十年一定是主流的市场，一定会越做越好，困难也会越来越多, 竞争也会越来越大。

在一次商务会谈上, 马云如实说道: "我认为应当锁定自己的客户, 我们的客户是中小企业、创业者, 这是我的定位。我为什么锁定中小企业? 如果大企业来, 我原则上不做这个生意, 没有办法做。中小企业用阿里巴巴网站的时候, 可能进来的时候是三五百万元, 后来就变成了几千万元或者是一亿元, 但是我就会说, 你变成了一亿元, 你就要找别人去了, 我只是做中小企业和电子商务, 就像教小学的不能中学、大学也包揽下去, 我们的水平就是这样的, 因为我们要想弄清楚客户是谁, 就要锁定市场, 去做该做的事情, 在利益和诱惑面前说NO。我反正是不干的, 要学会说NO。"

马云对未来互联网发展利弊所作出的这段剖析可以说是十分到位的, 尤其是在对如何定义客户与企业之间的关系, 如何锁定市场这些问题上, 马云秉持自己的初衷与原则, 用非常肯定的语气阐述了自己的看法, 既表明了自己所坚持的原则, 还让语言显得颇有分量。

坚持原则是说话办事的法则和标准, 如果脱离原则, 只顾表面上一团和气, 就没了章法, 只会给人留下是非不分的印象, 使得事情乱套。坚持原则, 就是坚守自己内心的底线, 在这个范围内可以灵活变动, 一旦触及底线, 就不能忽视。

万科集团的董事长王石是一个原则性极强的人。有一次, 王石在成都喝啤酒。他要冰镇的啤酒, 服务员半天拿不出来, 后来拿出来的不是冰的, 服务员对此进行了解释。王石听完, 马上严肃了, 他说: "如果没有冰镇的啤酒, 你应该告诉我, 如果你说有是为了把我们哄坐下, 你就是在骗我, 我不吃了。"说完就要走。当时, 在场的人说都坐下了, 就这样吧。王石说: "那你们吃, 我自己走。"没办法, 最后, 大家也跟着王石走了。

王石坚持原则坚持到什么程度? 曾经有一个原来一起做生意的朋友,

在北京拿了个批文，要王石做，但是王石已经决定不做这种业务了，这个人还是来了。都是男子汉，都是"老江湖"，最后竟然给王石跪下，说就这么一次，王石还是坚决不做，后来这个人真跟他翻脸了。所以我们不难看出王石的原则性是多么的强。

我们都知道，一个人做事必然要讲究一定的原则。张瑞敏（海尔集团首席执行官）曾说过，做人做事，以前是原则，现在是原则，未来是原则。坚守原则不是冥顽不灵，更不是不知变通，而是在处理一些敏感问题时有自己的道德底线。同样地，如果想让自己的言语更加得体，也要遵循一定的原则。因为在口语表达中，你所坚持的原则性越确切，那么你所说的话就会更加铿锵有力，在气势上也会更胜一筹。下面这个故事或许会给你一些启示。

一位外国妈妈带着8岁的女儿到一户中国人家里来做客。女主人对外国友人的到来非常重视，特别学习了西餐的做法。她对外国母女说："今天我做西餐给你们吃，你们尝尝中国人做的西餐味道好不好。"

8岁的女孩听女主人要给她们做西餐，心想：中国人做西餐肯定不好吃。于是，当女主人问她吃不吃的时候，小女孩坚定地回答："我不吃。"

等女主人把西餐端上来的时候，小女孩一眼就看到了漂亮的冰激凌。这么好看的冰激凌味道肯定很好！小女孩有点迫不及待地对妈妈说："妈妈，我要吃冰激凌。"

女主人很高兴小女孩能够喜欢自己做的冰激凌，就高兴地把冰激凌端到小女孩面前，说："来，吃吧！"

谁知，女孩的妈妈严肃地对女主人说："不行，我女儿说过她不吃西餐，她得为自己所说过的话负责，今天她不能吃冰激凌！"

女儿着急地哭起来："妈妈，我就想吃冰激凌！"但是，女孩的妈妈根本不为所动，只是对女儿淡淡地说："你得为自己说过的话负责。"

女主人看着这个场面，觉得女孩的妈妈也太认真了，就说："给她吃吧，孩子总是这样的。"

女孩的妈妈对女主人说："亲爱的，我们要培养孩子的责任心。"结果，在妈妈的教育下，女孩不但放弃了吃冰激凌的请求，而且还停止了哭闹。

在教育孩子方面，你越是坚持原则，你说的话就越有分量，孩子才会听话。如果因为你无法坚持自己的原则，小孩就会顺竿而上，你说话也就没有了威信，孩子也会越来越难教育。所以，倘若对方的行为是不正当的，会对自身或他人带来影响，有时直接地指出来要远比苦口婆心地游说更具说服力，而且更容易让对方认识到问题的严重性，从而很好地自我反省和修正。

事实上，有原则性的话，一方面要适合自己的身份，另一方面还应适合谈话对象，最后才是语境。简而言之，一个人在表达自己的立场时，越遵循自己的原则，就越能阐述自己的观点，达到克强制胜的目的。

言语果断，绝不拖泥带水

生活中，会说话的人往往言语果断、一语破的，到处都受人欢迎，容易脱颖而出，给人留下好的印象；相反地，不会说话的人，啰唆个没完，不能很好地表达自己的意思，容易被人忽略，产生反感。通常，说话的能力往往代表做事的能力，说话言简意赅的人会被人关注，说话拖泥带水的人就会被人忽视。

中国市场上90%的收购兼并是失败的，马云坦言自己不想成为其中的一员，收购雅虎中国之后，马云开始面临整合的难题，其难度大大超过他的想象。但马云非常果断，他说："什么都可以谈，只有价值观不能谈判。"

一家公司的职工人数一旦超过500人，仅仅靠财务、人事上的管理很难继续成长，必须借助统一的价值观聚集人心。马云深谙此理，所以在整合上毫不让步。他说："雅虎中国就像是一个得了重病的人，需要推上手术台做大手术。我是主治医生，具有最高的决策权，其他人只能给建议，而不能提要求。所以即使是杨致远提出的建议，合理的我会听，我认为不合理的他说一万句也没用。"

马云说话就是这样斩钉截铁，干脆利落，不多说废话。所以，说话时一定要果断，不要唯唯诺诺的，声音不一定要大，但一定要坚毅。这不仅给人爽快的感觉，也是自信的体现。

当你与他人谈话时，尤其要注重思维的重点所在，想好之后，用最精辟的语言将之陈述出来，不要拖泥带水，这样才能让对方更快地明白你的意思。

张芳是经理的秘书，她是做事仔细、认真负责的人，但令经理头疼的是，张芳在汇报工作时常常控制不住话语，一说就是大半天，但其实她说的无非就是几点内容。

这天，张芳来到经理的办公室，打开话匣子就说："经理，今天您的日程安排挺多的。早上您要和张总谈合作的事情，这个合同是……中午的时候约好了王总，要和他一起洽谈项目的事情，这个项目是……下午您还要在员工大会上发言，是关于……"

张芳滔滔不绝说了大半天，却没发现经理的脸色已经变了。

经理不耐烦地打断她说："你把这几件事情用备忘录的形式写好给我就行了，我时间有限，没那么多时间听你说了。"

张芳听到经理的话，只好退出了办公室，她很纳闷为什么经理不愿听自己汇报日程安排的事情。

故事中的张芳其实犯了喋喋不休的坏毛病。经理每天事务繁忙，如果秘书在汇报工作时不言简意赅地说明问题，只会引起经理的反感。

在和人说话的时候，一定要清晰地表达自己的想法，不要拖泥带水，唠唠叨叨没完没了。特别是在谈判场合，表明观点更要准确清晰，干脆有力，让对方清楚你的立场，这样你就会控制住局面，占据主动地位。

早年，中方曾与突尼斯SIAP公司进行关于建设化肥厂的谈判。前面几次谈判都很顺利，双方商定将厂建在有优越条件的秦皇岛港。不久，科威特方面也加入了这个计划。

三方的第一次谈判开始时，科威特方面的一位董事长听了中突双方的筹备工作介绍后，果断地提出反对意见："你们之前所做的一切工作都是无用功，要重新开始！"

谈判因此陷入了僵局，谁也不肯让步。中突双方仅是制定可行性研究报告，就费时3个月，动员了10多名专家，耗资20多万美元，现在科威特方面将这些全盘否定，显然是不可接受的。这位董事长在科威特的地位仅次于石油大臣，他还是国际化肥工业组织的主席。因此要想推动谈判继续进行，首先就要去改变这位董事长的态度。

在一次谈判中，中方代表猛地站起来，义正词严地说："我代表中国地方政府声明：为了建设这个化肥厂，我们选定了一处靠近港口、地理位置优越的厂址。也为了尊重我们的友谊，我们拒绝了许多其他优秀合资企业要得到这块土地使用权的请求。如果按照董事长今天的提议，事情将要无限期地拖延下去，那我们只好把这块地方让出去！对不起，我还要处理别的事情，我宣布退出谈判。下午，我等待你们的消息！"说完，他拿起皮包就自行回房了。

没过多久，一位处长跑来找他，兴奋地说："真灵，你这番话一出，形势迅速扭转，那位董事长请你赶快回去，他们强烈要求迅速征用秦皇岛的场地！"

由此可见，简洁有力的语言不仅能一语破的，击中问题要害，而且还能快速高效地解决问题。

很多人都讨厌废话连篇、半天都说不到点子上的人。但是，我们应该注意的是，说话简洁并非苟简，而是以简代精的意思。简洁要从实际效果出发，简得适当，恰到好处，否则硬是掐头去尾，只会让听者不明，从而得不偿失。

所以说话需要技巧，做人需要智慧。不看你说什么，就看你怎么说。要想把话说得高效，你就应该提炼话题核心，这样才能在第一时间占据听者的心。

说话要通俗易懂

老子说：大道至简。也就是说，大道理是极其简单的，简单到一两句话就能说明白。同样的道理，会说话的人通常会把复杂的事情简单化，简单的道理通俗化。

在谈话或演讲中，马云很少使用专业的术语或高深的语言，他总是用最通俗的语言、最生活化的案例，阐释最高深的生活哲理。

2011年，马云在一次演讲中说道："一个公司最值钱的东西是共同的目标、价值观，是这些东西支撑着整个企业。我们的员工可以业绩不好，不可以价值观不好。我们是平凡的人在一起做不平凡的事，如果你认为你是杰出的，你是精英，请你走开。

"国内最好的团队是唐僧的团队，刘备的团队是可遇不可求的团队。唐僧的使命感很好，他的目标就是西天取经，是一个个性很强的人，唐僧这样的领导不一定要会说话，慈悲为怀，这样的领导很多企业都有。孙悟空呢，能力很强，品德很好，但是缺点也很明显，企业对这样的人是又爱又恨，这样的人才每个企业都有，而且有很多。猪八戒呢，好吃懒做，一个企业没有猪八戒这样的人是不正常的。沙僧呢，懦弱无能，挑担牵马，八小时工作制，企业中这样的人更多。这是一个平凡的团队，然而就是这个平凡的团队经过了九九八十一难，最终取到了真经。

"不过要管理这个团队，对领导的要求是很高的。一个领导者要有三样：眼光、胸怀、实力，一个眼光不好的企业家，永远成不了好的企业家。"

运用《西游记》中的四个人物，将一个高效的团队应该具备的人员全部刻画了出来，不仅将自己希望打造"唐僧团队"的本意表达出来，而且还有深刻的教育意义。这就是马云的演讲，通俗易懂，又不失活泼。

通俗易懂的语言最容易被大众接受。无论你的话多么动听、内容多么重要，沟通最起码的原则是要让对方能听得懂你的话。所以，在沟通的过程中，要多用通俗化的语句，要让对方听得懂你说的话。如果表达不清楚，语言不明白，对方听不懂你说的话，就可能会产生沟通障碍。

有一个采购员受命为办公大楼采购大批的办公用品，结果在实际工作中碰到了一种从未遇到的情况。首先让他大开眼界的是一个营销信件分报箱的营销员。这个采购员向他介绍了公司每天可能收到的信件的大概数量，并对信箱提出了一些要求，这个营销员听后，考虑片刻，便认定这个采购员最需要他们的CSI。

"什么是CSI？"采购员问。

"怎么？"他以凝滞的语调回答，其中还夹着几分悲叹，"这就是你们所需要的信箱。"

"它是纸板做的、金属做的，还是木头做的？"采购员问。

"噢，如果你们想用金属的，那就需要我们的FX了，也可以为每一个FX配上两个NCO。"

"我们有些打印件的信封会相当的长。"采购员说明。

"那样的话，你们便需要用配有两个NCO的FX转发普通信件，而用配有RIP的PLI转发打印件。"

采购员稍稍按捺了一下心中的怒火："小伙子，你的话让我听起来十分荒唐。我要买的是办公用品，不是字母。如果你说的是希腊语、亚美尼亚语或英语，我们的翻译或许还能听出点门道，弄清楚你们产品的材料、规格、使用方法、容量、颜色和价格。"

"噢，"他开口说道，"我说的都是我们的产品序号。"

最后这个采购员费了九牛二虎之力才慢慢从营销员嘴里搞明白各种信箱的规格、容量、材料、颜色和价格。

在沟通中，很多人也许因为习惯，也许因为想让别人觉得自己有才华，而过多地运用了一些专业术语。可在听的人看来，他们不知道你在说什么，听不懂你的意思，这很容易让沟通陷入僵局。如果一定要说一些专业术语，可以用简单的话语来进行转换，或者在专业术语后面加上解释，让人听后明明白白，才会达到有效沟通的目的。这也是值得我们特别注意的一点。

在生活中，不同的人往往有不同的年龄、教育和文化背景，这就可能使他们对相同的话产生不同理解。另外，由于专业化分工不断深化，不同的行业都有不同的行话和技术用语。如果说话者注意不到这种差别，以为自己说的话都能被其他人恰当地理解，就达不到有效沟通的目的。因此，说话时应该选择人们易于理解的词汇，使信息更加清楚明确地表达，使沟通更顺畅。

一对父子正在建造一座奶牛场，儿子负责管理奶牛，父亲做细木匠，他们将赚来的钱投入奶牛场以扩大牛群数量，两人都指望有朝一日能靠这座奶牛场养老送终。父子俩都承认，如果在今后10年内父亲发生什么意外，全家就不可能达成此目标，因为现在的奶牛场尚不能靠一个人支撑下去，还需要提供额外资金。可是，当销售人员提到，为了给父亲购买足额的人寿保险，以保证他万一发生意外后他的保险金还能继续向奶牛场提供必需的资金，把牛群扩大到可以赢利的规模，有必要每年交一笔保险费时，全家人都表示反对，说他们没钱，办不到。销售人员马上换了另一种说法来说服他们："为了保证万一你们当家的遇到不幸你们能继续达到既定的目标，你们愿意把那两头牛的牛奶送给我吗？只当你们没有那两头牛好了。不管出什么天大的事，它们的牛奶都可以保证你们在将来一定能建成赢利的奶牛场。"结果，他做成了生意。

如果你想使你的语言更容易被大家理解，你就必须学会使你的语言通俗化，使你的语言人人都能听懂，这样你就算达到了说话的最高境界。换句话说，你所说的话需要通俗易懂，让更多人听明白。

所以，在与人沟通的过程中，要多用通俗化的语句，要让人听得懂。如果对方听不懂你的方言，你要尽量用普通话；对方不明白你讲的术语或名词时，要转换成对方熟悉的、理解的语言等。

总之，用对方听得懂的语言进行沟通，是沟通成功的保障。不要简单地认为所有人的认识、看法、高度都和自己是一致的，对待不同的人，要采取不同的方式，要用别人听得懂的语言进行沟通！

说话目的要明确，不要东拉西扯

说话是一种有目的的交际活动，讲述事情是为了让对方了解情况，说明道理是为了取得对方的同意和支持，提出要求是希望对方理解和服从，所以，说话时首先要目的明确。

目的明确是言语表达最基本的要求。所谓明确，就是语言明晰，意思确定。讲话者在大多数情况下说的话都应当是明确的，绝不能含糊其词，模棱两可。

讲话的目的明确，体现了做事的简明性和效率性。讲话者不仅要有深刻而系统的思想体系、明晰的观点，而且还必须学会运用简明扼要、准确精当的言语，恰如其分地表达自己的思想，做到言简意赅、新颖精辟。

在讲到企业如何过冬时，马云说了下面这段话：

"我听过一个故事：有个人死了，到了天堂里跟上帝说：'我相信了你十年，你说你会救我，但你从来没有救过我。'上帝问他怎么死的，他说他被洪水淹死了。上帝问他淹死前在做什么，他说他就坐在一个小岛上，看着水慢慢上来，就等着上帝来救。上帝说：'我来救过你啊。有块木头漂过来，你没有跳上去；有艘船要救你上去，你说你在等上帝；又有一块泡沫漂过来，你只看了看它，你根本就不想上去。'

"所以说，面对恐惧时，要学会用脑子思考。其实严格讲，无论企业还是人，在最困难的时候，身边一定有机会，但是你脑子里想的、眼睛里看到的全部都是恐慌，你丧失了理智。就像去年阿里巴巴上市的时候，股价上涨到每只38元、40元，那时脑子里想到的只是钱，而今天所有人脑子里想到的全部都是恐慌。脑子是用来思考的，眼睛是用来捕捉机会的，手是用来抓住机会的。想活下去的人是把机会变成真正机会的人。所以去找出那些想生存、想创新的企业和具备小规模、高附加值、有创新、有独特性的产品，不在乎买家有多么少，不在乎订单有多么小，而在乎想要活下去的企业。"

虽然是讲故事，但马云并非是胡侃，而是借用故事中的情境，紧扣如何突破困境的主题，表明自己的用意。主题是说话的灵魂，主题明确了，思路才能清晰，才能分清主次，也才能拣重要的说，一语破的。

但生活中，很多人说话容易出现跑题的情况，明明是讲一个问题，结果却东拉西扯，说了一堆不着边际的无用话，脱离了主题，偏离了目的。

美国作家多罗茜·利兹在其《口才》一书中提到过这样一个故事：

一位校长和学生家长谈论酒后驾驶的问题，按理来说这种本质上十分严肃的问题应该是很容易引起家长重视的。但这位校长似乎并没有向家长们清晰地阐述自己的意图，他说的话杂乱无章，引用的故事主次不分。直到谈话结束，家长仍然是一头雾水，不知道他希望表达的主题是什么。

实际上，校长希望家长能够写信给立法机构，支持实施更加严厉的法律。但由于他主题表达不明确，整席谈话中，他一直围绕着相关公民能够发挥的影响和作用喋喋不休，结果令在座的家长不知所云。

由此可见，谈话时主旨不明、杂乱无章、前后不一，这样很难让人领会其中的道理，只会让人厌烦。

事实上，说话就是为了表达自己的意图，说得清楚、动听只是让人乐意接受的形式，舍本逐末，忘了自己的原本意图可就得不偿失了。所以，说话关键是要有明确的主题。主题明确了，思路才能清晰，才能分清主次，也才能拣重要的说，说到位，一语破的。

美国总统奥巴马在正式场合，比如演讲、答记者问时，通常不说累牍连篇的废话，他总是直奔主题，拣重要的说，言简意赅却字字珠玑，令人赞叹。

在2009年G20（即20国集团，国际经济合作论坛）峰会记者会上，中国央视记者逮住机会与奥巴马对上了话，"您如何确保糟糕的本土政治不会干扰或消极地影响到正确的国际经贸往来合作？"

奥巴马笑了笑，继而答道："我只是美国的总统，不是中国的主席，也不是日本的首相，更不是参加峰会各位的首脑。我最直接的责任是让我们美国的人民生活得更好，这才是他们选举我做总统的目的。这也是前面几个问题中所提到的我为什么来这里，能够帮助美国人民就业、购买住房、培养孩子上大学，实现我们所说的'美国梦'。衡量我的标准，就是要看我是否能有效地满足美国人民的需要和解决他们所关心的问题。"

奥巴马的回答简洁而明确，围绕着"我是美国总统"这个主题将问题阐述得详尽而切实，并从侧面告诉大家：我致力于解决美国人民最基本的诸如教育、就业、生活等问题，对与其他国家的国际经贸往来合作不会有干扰。

说话始终是服务于一个最终目的的。谈话时如果主旨明确、内容相关、有条不紊，就能使人很容易领会。如果目的不明，不顾场合地信口开河、东拉西扯，对方就会不知所云，无所适从。

因此，每次说话之前，不妨扪心自问："我为什么要说？"或者："人家为什么要我说？"预先想一想可能产生的结果，并把预期的结果当作目标并为之努力。

激励，言谈间传递正能量

激励胜于管理。好的员工不是管出来的，管理者要懂得利用激励的手段来激发员工的积极性。因为激励是企业管理员工的妙药良方，只要激励到位了，员工的工作激情就会随之高涨，他们就会全心全意地为你拼搏，为你奋斗，为你创造更大的价值！

三言两语就能点燃士气

在激烈的市场竞争中，一个士气低落的企业是无法取得成功的。著名管理顾问尼尔森提出，未来企业经营的重要趋势之一，是企业经营管理者不再像过去那样扮演权威角色，而是要设法以更有效的方法，激发员工士气，间接引爆员工潜力，为企业创造最高效益。

士气影响员工工作的积极性，士气低就等于积极性低，士气高就等于积极性高。只有提高员工的士气，企业才能快速发展。

马云和他庞大的阿里帝国能够有今天的无限风光，与他善于鼓舞士气的强大能力是分不开的。

士气可以代表一个团队的斗志，它不是与生俱来的，特别是在经历危机和困难的时候，人的斗志最容易崩溃，这时候就更需要领导者来凝聚整个团队的士气。刚开始创业的时候，马云跟他的难兄难弟们说："黑暗之中一起摸索，一起喊，我喊叫着往前冲的时候，你们就不会慌了。你们拿着大刀，一直往前冲，十几个人往前冲，有什么好慌的？"他还说："即使是泰森把我打倒了，只要我不死，我就会跳起来继续战斗。"正是马云团队具备的这种精神铸就了阿里巴巴日后伟大的成功。

美国哈佛大学组织行为学专家詹姆斯教授对2000多名工人进行测试，结果发现：在无激励的情况下，每个工人的工作能力通常只发挥20%~30%；如果受到充分的激励，如领导者寄予希望、员工之间竞争、按劳计酬，他们的能力可发挥80%~90%。詹姆斯教授以一句精彩的话总结了这个实验结果："士气等于三倍的生产率。"此话已经成为工商界的名言。

一个企业或组织也像一个人一样，"气实则斗，气夺则走"。而且这种精神面貌会在员工之间相互影响，形成一种相对稳定的精神惯性。尤其在创业之初，促使员工形成向上、进取、拼搏、乐观的精神面貌是非常重要的。优秀的企业领导者善于激励人，善于为别人鼓气。这也是一个领导者的必备素质。

某服装厂接受了一批外商订货，货量大，时间紧，如按正常生产率生产是无论如何也不能在交货日期完成的，而工厂如果不能按期交货，则不得不向外商赔偿一笔巨额违约金，并严重影响到信誉。但老板在全厂职工大会上却发表了热情洋溢的讲话：

"工友们，今天，有一件十分重要的事要和大家商量一下，这件事，事关咱们厂的生死。大家知道，最近两年来市场竞争激烈，咱们厂的利润不断下降，已经严重影响了大家的利益。作为厂长，我没有能力让大家多得工资，很对不起大家。但是，现在机会来了，这里有近十万美元的外商订货任务，我知道在短短一个月的时间内完成它有困难，但是，工友们，我们抢到这个合同不容易呀，不干，我们就没饭吃。"老板停顿了一下，目视下属，突然间喊了一声："工友们，咱们干不干？"

"干！"会场上响起一片喊声，"加班加点，拼死拼活也要完成它。"

"好，工友们，有这句话我就放心了，现在散会，请大家回去，准备接受任务，我保证工作完成之后，每个人都将得到一个厚厚的红包。"

由于老板鼓动起了下属的热情，大家齐心协力，努力生产，加班加点，果真在交货日期前三天完成了全部生产任务。

这位老板很会鼓动人心，把工人的热情调动起来，使工人们感到，这批任务完成与否，事关他们的切身利益，"不干就没饭吃"。最后，老板又把工作同每个人的物质利益直接挂钩，提出工作完成之后给予每个人一份奖金。这样的说话方式真可谓精明老到，滴水不漏。

倪萍刚从山东话剧院调到中央电视台时，领导决定把"综艺大观"这一重头戏交给她。而当时，杨澜主持的"正大综艺"风头正旺，受到一致好评。实际上，她们两人有对打擂台的味道。

但当时的倪萍刚从山东话剧院调入北京，还从来没有这方面的经验，所以她对自己根本没有信心，更没把握。而"综艺大观"可以说是倪萍来中央电视台后打的第一仗，它与倪萍的前途可以说是一荣俱荣，一损俱损。倪萍必须背水一战，无退路可言。

在拍摄前，倪萍惴惴不安，不知所措。这一切被导演看在眼里，他走过来，对倪萍说："别紧张，你有这个能力。你仔细想想自己的工作经历，你毕业于山东艺术学院，又演了好几年的话剧，还拍过那么多的电影和电视剧，这些应该给你积累了不错的舞台感觉。可以说，你早已懂得了如何与观众交流，心里清楚摄像机的方位和镜头的位置。而且，在此以前，你不是主持过一段时间的《人与人》专题片吗？"

"你知道吗？"导演顿了顿又接着说，"就在你主持《人与人》专题片时，就有人说这家伙真上镜，台词说得好，这个倪萍，将来准出名，弄不好还出大名。"

导演的这番鼓励让倪萍重新恢复了自信，觉得眼前的一切其实算不了什么，自己应该有能力胜任眼前的工作，她要做出成绩给那些轻视她的人看看。

终于，倪萍信心十足地闯过了第一关，圆满完成了她的主持任务。同时，她也红遍了大江南北，成为中华大地上家喻户晓的知名主持人。

管理者的鼓励和认同可以激发员工的热情，挖掘出员工的潜能。在企业中，当管理者为员工摇旗呐喊时，员工会被这种认可和赞赏所感动，自然而然产生积极进取的精神，从而将自己的聪明才智充分地发挥出来，为企业多做贡献。

身为管理者，要懂得为员工打气加油，鼓励和奖赏是非常重要的，它能使你的员工感悟到工作的意义，得到被尊重感的满足感。管理者的鼓励并不用太多，可以是一句肯定的话、一句真诚的赞美，也可以是一个善意的微笑、一个期待的眼神，只要是真正发自管理者的内心，员工一定会干劲十足。

激发员工的团队意识

古人云，"得人心者得天下"。一个成功的团队，往往会格外关注以多种方式努力培植团队成员对团队的强烈归属感和团队意识，即高度认同所在的团队，以在团队工作、成为团队一员而自豪，愿意为团队的发展奉献自己的聪明才智，与团队风雨同舟、荣辱与共，将自己人生的成功与团队的兴衰紧密相连。

阿里巴巴在成长过程中经历过很多大风大浪，是大家的团结一致才使这艘船乘风破浪，驶向了成功的彼岸。马云也曾说，是大家的团结使阿里巴巴克服了无数的困难，有了今天的成就。

在阿里巴巴，马云把CEO重新定义为首席教育官，其职责主要是向员工传达价值观、使命感等。

马云认为，员工激励除了要激励上进心和荣誉感之外，更重要的是要激励团队意识。在马云看来，员工是公司的财富，而有共同价值观和企业文化的员工则是最大的财富。马云曾说："一个人再怎么能干，也强不过一帮很能干的人，少林派很成功，不是因为某一个人很厉害，而是因为整个门派都很厉害。团队精神的培养，使员工齐心协力，拧成一股绳，朝着一个目标努力，对单个员工来说，团队要达到的目标即是自己所努力的方向，团队整体的目标顺势便分解成各个小目标，在每个员工身上得到落实。"

马云认为，要刺激一群人做某件事，必须先激起这群人的团队精神。领导者最困难的工作，是让他的部属及员工有一股凝聚力，互相合作。能够做到这一点的人，必定是同行中的佼佼者。深得人心的领导者都能够激励部属，为完成共同的目标而努力。

一个团队拥有了团队精神，能使每个团队成员显示高涨的士气，有利于激发成员工作的主动性，由此而形成集体意识、共同的价值观，团队成员才会自愿地将自己的聪明才智贡献给团队，同时也使自己得到更全面的发展。

实践证明：激发员工的团队精神，对企业经济发展会起到潜移默化的有力推动作用，不断提高企业经济效益，加速壮大企业实力。

"经营之神"松下幸之助在1945年提出："公司要发挥全体职工的勤奋精神"，他不断向职工灌输所谓"全员经营"、"群智经营"的思想。这种思想认为："松下的经营，是用全体职工的精神、肉体和资本结成一体的综合力量进行的。"为打造坚强团队，直至60年代，松下公司还在每年正月的一天，由松下幸之助带领全体职员，头戴头巾，身着武士上衣，挥舞着旗帜，把货物送出。在目送几百辆货车壮观地驶出厂区的过程中，每一个工人都会升腾出由衷的自豪感，为自己是这一团体的成员感到骄傲。

在给全体职员树立一种团体意识的同时，松下公司更是花大力气发动每一个工人的力量和智慧。为达到这一目的，公司建立提案奖金制度，不惜重金在全体职工中征集建设性意见。

虽然现在公司每年颁发的奖金在百万以上，但正如公司劳工关系处处长所指出的："以现金来说，这种提案奖金制度每年所节省的钱超过所发奖金的13倍以上。"不过松下公司建立这一制度的最重要目的，并不在节省成本上，而是希望每个职工都参加管理，每个职工在他的工作领域内都被认为是总裁。正是因为松下公司充分认识到群体力量的重要性，并在经营过程中处处体现这一思想，松下的每一个职工才会把工厂视为自己的家，把自己看作工厂的主人。因此，纵使公司不公开要求，各类提案仍会源源而来，职工在家里、在火车上，甚至在厕所里，都会思索提案。试想，有了这样的"全员经营、群智经营"，松下又怎能不成为称霸世界的超强公司呢？

　　一个企业若具备团队意识，那就意味着这个企业必定具有良好的凝聚力和战斗力。团队意识是一个企业同心协力不断向上的原动力，它会让每位队员产生一种归属感，觉得为团队做贡献，就是在为自己争荣誉。可以说，一个企业的团队意识越强，它的生命力就越旺盛、越长久。士气高扬、活力充沛的团队可以将整个企业牢牢地捆在一起，更好地发挥整体的作战能力。

　　激发员工的团队意识就是要不断增强企业的凝聚力和战斗力，使每位员工都有一种归属感，让他们清楚地认识到每个人都是团队中不可缺少的成员，并能自觉主动地为团队争荣誉做奉献，那么，企业发展所爆发的动力必将变得更为显而易见了。

调高目标，激励下属奋发向上

　　所谓目标激励，就是确定适当的目标，诱发人的动机和行为，达到调动人的积极性的目的。目标是行动所要达到的预期结果，是组织对个体的一种心理引导。作为一种诱因，其具有引发、导向和激励的作用。

　　对领导者来说，善用目标激励是成功管理的手段之一。联想集团董事会主席柳传志所说："目标是最大的激励"，只有不断激发一个人对高目标的追求，才能激发其奋发向上的内在动力。

　　设定目标是马云激励员工的重要方法。马云会给团队制造出一个个"不可思议"，最后将它们变成一个个"不过如此"。

　　2001年年底的时候，阿里巴巴为下一年度设定目标，马云提出的目标是：2002年只要赚一块钱！

　　到了2002年年底财务结算的时候，阿里巴巴实现了盈利的目标！

到了2002年年底，马云又为2003年设定了目标，这次令所有的人都大吃一惊：阿里巴巴全年要盈利1个亿！有人拍桌子反对这个计划，但是马云坚持到底！

2003年年底，当财务官把财务报表一公布，员工们都傻眼了：阿里巴巴轻轻松松完成了1个亿的盈利目标！

马云的目标一个比一个火爆：2004年，阿里巴巴要实现每天盈利100万元！

结果是马云又一次用结果征服了员工！

火爆的目标还在继续：2005年，马云提出目标：每天要缴税100万元！

阿里巴巴的员工现在很少和马云打赌了："他太厉害了，怎么赌怎么赢！"

其实，马云的这些目标并不是脑袋一热就决定的，而是以科学的财务统计为基础提出的。他使每一个目标都能够实现，这就深深地征服了每一个员工的心。

马云对于激励员工很有心得，他曾经说过："怎么去激励我的员工我不知道，反正我觉得我们的员工不是我去激励他们，而是大家认为这个目标是可行的。比方说我以前讲阿里巴巴会变成什么样，大家都会说这不可能，但是我们的目标一年一个样，这是他们的目标而不是我的目标。从他嘴巴说出来的时候他就会觉得这是他的东西。激励不是天天讲成功学的东西，激励是让人去思考，一定要让他觉得这是他应该学的，而不是你要求他学的。"

对于将2002年的目标定为"盈利1元钱"，马云说："如果说要赚100万元，谁都不知道该怎么去做；但要赚1元钱，谁都知道怎么去做。每个人多做一个客户，对客户好一点，让成本减少一点就可以了。2002年，赚1元钱就实现目标，赚2元就达到了目标的200％，赚3元就达到了300％……"

马云不仅在公司发展的大目标上和公司员工进行打赌，而且还用业绩打赌，以此来激励员工。马云曾经和一位业务员打赌：如果业务员能够在

2004年实现一年1000万元的销售额——要知道这个销售额相当于2003年销售额的3倍，这还没有完，老客户续约保持率要达到80％以上，马云请他去世界上随便哪一个城市度假；如果没有完成任务，这位员工就要在杭州最冷的时候，脱光衣服跳西湖。

结果，在马云的激励之下，这位员工完成了全年1000万元的销售额，成为年度销售冠军，但是，可惜的是，功亏一篑，在"老客户续约保持率达到80％以上"这个条件上仅仅差了1个百分点。

愿赌服输。在杭州最冷的时候，在阿里巴巴员工的欢呼声中，那名员工脱掉衣服跳入了西湖。不过，马云为了奖励这位员工，还是请他到他喜欢到的城市度假。

可见，一个振奋人心、切实可行的奋斗目标，可以起到鼓舞和激励的作用。管理者通过设置适当的目标，能最大限度地发挥员工个人潜力，获得"1+1>2"的效应，在提高个人绩效的同时，大幅提高企业的效益和持续发展的竞争力，实现劳资双赢。

某输电线路架设队承担了一个在山地架设线路的任务。由于山高、路险、石多，整个工程对技术和工期的要求都很高，领导根据大多数职工的家属在农村的情况及工程要求，分别设置了两个与职工利益息息相关的目标：一个是多劳多得的经济目标，一个是"麦子黄了就是工期"的时间目标。尤其是后一个目标，对家住农村的职工的心理影响非常大。为此全队士气高涨，每天工作达十五六个小时，最后整个工期缩短了一半，工程质量全优。全队高质高效地完成了架设任务，也理所当然受到了领导的奖励。

目标决定行为。管理者通过设置适当的目标，可以有效诱发、导向和激励员工的行为，调动员工的积极性。

松下说："经营者的重大责任之一，就是让员工拥有梦想，并指出努力的目标。否则，就没有资格当老板。"目标激励是激励员工的最好方式，这几乎是所有管理者的共识。任何一位员工都有自己所期望的目标，领导者可以运用这种目标动力去激发员工的积极性，这不仅是一种激励手段，更是一种管理艺术。

目标激励的关键在于目标的设置，只有恰当的目标才有激励效果。那么，怎样使目标的设立与管理更为科学、合理呢？管理者在制定目标时需遵循以下几项原则：

1.目标设置的难易度要适宜

目标太高，会挫伤员工的积极性，会让他们感到再努力也无法达成；目标太低，太容易达成的话，又会让员工感觉没有难度，没有挑战性，而提不起兴趣。所以，只有难度适宜的目标才是最合适的目标，才能最大限度地调动员工的积极性。

2.目标设置要具体明确

目标越明确，员工行动的效果越容易达到最大化；如果目标不明确，就会出现员工动力不足，即便员工盲目用力，最后达到的结果也不是企业想要的结果，员工的积极性就会严重受挫。另外，目标越具体，对员工的激发作用越强。例如，在为员工制定每个月要实现的任务目标时，具体的数字往往比"取得进一步发展"、"争取更大的成绩"之类笼统空泛、含糊其词的目标要有效得多。

3.注意目标分解

管理者在制定目标时，要根据实际情况将远期目标分解成一个个的近期目标，在实现近期目标的过程中给予及时的信息反馈，使员工从中得到更大的激励，避免产生渺茫感。

4.要有员工的广泛参与

激励目标的确定，员工的参与必不可少。目标必须通过全体员工的共同努力才能实现。所以，鼓励员工参与到目标的制定过程中，可以帮助他们加深对目标的理解，亲身体验到组织目标与个人目标的利害关系，增强主动性与紧迫感。

有效激发下属的干劲儿

无论一个领导者有多么优秀，个人也只能发挥1%的作用，但是假如员工受到很大的激励的话，就会发挥100%的能量，所以领导者对员工的激励非常重要。通用电气CEO杰夫·伊梅尔特曾说过："一旦成为一名领导者之后，你所面临的最大挑战就是要学会激励身边的人、培养他们，并帮助他们学会改变自己。你必须完成这一挑战，同时明白，领导者的任务就是为自己的团队成员提供服务。"

通过激励员工催促其勇往向前，是常用的管理方式。马云激励员工更多靠的是自己的激情和口才，事实上，不论在公司还是在演讲会上，他总能时刻保持一股新鲜的活力与激情。尤其是当他激励自己的员工，为自己的员工鼓劲打气时，更显现出了其中所蕴藏的那份热忱与激情。

下面便是马云在员工大会上的一次演讲：

"我今天不做总结，而是和大家一起探讨一些思想。

"还有就是我们以前讲的实力，我今天看到标语上有这么几个字：'勇气和坚持'。我以前讲过，实力就是抗击打能力，你怎么打我我都不倒，明天又来了。从这里面可以看到实力是一种勇气和坚持。

"有勇气是因为你'艺高人胆大'，而坚持是因为你有使命感。你可能比别人看得远，你看到的别人可能没有看到，所以你坚持走下去。在勇气和坚持这两个词里面，上升到一个高度就是，勇气是在压力面前还敢不敢坚持，坚持往往是在压力和诱惑面前，你敢还是不敢。这是作为领导者必须拥有的很重要的一个东西。

"压力大，比方说SARS暴发的时候，我们都感觉到阿里巴巴的天要塌下来了，明天就要关门了。但是，我们阿里巴巴要表现出比任何时候都要强大的领导力。当时我们说不能忘记客户，我们还是要往前走。那个时候真的有点像与外星人作战。

"除了压力，还有诱惑。昨天我和卫哲在讲，路演的时候，按照我们的资金、所有的认购量，1800亿美金的无底价订购，我们真的可以在十八九块轻轻松松地卖出去，多卖一块钱，我们就能多拿1亿美金，就可以多建一个阿里巴巴园区，13万平方米。在这个诱惑面前，你还是不是坚持你的使命感？很多人在诱惑面前软掉了，在压力面前弯掉了。

"其实领导力的关键是看勇气和坚持。真正的领导力是在特别的时候才看得到的。大败敌军，掩杀过去的时候，将军的勇气和领导力是看不出来的。撤退的时候才看得出来谁是优秀的将军。撤退的时候，在压力面前、在诱惑面前，你要敢于做到不失理想。"

激励是管理者提高员工斗志、高效开展工作的有效手段。在管理员工的过程中，管理者必须放下手中的"鞭子"，多使用煽情妙语去激发士气，赢得员工的尊重和理解，在友好和合作的气氛中，使员工愉快而又积极地去工作，从而取得双赢的完美结局，而企业也能因此向前跨出一大步。

有一天，一位工厂经理垂头丧气地向他的大老板——一个全美知名的企业家讨教，因为他的员工长期一直无法完成他们的分内工作，他为此束手无策。"你这样能干的人，"企业家问，"怎么不会使工厂员工发挥工作效率？"

"我不知道。"那人回答，"我对那些人说尽好话，我在后面推他们一把，我又发誓又诅咒的，我也曾威胁要把他们开除，但一点儿效果也没有。他们还是无法达到预定的生产效率。"

当时日班已经结束，夜班正要开始。

"给我一根粉笔。"企业家说。然后，他转身面对最靠近他的一名工人，问道："你们这一班今天制造了几部暖气机？"

"6部。"企业家不说一句话，在地板上用粉笔写下一个大大的阿拉伯数字"6"，然后走开。夜班工人进来时，他们看到了那个"6"字，就问这是什么意思。

"大老板今天到这儿来了，"那位日班工人说，"他问人们制造了几部暖气机，我们说6部，他就把它写在地板上。"

第二天早上，企业家又来到工厂。夜班工人已把"6"擦掉，写上一个更大的"7"。日班工人早上来上班时，当然看到了那个很大的"7"字。原来夜班工人认为他们比日班工人强。日班工人当然要向夜班工人挑战。他们加紧工作，那晚他们下班之后，留下一个颇具威胁性的"10"字，工厂的生产情况显然逐渐好转。

不久之后，这家产量一直落后的工厂，终于比其他工厂生产得更多了。

为什么原本产量一直落后的工厂能够后来居上？原因就是领导者成功地激起了员工的好斗心。这里的好斗心指的并非是为了利益不择手段，而是要激起员工超越他人的欲望。挑战，是振奋人们精神的一剂良方。

在现代企业管理中，激励已经逐渐成为管理者的首要职能，也是调动下属积极性的最佳方式。下属士气的高低，直接关系着企业的命运。能否有效鼓励下属，关键在于管理者。所以，企业的管理者必须要懂得如何激励下属，如何去发掘下属的潜能和热情，以适当的激励方式来调动下属的积极性，打造一个团结、和谐、高效的工作团队，实现企业的管理，维持企业的向心力和凝聚力，实现企业的最终目标。

赞美是最佳的激励方式

赞美是管理者调动下级的积极性、激励下级工作热情以实现工作目标的绝佳方法，在领导工作中具有非常重要的作用。洛克菲勒曾经说过："要想充分发挥员工的才能，方法是赞美和鼓励。一个成功的管理者，应当学会如何真诚地去赞美他人，引导他们去工作。我总是深恶挑别人的错，而从不吝惜夸奖他人的好处。事实也证明，企业的任何一项成就，都是在被嘉奖的气氛下取得的。"

马云是一个善于赞美员工的领导者。在阿里巴巴这个团体中，马云对于员工从来都不吝啬自己的赞美。因为在马云的眼中：一个有梦想，并且为了梦想而努力奋进的人，是值得表扬和称赞的。尤其是阿里巴巴的那些老员工们，在马云的眼中，他们都是值得尊敬的聪明人。

下面是马云在跟公司"五年陈"员工交流时的一段讲话：

"我跟大家讲，八年以来或者说五年以来，我们这些人中，可能有些人想，反正也没有地方去，在阿里巴巴待着挺好的。我不敢说是百分之八十，至少百分之四十的人会觉得我也没有地方去，有一个工作做做就好，反正在这个公司总能够混下去的，于是就稀里糊涂待下去。那些认为自己很能干、应该得到更高待遇的人都走了。那些认为肯定能够得到更高的工资，在别的公司得到更高职位、更多股权的人也走了。这些都是自认为很聪明的人，而我们这些自认为不是很聪明的人，留了下来。

"我们今天收到了一点点的好处，但我还是想跟所有的'五年陈'讲，我们只是比别人多了一点点运气。凭什么我们可以变成百万富翁，就因为在阿里巴巴干了五年吗？而且这五年内，公司没有亏待我马云，公司也没有亏待任何员工。你说你勤奋，我说比我们勤奋的人，别说中国，在杭州都不知道有多少。比我们聪明的人就更多了，凭什么？

　　"如果我们觉得，我们太能干了，这么有出息，那我觉得我们全错了。我要感谢的是这个时代，我们真的应该感谢这个时代、感谢中国、感谢互联网、感谢电子商务，当然也要感谢我们大家，我真的感谢你们。我们这些人在坚持，你们对我的信任，你们对大家的信任，公司管理层对你们的信任，这些到现在终于收获了一些东西。

　　"我不知道五年以后，在座的有多少人还会留在这里，我也不知道十五年以后有多少人还坚持留在这个公司。我希望有二十年的员工、三十年的员工、四十年的员工。我不知道会不会有。"

　　马云的赞美是由衷的，是发自内心的感谢。这样的话不仅打动了在场的每一个员工，同时也让员工认识到作为一个阿里巴巴人所要肩负的责任。

　　赞美是一种鼓励，是一种肯定，可以激发人们的自豪感与上进心。现实工作中，当员工付出艰辛劳动时、接受工作指派时、取得成果时，他们往往更渴望得到别人的尊重与承认。这时候，给予其真诚的赞美，会让人有一种如沐春风的感觉。因为赞扬就是认可他的价值，肯定他的工作，使他拥有一种成就感、满足感。真正成功的团队管理者，是那些善于恰当地赞美员工、肯定员工的人。作为管理者，你应该努力去发现可以对下属加以赞扬的事情，寻找他们的优点，形成一种赞美的习惯。

　　韩国某大型公司的一名清洁工，本来是一个最底层的、最被人忽视和看不起的角色，但就是这样一个人，却在一天晚上公司保险箱被窃时，与小偷进行了殊死搏斗。

　　事后，有人为他请功并问他的原因，答案却出乎人意料。这个清洁工说："当公司的总经理每次从我身旁经过时，总会赞美说'你扫地扫得真干净'。"

　　就是这么一句简简单单的话，却使这个员工受到了感动，在关键时刻帮了公司大忙。

赞美是一门艺术，恰当的赞美，能够调动员工的工作积极性，能够使彼此的关系更加和谐。对管理者来说，赞美员工是一笔小投资，但是它的回报却是非常丰厚的。管理者如果能学会赞美员工的技巧，掌握赞美别人的艺术，就一定能收到意想不到的效果。

国内外的实践经验和相关研究都已表明，赞扬是最好的激励方式之一。如果领导者能够充分地运用赞扬来表达自己对员工的关心和信任，就能有效地提高员工的工作效率。因为，领导就是权威，领导的赞美就是对员工的肯定，领导的赞美意味着员工是出色的，就有升职、加薪的可能性。

年利润6亿美元的美国玫琳凯化妆品公司的经理玛丽·凯说："有两件东西比金钱和性更为人们所需要——认可和赞美。"金钱可能是调动员工积极性的有力工具，但赞美可能更有力，因为它唤起了员工的荣誉感、责任感、自尊心，员工的价值得到了认可和重视，他们就会更加努力地工作，赞美的成本十分低廉，它不但是一种最好的，而且是花费最少收益最大的管理技巧。

某局长很善于称赞手下的科员。因为他知道，称赞的力量往往是巨大的，称赞可以激励科员不断努力、再创佳绩。

办公室秘书小高在一次竞赛中获得了"年度新闻稿件一等奖"。拿回证书以后，局长给予了小高较高的评价："小高，不错！你的那篇稿子我拜读过，文笔流畅，观点突出。好好努力，将来很有发展的潜力。"

财务科会计小闫在全市财会人员珠算竞赛中获得二等奖。局长高兴地说："这次获奖，是你平时努力的结果。这就叫'功夫不负有心人'。如果没有往日的努力，是不可能取得这么好的成绩的。"

这种称赞使下属意识到了自己的价值，从而也对自己充满了信心，同时还会使下属领会到领导对自己付出心血的肯定，便会产生知己感。

赞美是一种力量。一个人具有某种长处或取得了某些成就，他还需要得到别人的承认。如果你能以诚挚的敬意和真心实意的赞扬满足一个人的自我需求，那么任何一个人都可能会变得更愉快、更通情达理、更乐于协作。

赞美之所以能对人的行为产生深刻影响，是因为它满足了人的自尊心的需求。赞美是对个人自我行为的反馈，它能给人带来满意和愉快的情绪，给人以鼓励和信心，让人保持这种行为，继续努力。赞美也是一种有效的激励，可以激发和保持一个人行动的主动性和积极性。

赞美是一件好事，但绝不是一件易事。管理者赞美下属时如不审时度势，不掌握一定的赞美技巧，即使态度是真诚的，也会变好事为坏事。所以，管理者一定要掌握以下技巧：

1. 赞美要及时

当员工做出了成绩，或者做了件有益于公司的好事时，最希望被人知道，及时得到人们的赞美，这不是虚荣心的表现，而是正常的心理活动。而且心理学表明，人们的这一期待心理是有时间期限的，得到的赞美越及时，人们越容易受到鼓舞。如果拖延数周，时过境迁，迟到的表扬就会失去原有的味道，再也不会令人兴奋与激动。所以，管理者要记着把你的赞美及时送达到员工的心里，哪怕是下属有了一点小小的进步，也不要忘记及时向他们表示你的赞扬。

2. 赞扬的态度要真诚

赞美下属必须真诚。每个人都珍视真心诚意的语言，它是人际沟通中最重要的东西。英国专门研究社会关系的卡斯利博士曾说过："大多数人选择朋友都是以对方是否出于真诚作为标准的。"所以在赞美下属时，你必须确认你赞美的人的确有此优点，并且有充分的理由去赞美他。避免空洞、刻板的公式化夸奖，或不带任何感情的机械性话语，这样会令人有言不由衷之感。

3.赞美下属的特性和工作结果

赞扬下属的特性，就是要避免共性；赞扬下属的工作结果，就是不要赞扬下属的工作过程。

作为管理者，在赞扬一位下属时，一定要注意赞扬这位下属所独具的那部分特性。如果管理者赞扬某位下属的工作是所有下属都具有能力完成的事情，这种赞扬会让被赞扬的下属感到不自在，也会引起其他下属的强烈反感。

此外，管理者要赞扬的是下属的工作结果，而不是工作过程。当一项工作彻底完成之后，管理者可以对这件工作的完成情况进行赞扬。但是，如果一项工作还没有完成，仅仅是你对下属的工作态度或工作方式感到满意，就进行赞扬，可能就不会收到很好的效果。相反，这种基于工作过程的赞扬，还会增加下属的压力，进而还会对管理者的赞扬产生某种条件反射式的反感。如果是这样，那么管理者的赞扬也就成了弄巧成拙。

4．赞美要具体

表扬员工时，要针对他的工作，而不是针对人，哪件事做得好，什么地方值得赞扬，说得具体些，这样才能使受夸奖者产生心理共鸣。比如，"你刚才结尾的地方很有创意"。如此一来，员工便知道哪里做得好。倘若你进一步夸赞其内在特质："结尾做得很有创意，可见你是个很有创意的人。"就更能提升员工的心理满意度。相反，如果你对任何人都用一样的赞美之词，使用空洞、刻板的公式化夸奖，或不带任何感情的机械性话语，那么时间久了，你的赞美之词就成了乏味的唠叨。

总而言之，赞美是一种不需要任何投资的激励方式。真诚地去赞美每个人，这是促使人们正常交往和更加努力工作的最好方法。

传递信任，实现激励

有这样一个著名的心理学实验：

西方心理学家奥格登在1963年进行了一项警觉实验，通过记录测试者对光强度变化的辨别能力以测定其警觉性。测试者被分为4个组：

第一组：控制组，不施加任何激励，只是一般地告知实验的要求与操作方法；

第二组：挑选组，该组的人被告知，他们是经过挑选的，觉察能力最强，理应错误最少；

第三组：竞赛组，他们得知要以误差数量评定小组优劣与名次；

第四组：奖惩组，每出现一次错误就罚款，每次反应无误就发少许奖金。

可能很多人会认为第三组或者第四组的警觉性最强，因为对这两组分别使用了竞赛及奖惩的激励手段，但事实上，心理学家的实验结果却出乎意料：经测试，第二组的警觉性最强。因为第二组的人受到了良好的信任，受到了积极正面的心理暗示，结果他们比那些希望在竞争中胜出、害怕受罚或希望获奖的人表现得更加出色。

由此可见，单凭业绩考核、奖优罚劣与业绩排名、末位淘汰并不能很好地激励员工发挥潜力，而给予员工必要的信任、鼓励，却可以收获更好的效果。

俗话说："士为知己者死。"信任是一种精神激励，比物质激励更重要。而对于管理者而言，则代表一种能力。

阿里巴巴、淘宝网、雅虎中国、阿里妈妈等之所以能在中国网络史上独树一帜，甚至在亚洲和世界网络史上占据要位，这和马云善于用人是分不开的。

淘宝网总经理孙彤宇是马云手下的大将。1996年，26岁的孙彤宇加入马云的创业团队——中国黄页。在马云的创业过程中，马云及他的团队经历了不少挫折。他们从杭州到北京，再从北京到杭州，他们一起做中国黄页，一起做网站，一起做着任何能够实现他们共同理想的事情。因此，孙彤宇的德与才得到了马云的认可。

2003年的一天，顶着风险投资的压力，在众多不信任的眼光中，马云决定把打造淘宝如此重大的任务交给还未挑过大梁的孙彤宇。在大多数人看来，这是一个非常冒险的决定。因为要创办一个和世界顶级公司eBay竞争的公司，不成功便成仁，一旦失败，甚至会影响到阿里巴巴。

然而，马云却把如此重大的任务交给了孙彤宇。当时，所有人都觉得不可思议，都认为马云的决定太过武断。然而，马云却毅然决然地做出了决定。

做出决定后，马云便试探性地问孙彤宇："假如让你全权负责淘宝，你认为要多长时间才能打败eBay易趣？"

孙彤宇似乎意识到了什么，当场立下军令状："三年，我相信三年内一定可以打败eBay易趣。"

马云意识到，孙彤宇现在也许只是个连排长，但他有成为师长、军长的潜力。更重要的是，马云认为孙彤宇是最适合带领淘宝的人。于是，马云把打造淘宝网的重任交给了孙彤宇。随后，马云又任命孙彤宇为阿里巴巴的副总裁。希望孙彤宇能把淘宝办成一个和世界顶级公司竞争的公司，而孙彤宇也勇敢地挑起了这副重担。

事实证明，马云没有选错人，孙彤宇也没有辜负使命。淘宝网只用半年时间就做到了进入全球排名前100名，9个月进入了前50名，一年进入了前20名。到了2005年，淘宝网的市场占有率达到80%，彻底打败了eBay易趣。带领淘宝网从建立到打败eBay易趣这个巨无霸，孙彤宇只用了两年！

孙彤宇成功创建淘宝，不仅仅是他个人的努力，还有马云的信任。因为马云对他充分信任，无形中给了他莫大的鼓舞，也给了他前进的巨大力量。

信任他人，不仅能有效地激励他人，更重要的是能营造人与人之间相互信任的氛围，在这种和谐的氛围中，彼此无所顾忌，思维空前的放松与活跃，尽情发挥自己的聪明才智。在这样的环境里，人性的本能驱使自己要维护这方相互信任的净土，当每一个不光明的念头出现时，都会让人觉得格格不入、自惭形秽。这种境界是其他激励无法达到的。正如管理大师史蒂芬·柯维所说："信任是激励的最高境界，它能使人表现出最优秀的一面。"

刘刚是一家印刷厂的老板。他的印刷厂承接的东西品质都非常精细，但印刷员是新来的，不太适应这份工作，所以主管很不高兴，想解雇他。

刘刚知道这件事后，就亲自到了印刷厂，与这位年轻人交谈。刘刚告诉他，对他刚刚接手的工作，自己非常满意，并告诉他，他看到的产品也是公司最好的成品之一，相信他一定会做得更好，因为对他充满信心。

这能不影响那位年轻人的工作态度吗？几天后，情况就大有改观。从那天起，他就成了一个忠诚而细心的员工了。

人是有感情的动物，宽容和信任是人与人之间建立良好关系的基础，管理者只有以心换心才能赢得员工的真心。而得到管理者宽容和信任的员工就会将自己最大的热情投入到工作中去，将自己的积极性和创造性转化为最高的工作效率，从而提高整个企业的竞争力。

"经营之神"松下幸之助很善于用信任来激励员工。每次观察公司内的员工时，他都会感觉他们比自己优秀，当他对员工们说"我对这件事情没有自信，但我相信你一定能够做得到，所以就交给你去办吧"时，员工都会因受到重视而不但乐于接受，还会下定决心竭尽所能也要把事情做好。

1926年，松下电器公司计划要在金泽市设立营业所。松下从来没有去过金泽，但经多方考察与考虑，还是认为应该成立一个营业所。这时问题出现了：谁去负责这个营业所呢？谁最合适呢？当然，能够胜任这个职位的高级主管很多，但那些资历深的管理人员都要留在总公司工作。因为他们当中的任何一人离开总公司，都会影响总公司的业务。这时，松下幸之助想起了一位年轻的业务员。

这位业务员当时只有二十岁，松下决定派这个年轻的业务员担任设立金泽营业所的负责人。松下对他说："公司决定派你去金泽的新营业所主持工作，现在你就立刻过去，找个适当的地方，租下房子，设立一个营业所。我已经准备好了一笔资金，让你去进行这项工作了。"

听完松下的话，年轻的业务员大吃一惊，不解地问："这么重要的工作让我这个新人去做不太合适吧……"

但是，松下对这位年轻人很信赖，他几乎用命令的口吻说："你没有做不到的事情，你一定能够做得到的。战国时代的加藤清正、福岛正则这些武将，都在十几岁时就非常活跃了。你现在已超过二十岁了，不可能这样的事情都做不来。放心吧，我相信你，你一定能做到。"

这时，年轻人脸上的神色已与刚进门时判若两人，他的脸上充满了感动。看到他这个样子，松下很兴奋地说："好，请你认真地去做吧！"

年轻人一到金泽就马上进入了工作状态，他几乎每天给松下写一封信，向他汇报自己的工作情况。很快，他在金泽的筹备工作完全就绪。于是，松下又从大阪派了两三名员工过去，开设了营业所。

可见，管理者的信任会使员工发挥超常的潜能。当员工受到管理者的信赖、得到全权处理工作的认可时，就会觉得无比兴奋；而且，受到信任后也会有较高的责任感。无论管理者交代什么事，员工都能竭尽全力去完成，同时也会用自己出色的工作成绩回报管理者。

管理者对员工的真诚信任是一种激励，通常会收到员工主动、积极的回报。优秀的管理者深知信任对方就可以得到积极的回报，所以他们把信任员工当作一种重要的激励手段来运用。

第四章

委婉，说话不要太直接

做人固然要正直、率真，但并不意味着都要直言，因为太过直接的话有时如同一把刀一样，直插人的内心深处，不是使人抵触反感，就是使人顾虑重重，增加心理压力。而说话委婉一点，给人的感觉就会舒服，让人容易接受，不仅展现了你的风度，也展现了你的修养，更让人感觉你可亲可近。同时，你也会收到意想不到的收获。

点到即止，暗示比直言更有效

生活中，并不是每句话都必须直说，若善于以暗示代替直言，同样可以收到预期的效果。

暗示是人际交往的一种特殊方式，指的是暗示者出于一定的目的，采用一定的方法，含蓄、巧妙地向对方发出某种信息，以此来影响对方的心理，使其不自觉地接受一定的意见、信念，或改变其行动，从而达到自己的目的。

下面是马云在中小企业大会上发表的一篇关于"与其抱怨，不如建设"的文稿。

"我们崇尚的是建设性的破坏，而不是破坏性的建设，抱怨是没有用的。

"我发现社会上的埋怨、抱怨特别多。我也不是说人家不好，但我觉得我们崇尚的是建设性的破坏，而不是破坏性的建设。什么是破坏性的建设？我们年轻人永远觉得，这做得不对，那做得不对，历朝历代以来，人们都是希望拿一个新概念去推翻一个旧概念。推翻了帝制，我们以为就可以共和了；推翻了旧文化，我们以为就可以完成新文化了；推翻了旧社会，我们就觉得进入了新社会。

"其实任何新的东西，都需要经过千锤百炼，对于社会上很多不好的事，我们其实真没有时间去抱怨，我们一直在改变。我讲过一个例子，关于新商业文明的。两百多年以前，美国的华盛顿、杰斐逊带领一帮人说，在这块土地上面，我们将建立民主自由国度，人人将会平等。很多相信这句话的人去了那里。

"今天在互联网界、在商界，我们看不惯很多东西，我们也没法改变，但是我们可以建设性地建议和鼓励。在这块土地上，我们崇尚开放，我们崇尚分享、责任和全球化，使所有相信这个理念的人成为新的移民。今天你在地球上的任何一片土地上说我想成立一个国家已经不可能了，但在互联网的虚拟世界里，你可以创建一种新的文明世纪、新的商业氛围。这就是阿里巴巴想做的。"

含蓄的暗示，委婉而充满智慧，它比直言更耐人寻味。从上面这段演讲中，我们可以看到马云在讲到很多中小型企业都习惯用抱怨的情绪去看待如今的商业体制时，将自己的看法表达得十分含蓄。马云并没有直接挑明这些抱怨是无济于事的事情，而是婉转地通过举例来暗示中小企业应该将目光从抱怨上转移。因为抱怨改变不了现实，我们为什么不从自己身上去下功夫，努力地去完善与建设呢？

英国思想家培根说过："交流时的含蓄与得体，比口若悬河更可贵。"委婉含蓄的表达是一种语言的艺术。常常不直陈意见和看法，而是通过寓意象征、委婉迂回的方式来表达，会给人无限的遐想空间，也能避免直接碰到别人的痛处，因言语不慎而树敌。

春秋时代，楚国有一个戏子叫作优孟，因为他身材矮小，不满五尺，人们就称他孟侏儒。优孟性格开朗，行为言语滑稽可笑，深受人们的喜爱，也得到楚王的宠信，经常出入王宫。

这一年，楚国贤惠的相国孙叔敖去世了，楚王为失去这一个得力助手而黯然神伤，每日茶不思、饭不想，总是怀念与孙叔敖在一起的日子。

一天，优孟到城郊游玩，不巧碰见了孙叔敖的儿子孙安在山上砍柴。优孟感到非常奇怪，便问其中的缘由，孙安告诉优孟，父亲任宰相时为官清廉，他去世后家里没有了收入财源，平时又没有积蓄，没有办法只得靠砍柴卖钱，聊以度日。

优孟想帮助孙安摆脱困境，但又不好直接批评楚王不仁义，不体恤下属，孙叔敖死后也不封赏他的后代。他决定采取另外的办法。他特制了一套孙叔敖平时喜欢穿的衣服，然后学习模仿孙叔敖的一举一动，后来他练得惟妙惟肖，让人看了真像是孙叔敖在世。

一次楚王宴请宾客，优孟打扮成孙叔敖的模样前去赴宴，楚庄王远远一看，误以为孙叔敖复活，赶紧起身相迎，快步走到台阶前，走近一看才知道是优孟装的，楚王因为思念贤相心切，便想拜优孟为相，他说：

"今日见你这副样子，更令我想起了贤相孙叔敖，你以后就穿着这身衣服做相国吧，你虽然不是真的孙叔敖，就是假的也好。"

"家有老妻，请准回家商量一下再决定吧！"优孟回答道。

第二天，优孟来到宫中回奏楚王，说："我那位不识好歹的黄脸婆不要我做相国，还三番五次地告诫我，说孙叔敖做了十几年的相国，没有一丝一毫的积蓄，如今死了，他的儿子要上山砍柴卖钱才能过活，我要做相国，岂不存心想饿死老婆吗？"

这一番话，使楚王猛然省悟，他立即下令叫孙安入朝，封赐给他土地，不让他再过苦日子了。

优孟知道楚王不对，但他没有当面指责，而是采用暗示的方式表达了他的意思，使楚王认识到自己的错误，并主动改正，试想假如优孟不给楚王面子，大骂他忘恩负义，只知道怀念已经逝去的人，不知道念及他的后人，这番话很可能会使楚王恼羞成怒，一气之下不要说给孙叔敖的儿子封赏，就连优孟的性命也不一定能保得住。所以说，用暗示的方式提醒别人，有时效果反而远远好于直言直语。有些善意的话，如果能够婉转表达，别人会产生感激的心情。如果自己一味地直言不讳，别人会产生误会。

委婉是一种既温和婉转又能清晰表达思想的谈话艺术。它的显著特点是言在此而意在彼，能够诱导对方去领会你的话，去寻找那言外之意。从心理学的角度来看，委婉含蓄的话不论是提出自己的看法还是劝说对方，都能比较适应对方心理上的自尊感，使对方容易赞同、接受你的说法。

在美国经济大萧条时期，有位17岁的姑娘好不容易才找到一份在高级珠宝店当售货员的工作。在圣诞节的前一天，店里来了一个30岁左右的顾客，他衣着破旧，满脸哀愁，用一种不可企及的目光，盯着那些高级首饰。

姑娘要去接电话，一不小心把一个碟子碰翻了，六枚精美绝伦的钻石戒指落在了地上。她慌忙捡起其中的五枚，但第六枚怎么也找不着。这时，她看到那个30岁左右的男子正向门口走去，顿时意识到戒指被他拿走了。当男子将要触及门柄时，她柔声叫道：

"对不起，先生！"

那男子转过身来，两人相视无言，足有几十秒。

"什么事？"男人问，脸上的肌肉在抽搐，再次问，"什么事？"

"先生，这是我的第一份工作，现在找个工作很难，想必您也深有体会，是不是？"姑娘神色黯然地说。

男子久久地注视着她，终于一丝微笑浮现在他脸上。他说："是的，确实如此。但是我能肯定，你在这里会干得不错。我可以为您祝福吗？"他向前一步，把手伸给姑娘，那枚钻石戒指就在他的手上。

"谢谢您的祝福。"姑娘也立刻伸出手，戒指戴在了她的手指上。姑娘用十分柔和的声音说，"我也祝您好运！"

故事中的这个小姑娘是睿智的，她很会照顾对方的感受，没有开门见山地要回戒指，而是先说出自己的难处，找工作不容易，让男子认识到自己的错误，进而主动交还戒指。那男子也很珍惜没有露丑丢脸的时机，非常体面地改正了自己的错误。

在说服别人的过程中，很可能有些话不便直言，以免伤了对方尊严。这时就可以使用暗示的方式，向对方说出你真正要说的话，让对方了解其中的意思，自然而然就被你不动声色地说服了，也许对方还会因此对你充满感激。

不好的话要学会拐着弯说

说话是一门艺术，是一门值得推敲的艺术，尤其是在人际交往的过程中，说话的好与坏关系到交往的成功与否。不分场合地点，不分谈话对象，一律口对着心，心里想什么就说什么，这是万万不可的。

马云的口才一直都是被大家公认的，而他那耿直的脾气也在圈子里颇为有名，但对一些敏感问题，他也会拐着弯说话的。下面是《时尚先生》采访马云时的一段对话：

问："中国是没有资本主义精神的，可以这么说吗？"

马云："我觉得中国应该有资本主义，假如我没有理解错的话，它只是手段而已，可以为我所用。但关键是你自己要明白自己要什么。什么时候该要什么，什么时候该放弃。做企业，到了一定程度，你一定要用资本这个手段。但它是个手段，不是你追求的目标。我们这个企业到了这个阶段如果不用资本……

"资本主义不是西方特有的，是一个人到了一定的年龄，一定要有的。如果企业到了这个时候，不用资本的手段，不去想资本主义的东西，现在国家经济发展到了这个地步，可能吗？不可能没有的。只是很多时候你还没到这个阶段你就已经死掉了。

"但是今天，假如你没有根基，你只是用了些人家的手段，没有用。你必须要有根基。你刚才问我太极拳的问题。我从太极拳看到道家思想，再从道家思想看到佛家思想和儒家思想，再通过学习明白整个基督教的管理思想。在这里面，假如我能从中国文化的源头，能从这里面悟出我们的管理哲学思想，那这个公司才能持久，才能成为世界级的公司。否则你就是剽窃，就是山寨。中国绝大部分企业都是山寨货。

"当然我没这个文化水平，我没想过自己能够成为管理大师，也没想过自己能够成为像南怀瑾那样的人。但我体味到了一种味道。这个味道能让我乐此不疲地去做。有人跟我说，半本《论语》治天下。我看了一两章《道德经》，我觉得其乐无穷，可以用到公司里面；练了几天太极拳，悟出了一些道理。"

马云在回答资本主义与中国的关系时，说得比较委婉，让听者立马便意会了其中的意思。

有时出于礼仪考虑，在有些话不便直说时，可以绕圈子。在私人场合，与知己朋友说话时，可以直来直去，即使说错了，也无伤大雅。但在公共场合，说话就要特别讲究方式和分寸。此时为了不失礼仪，可以采用外围战术，有意绕开中心话题和基本意图，从相关的事物、道理谈起，也即人们常说的"弯弯绕"，这就容易达到自己需要的效果。

公元前266年，赵惠文王死了，太子继位，因其年幼，由母亲赵太后掌权。秦国乘机攻赵，赵国向齐国求援。齐国说，一定要让长安君到齐国做人质，齐国才能发兵。长安君是赵太后宠爱的小儿子，太后不让去，大臣们劝谏，赵太后生气了，说："谁敢再劝我让长安君去齐国，老妇我就要往他脸上吐唾沫！"左师触龙偏在这时候求见赵太后，赵太后怒气冲冲地等着他。

触龙步伐缓慢地来到太后面前，说："臣最近腿脚有毛病，只能慢慢地走路，请原谅。很长时间没有来见太后，但我常挂念着您的身体，今天特意来看看您。"太后说："我也是靠着车子代步的。"触龙说："每天饮食大概没有减少吧？"太后说："用些粥罢了。"这样拉着家常，太后脸色缓和了许多。

触龙说："我的儿子年小才疏，我年老了，很疼爱他，希望能让他当个王宫的卫士。我冒死禀告太后。"太后说："可以。多大了？"触龙说："十五岁，希望在我死之前把他托付给您。"太后问："男人也疼爱自己的小儿子吗？"触龙说："比女人还厉害。"太后笑着说："女人才是最厉害的。"

这时，触龙慢慢把话题转向长安君，对太后说，父母疼爱儿子就要替他长远打算。如果您真正疼爱长安君，就应让他为国建立功勋，否则一旦山陵崩（婉言太后逝世），长安君靠什么在赵国立足呢？太后听了，说："好，长安君就听凭你安排吧。"于是，触龙为长安君准备了上百辆车子，到齐国做人质。接着，齐国也派兵救了赵国。

从触龙和太后之间的谈话中，我们可以看出触龙很懂得使用委婉的说话方式。在整个谈话过程中，他谦和、善解人意，尽量避免与太后正面冲突。同时，他又站在太后的角度想问题，让自己的意见变成太后自己的看法。他没有教太后需要做什么，而是帮助太后自己去发现，最终使看似没有商量余地的太后接受了自己的意见。可以想象，假如触龙直接就去劝说，是不可能取得好的效果的。所以说，委婉含蓄的表达比口无遮拦、直截了当地说更有说服效果。

为了达到谈话的目的，有时需要绕一定的路才可以起到作用。人们常用的以迂为直的策略，这在从正面强攻不下的情况下，不失为一种灵活有效的办法。因为它结合明确的目的性与战术的灵活性，避开对方的地雷区，进攻的路线又带有隐蔽性，并符合对方的心理需求，所以容易在对方戒备不严的情况下，逐步使其不知不觉地接受自己的观点。

南朝齐代有个著名的书画家叫王僧虔，是晋代王羲之的四世族孙，他的一手隶书写得如行云流水般飘逸。

当朝皇上齐高帝萧道成也是一个翰墨高手，而且自命不凡，不乐意听别人说自己的书法低于臣子，王僧虔因此很受拘束，不敢显露才能。

一天，齐高帝萧道成提出要和王僧虔比试书法。于是君臣二人都认真写完了一幅字。写毕，齐高帝萧道成傲然问王僧虔："你说，谁为第一，谁为第二？"

若是一般的大臣，当然立即回答说："陛下第一"或"臣不如也"。但王僧虔也不愿贬低自己，明明自己的书法高于皇帝，为什么要违心地回答呢？但他又不敢得罪皇帝，怎么办？王僧虔眼珠子一转，竟说出一句流传千古的绝妙答词："臣书，臣中第一；陛下书，帝中第一。"

他巧妙地把臣子与帝王的书法比赛分为两组，即"臣组"和"帝组"，并对之加以评比，既给皇帝戴了一顶高帽子，说其书法是皇帝中的第一，满足了皇帝的虚荣心，又维护了他自己的荣誉和品格，使皇帝更敬重他的风骨，觉得他不是那种专门拍马屁的家伙。

果真，齐高帝萧道成听了哈哈大笑，再也不追问两人到底谁为第一了。

在语言表达中，有时候直来直去地说话并不能取得很好的效果，而是需要采取迂回的手段来达到说话的最终目的。对于不宜直言的问题，绕个弯儿说话，有时会让自己化险为夷，起到意想不到的效果。善于运用此法的人，既不得罪人，又达到了自己的目的，可谓具有做人的大智慧。

在语言的表达艺术中，委婉含蓄的表达比直截了当地说更能体现人的语言修养。直言不讳、开门见山虽然简单明了，但刺激性大，容易使别人的自尊心受到伤害。所以，在与人交谈的时候，委婉含蓄的语言能满足人们心理上的自尊感，容易产生赞同。

忠言也可以不逆耳

俗话说："良药苦口利于病，忠言逆耳利于行。"良药大都苦口难耐，难以下咽。然而，你是否注意到，许多药片用糖衣包起来之后，药效不减，却能让患病的大人小孩都乐于服用了呢？同理，开展批评、指出别人缺点、纠正别人错误时，除了好的主观愿望外，也要有个好的方式方法，就像给难吃的药片包上糖衣一样，让忠言不再逆耳，这样才易于被人接受，才更能够达到说服别人的目的。

下面便是马云就竞争对手之间的良性竞争所做的一段演讲，让我们来看一看马云裹上了蜜糖的忠言究竟是什么味道：

> "我们永远要知道，在生态体系里，打败我们的，不是别人，是我们顽固的思想。不是对手灭了你，而是你自己灭了自己。要回归自己，不管你今天的企业多大，永远要知道你是谁、你凭什么、你要什么、你放弃什么，这些问题不想清楚是不行的。

> "在商场中，不是打败对手你就算赢了，因为对手太多了。这块土地要有生物多样性，我们必须让各类网商、各类竞争者在上面生长。竞争是让我完善，让我成长。我特喜欢竞争，一听见竞争我浑身快乐。竞争比的是什么？比的是如何比对手更加快乐地完善自己，如何让对手越来越恼火，越来越不爽。会战者不怒，会打架的人是不会生气的，生气的人一定不会打架。

> "学会和对手相处，才是最厉害的。狮子去吃羊，绝不是因为我恨羊，而是我不得不吃。打败对手，绝不是因为自己有多么强大，而是对手顽固自封的思想，不愿意完善自己，使他失去了未来。所以我觉得，只有共赢，只有跟对手一起玩，活得好的才算赢。没有狮子，羚羊们也活不久，所以你不要去恨对手。"

在谈论对手之间的竞争问题上，马云没有直接批评你死我活的竞争是不好的，而是委婉地指出合作才是共赢之道。这种真诚的话语自然不会让人觉得虚假，而且让人容易接受。可见，良药也不一定非苦不可，忠言也未必逆耳才行。如果忠言能尽可能用不逆的方式展现出来，会更容易让人接受。

如何把劝导别人的话说得容易让人接受，是为人处世的一门学问。很多时候，直言直语，一针见血地指出对方的错误，尽管出发点是好的，但其杀伤力很强，很容易让对方下不来台。如果可以用婉转一点的方式提醒，其效果远远好于直言直语。

韩昭侯平时说话不大注意，往往在无意间将一些重大的机密泄露出去，使得大臣们周密的计划不能实施。大家对此很伤脑筋，却又不好直言相告。

一位叫堂谿公的聪明人，自告奋勇到韩昭侯那里去，对韩昭侯说："假如这里有一只玉做的酒器，价值千金，它的中间是空的，没有底，它能盛水吗？"韩昭侯说："不能盛水。"堂谿公又说："有一只瓦罐子，很不值钱，但它不漏，你看，它能盛酒吗？"韩昭侯说："可以。"

于是，堂谿公因势利导，接着说："这就是了。一个瓦罐子，虽然值不了几文钱，非常卑贱，但因为它不漏，却可以用来装酒；而一个玉做的酒器，尽管它十分贵重，但由于它空而无底，因此连水都不能装，更不用说人们会将美酒倒进里面去了。人也是一样，作为一个地位至尊、举止至重的国君，如果经常泄露臣下商讨的有关国家的机密的话，那么他就好像一件没有底的玉器，即使是再有才干的人，如果他的机密总是被泄露出去，那他的计划就无法实施，因此就不能施展他的才干和谋略了。"

一番话说得韩昭侯恍然大悟，他连连点头说道："你的话真对，你的话真对。"

从此以后，大臣们在一起密谋策划的计划、方案，韩昭侯都小心对待，慎之又慎，连晚上睡觉都是独自一人，因为他担心自己在熟睡说梦话时把计划和策略泄露给别人听见，以至于误了国家大事。

故事中的堂谿公是一个善于说话的人，他能从日常生活中的小事引出治国安邦的大道理，委婉地批评当权者，而不是直接指出来，让对方欣然接受，这是值得我们学习的。

在批评的过程中，我们必须事先考虑对方的面子和尊严。一般来说，要以一种能让对方更容易接受的方式来说明自己的想法，语气要温和，言辞要中肯，重要的是要有分析、有根据，条理清晰。你一定要清楚，人总是要面子的，有些话直接说出来不但让对方接受不了，也会给自己招来麻烦。

齐景公有一匹爱马，他将这匹马托付给一位养马人好生照料，不料这匹马突然死了。齐景公就怪罪于养马人，命人将养马人肢解。晏子见状急忙上前阻止，他问齐景公："大王知道尧、舜二主肢解罪人的时候，是从身体的哪一个部位开始的吗？"

尧、舜都是圣明的君主，并不曾对罪人施以肢解的刑罚。齐景公明白晏子话里的意思，于是下令将养马人交给狱官处置。

晏子知道将养马人交给狱官处置同样有性命之忧，于是又对齐景公说："大王，可怜的养马人还不知道自己的罪过就要受处罚了，让微臣来历数他的罪过，然后再转交狱官处置吧，好让他死得明白。"

齐景公答应了晏子的请求。晏子就数落养马人说："你犯了三宗大罪，按理说应该判你死刑的。第一，大王让你养马，你却把马养死了；第二，你养死的是大王最爱的马；第三，因为你的过错，让大王为一匹马而去杀人，天下百姓要是知道了这个缘故，肯定会怪大王生性残暴，因此怨恨大王，这样大王就失去了民心，国家也将不保了。有这三条罪状，你是死罪难免了，就把你交给狱官处置吧。"

齐景公听了晏子的话幡然醒悟，急忙说："还是将他放了吧，免得坏了我的名声。"

想象一下，如果晏子一开始就直接指出齐景公的错误，齐景公肯定会不高兴，后果反而会更糟。所以，他采用了一种迂回的方式，把本是批评的话用赞扬的方式说出来，不但合情合理，而且揭露了事物的内在矛盾。齐景公意识到了自己的错误，心生愧疚，认错自然不是难事。因此，我们必须学习各种说话的方法和技巧，以达到"劝善归过"的目的。一句平常的话，倘若加上对对方的尊重，委婉措辞，掌握分寸，就会成为既顺耳又优美的忠言。

拒绝的话也要委婉地说

在社会交往中，拒绝的话很难说出口，然而，有时候又不得不拒绝对方，这就要求要掌握拒绝他人的技巧。

事实上，拒绝他人本就是一件伤感情、导致尴尬局面的事情，但如果我们能在拒绝时注意话语的含蓄和否定的技巧，是完全能避免这些情况发生的，从而在轻松愉快的气氛中拒绝别人。

2011年，周星驰与马云同时现身中国传媒大学，现场气氛十分热烈，其中周星驰提及自己曾邀请淘宝网的创始人马云出演孙悟空这一角色。

周星驰在现场直言："我想找马云拍电影，他喜欢演什么都可以，喜欢和哪一个女演员合作，我也可以尽量想办法满足。"说到这里，周星驰还不忘为新片做广告："我认为《西游·降魔篇》唯一的遗憾就是马云没有演孙悟空。"听完周星驰的话，马云当时呵呵一笑，随后证实周星驰的确找过他演孙悟空，并且解释道："主要是我档期太满、片酬又高，他请不起。"

马云以档期太满、片酬高为借口，委婉地拒绝了周星驰的好意，也让现场气氛更加融洽。

很多时候，婉言拒绝比直接拒绝，更容易让对方接受。因为它在一定程度上，顾全了被拒绝者的自尊心。

当有人需要你帮忙，但你由于某种原因不能帮他时，就需要运用拒绝的艺术。委婉的拒绝是消除误会的灵丹妙药。

　　于洋和老板的关系不错，所以一般有什么活动或者聚会，老板都会叫上他一起参加。但时间一长，于洋就觉得自己的下班时间都被各式各样的应酬填满了，也很少有时间回家享受妻子做的饭菜。于洋觉得这样长久下去也不是个办法，他想应该如何巧妙地拒绝老板的邀约，才不会让老板感到不满呢？

　　这天下班，老板走到于洋的办公桌前，笑着说："于洋，今晚和王总约好了，下班一起去吃个饭，你也一起去吧，别忘了啊。"

　　于洋一听，又要陪老板去吃饭，可是已经和老婆说好要回去吃饭了。于洋只好装出很无奈的表情，对老板说："老板，你也知道，我们家那位是个强悍的母老虎，今天是她的生日，我要是不回去陪她吃饭。估计我以后都没法进家门了。您看，今晚的饭局能不能让其他同事陪您一块儿去？"

　　老板第一次听到于洋拒绝他的话，当即一愣，不过很快调整过来："哈哈，没想到你还是一个如此顾家的好男人呀。今晚的饭局你就不要去了，好好回去给你老婆过生日吧。以前是我疏忽了这一点，以后的饭局你适当参加就可以了，不用每次都去了。"

　　于洋笑着应道："谢谢老板的理解和批准。"

　　于洋终于用巧妙的方式，对老板成功说出了不。

　　委婉拒绝是一种应变的艺术，它能让你化险为夷，为自己留下回旋的空间。找一个恰当的借口拒绝对方，对方会欣然接受；如果生硬地拒绝，对方则会产生不满，甚至对你产生怨恨。把拒绝的话说得委婉、模糊一些，能够使对方听出你的弦外之音，做到既不伤及对方的自尊和权威，又达到了拒绝他的目的，是聪明人善用的方式。

德皇威廉二世派人将一艘军舰的设计图交给一个造船界的权威，请他评估，并在所附的信件上告诉对方，这是花费了多年的精力和心血才研究出来的，希望他能仔细鉴定。

几周后，威廉二世接到了那位权威人士的报告。里面附有一沓从数字推论出来的详细分析，文字报告是这么写的："陛下，非常高兴能见到一幅精致独特的军舰设计图，能为它做评估是在下莫大的荣幸。可以看出这艘军舰若是建造成功，定会威武壮观、性能超强，可说是全世界前所未有的海上雄师。它的超高速度举世无双；武器配备可说是独一无二，配有世上射程最远的大炮和最高的桅杆；舰内的各种设施，将使全舰官兵如同住进豪华旅馆。这艘举世无双的超级军舰只有一个缺点，那就是如果一下水，马上就会像只铅铸的鸭子沉入水底。"

威廉二世看了这个报告不禁笑了。

其实，这位造船界权威人士的意思就是这张设计图一窍不通。但如果他直言不讳地拒绝："陛下，您的设计图一无是处，只有一个空架子。"结果会怎么样呢？不言而喻。

所以，同样的说话意图，不一样的说法，效果截然不同。避开实际性的问题，故意用模棱两可的语言做出具有弹性的回答，既无懈可击，又达到在要害问题上拒绝答复的目的。

有时候，找借口拒绝对方，不要太直白，模糊一些拒绝会保住对方的面子，同时也可以表达出自己的意思，这样做才能让对方心服口服；如果生硬地拒绝，对方则会产生不满，甚至仇恨、仇视你。把话说得委婉、模糊一些，能够使对方听出你拒绝的弦外之音，做到既不伤人，又达到了拒绝的目的，彼此还能和和气气，何乐而不为呢？

用委婉的方式批评别人

俗语说得好："良言一句三冬暖，恶语伤人六月寒。"批评的目的在于教育和帮助别人改正错误，并非严词训斥别人。所以批评别人，在语言和口气上要温和一点，力求避免因言辞过重而使人际关系变得紧张。

2011年4月23日，在中央电视台的"焦点访谈"中，播出了一条消费者在淘宝网购买标称为真皮的皮包后，发现其为人造革，而拥有某商品独家代理权的销售商，其实在淘宝上并未取得经销权却依旧在出售商品的新闻。

这一报道一经播出，立刻激起了淘宝网的反应。

马云不仅十分委婉地表明了淘宝网在售假上的无奈感受，还恰到好处地表达了自己的委屈：淘宝是一个销售交易平台，不介入直接生产、制造环节，其自身也是制假售假行为的受害者。

接着，马云在后续的发言中明确了这一意思。他表示，淘宝能够很容易地查出谁在销售假货，因为有翔实的交易记录和交易数据，他说："但我们只是一家公司，我们能做什么？我们明知道这是一个骗子，我们明知道这家伙就是在造假，但我们不能把他关起来，我们不能把他投进监狱，因为我们没有这个权力。"

在面对重重压力和指责之下，马云并没有对媒体表现得多么心急愤怒，而是恰到好处地表达了自己对于销售假冒商品商家的愤怒，同时也表明了自己的无奈。看上去马云的话中并没有出现严厉的批评，但是却通过对自我的解释，表达了自己的愤怒。

批评的目的是为了帮助对方认识错误、改正错误，而不是要制服别人或把别人一棍子打死，更不是为了拿别人出气或显示自己的威风。很多时候，批评的话之所以会让人感到厌恶，就是因为批评者忽略了当时的处境或者对被批评者采用了权威性方式，从而让当事者感到委屈的同时还产生反感的情绪。

詹姆斯是一位精明能干的经理，可是就有个毛病，不准员工出半点差错，不然的话就大发雷霆。

有一次，他看到一份报告上有一个错字，那是个拼写错误，有人把Believe写成了Beleive。于是，雷霆大怒的詹姆斯把写错字的工程师叫到了办公室。

"你这个家伙连这么点错误都要犯，你到底是怎么读的博士学位？E怎么可能在I的前面，记住，I永远在E的前面。"整个走廊都听得见詹姆斯的声音。

可是，没过几天，詹姆斯经理又发现了同样的拼写错误，而且又是出自同一人之手。

这次，詹姆斯被彻底地激怒了，他叫来了那个"屡教不改"的工程师，怒不可遏地冲他咆哮道："噢！上帝怎么也会让你长个脑袋？难道你的脑袋是吃屎的吗？你忘了我上次怎么说你吗？"

那工程师很平静，他盯着詹姆斯说道："你不是说I永远在E之前吗？"詹姆斯大声回答："是。"

工程师二话没说，随手从桌上拿起一份文件，把上面的Boeing（飞机制造商"波音"的英文名称）字样一笔勾去，写成了Boieng。

这个不愉快的结局是由于这位经理缺乏批评技巧造成的，如果他当时不那么气愤，而且采用一种心平气和的态度，可能就会很好地协调了上下级的关系。所以说，要想批评达到预期的效果，方法是关键。

粗暴的责备有时并不能解决问题，相反，利用委婉地批评来使他人改掉缺点，则能收到事倍功半的效果。

事实上，每个人都不愿意受批评。受到批评毕竟是件令人抗拒的事，但只要讲点委婉批评的技巧，每个人也都乐意接受批评。

春秋时期，吴王准备攻打楚国，他知道这个计划会遭到很多大臣们的反对，于是对左右的人说："谁要是对我攻打楚国发表反对意见，我就让他去死。"因此很多大臣都不敢指出这个计划的错误。攻打楚国会给吴国带来很大危害，吴王的宫廷近侍少孺子为了劝谏吴王，想了一个办法。

一天，吴王早起时发现少孺子浑身湿漉漉的，就问他是怎么回事。少孺子说："我带了弹弓，在后花园闲逛，想打些飞鸟。突然我看见了一件让我不能忘怀的事情：一只蝉在树上凄厉地鸣叫，喝着露水。蝉不知道有一只螳螂正在它的下方悄悄地向上爬，正想把它作为自己的早餐呢！那螳螂伏曲着身子，张着足爪，沿着浓密的枝条，一步一步地接近了蝉。可螳螂哪里知道，这时有一只黄雀正藏在不远的一根树枝上，正要展翅飞来啄它！黄雀伸着脖子以为很快就可以将螳螂吃到嘴里，哪里会想到这时我正用弹弓瞄准它，它也要完蛋了！这三个小东西，都是只顾前，不顾后，它们的处境真是太危险了！而我呢，则因为看到这么精彩的场面，时间久了，让露水把衣服都沾湿了！"吴王听了少孺子的话，心中猛然警醒，同时也明白了少孺子的一番良苦用心，于是决定放弃攻楚的计划。

少孺子鉴于吴王的威严和其下的命令，不能直接进行批评，于是采用迂回的办法，连用三种动物，比喻其做事只图眼前利益，不知祸害就在后面，从而使吴王醒悟并接受了他的批评。

过于直接的批评方式，会使对方的自尊心受损，大跌脸面。而委婉的方式则会为对方接受你的意见提供一个平和的环境。所以，在批评过程中，要认真体会语言的敏感程度，最好能把话说得委婉动听，这样，既达到了目的，又不至于使双方都难堪。

某公司领导正在集中精力、全身心地投入到一份重要文件的处理中，可秘书却三番五次去干扰。她以为是好意，要么问问是否用咖啡，要么去打听一番领导的工作进程，要么去诉说几句对领导工作精神或效率的奉承话。为了避免秘书的再次打扰，这位领导说："我看王秘书倒是很好！安安静静的。"秘书听后，心领神会，不再去打扰领导工作了。

该领导巧用暗示式批评，既使秘书保住了面子，维护了自尊，同时也令秘书意识到了自己的错误，能使她积极主动地改正错误。这可谓是种一箭双雕的做法。

大多数人都是要面子的，所以批评应该点到为止，不用太露骨。只要稍微暗示，旁敲侧击，大家都会明白，下次便不会再犯。而且这种批评方式也能显示出批评者说话的技巧和魅力。

第五章

幽默，为你开启智慧之门

幽默是一种品位，一种人生态度。有智慧的人，胸怀宽广，反应机敏，其言语中的幽默感，能使人充满自信，直面种种压力和挑战，让生活变得多姿多彩。同时，幽默感还能传染给周围的人，使他们的生活充满欢声笑语。

善于自嘲的人最有魅力

调侃是指用言语戏弄、嘲笑。我们知道，嘲笑别人是不礼貌的，但如果适当地自嘲一下，却能收到意想不到的幽默效果。

很多人都很怕被人家说到自己的短处，例如身高不及人、相貌不美丽、声音不好听、口齿不清楚等。对于自己的短处，害怕别人嘲笑，其实人哪里有十全十美的，何必计较自己的缺点，如果有三分幽默，自我调侃，那倒是做人的潇洒。

马云说的话常常被人认为是"马氏"调侃，因为在一些公众场合，马云常常喜欢拿自己开涮以缓和现场气氛。

2006年，哈佛AUSCR中美学生领袖峰会上，现场对话时，嘉宾马云被学生提问后回答道："我当时说男人的长相往往和智慧成反比，是说如果上帝给了不好的相貌，就要将自己培养得更有魅力、更加聪明。李开复先生确实长得很帅，不过我确实要说IT（信息技术的简称）界丑陋的人要比好看的人多。

"成功人士都有不一样的成长背景、学术水平。比如我非常欣赏李先生的严谨治学和温文尔雅。如果以他为标准，我恐怕连100分里面的10分都拿不到；但是如果拿我的标准来衡量他的话，恐怕他也就10分了。"

同年，在首届"中国创业者论坛"的现场，马云又自嘲了一回："首先，说我'瘦马'的有，说我'骏马'的很少。说我俊说明你眼光真的很不一样。"

马云无疑是一个调侃高手，在上面的故事中，马云不仅巧妙地为自己化解了尴尬，而且还从侧面烘托出了自己的优秀，将自己的短处缩小，将自己的长处放大，打了一场漂亮的反击仗。

如果说幽默是智慧和力量的结晶，那么自嘲则是智慧和勇气的结果，鲁迅说过："我的确时时解剖别人，然而更多的时候是更无情地解剖自己。"解剖自己需要勇气，自嘲同样需要勇气，一个敢于自嘲、懂得自嘲的人，必定是个自信的人，人际关系良好的人。

自嘲是一种幽默的说话方式，也是一个人智慧的体现。生活中，许多人都是善用自嘲的高手。他们利用自嘲，不仅可以调节气氛、化解尴尬，还可以彰显自己谦虚的品质，制造一点生活中的小情趣。

台湾文学大师林清玄是个幽默风趣、自信谦和的人。林清玄的幽默风趣，被人们总结为"林氏幽默"，其一大特色是善于自嘲。

林清玄秃顶、身材矮小，所以他常常拿自己的相貌自嘲一番。有一次，林清玄应邀到某高校演讲。当林清玄出现时，全场一片哗然，有一个女生失望地惊呼："林清玄怎么长这样？"林清玄还是微笑着走上了讲台，大方地站了起来，笑着说道："我要站起来，这样大家才可以看到我英俊的样子！"这样充满幽默的开场赢得了掌声一片。

对于自己的相貌，他还调侃道："曾经我去做演讲，完了之后有一个很漂亮的女孩塞给我一封信，我当时很兴奋，回到酒店打开一看，'亲爱的林老师，我觉得您像周星驰电影里的火云邪神。'"

在各种演讲现场，他常常用自嘲的方式为观众讲他的奇遇。比如：有一年冬天，长发披肩的林清玄穿着大衣，戴着眼镜，在北京街头打的。坐上出租车之后司机对他说："姑娘，去哪？"于是他忙摘下眼镜，想让司机看清他的模样。没想到，司机看后连忙改口说："大娘，您去哪？"每当林清玄在演讲中讲到这些时，总能引得台下笑声掌声不断。

自我调侃，是自知、自娱和自信的表现，是一种高级幽默。实际上，无论任何人在任何场合，只要能充分运用自己的智慧，并使用幽默的言辞，那么一定能把现场的气氛调整到最佳状态。

在交际中，当对方有意无意间触犯到你，并且将你置于尴尬紧张的境地时，你也可以借助自嘲摆脱窘境。

希腊哲学家苏格拉底的妻子姗蒂，是有名的泼妇，动不动就河东狮子吼，而苏格拉底从不发火。他说，娶老婆有如驭马，驭马没什么可学，取个悍妇泼妇，于自己修身养性倒是大有好处。有一天，姗蒂在家里吵闹不休，苏格拉底忍无可忍，只好出门。正走到门口，老婆从楼上倒下一盆污水，淋在苏的头上。苏格拉底心平气和地说："我早就晓得，雷霆过后必有甘霖。"一句自我解嘲的话，就把一腔怒火冲个烟消云散，随即他又迅速进入哲学思考。

善于自嘲，适当开开自己的玩笑，会使你更受欢迎。自嘲，能制造宽松和谐的交谈气氛，能使自己活得轻松洒脱，使人感到你的可爱和人情味，有时还能更有效地维护面子，建立起新的心理平衡。

中国古代有个叫石曼卿的大学士，一次驾车出门，驾车的人没有拉紧马笼头，马受了惊，石曼卿从车上被颠了出来，摔到地上。随从们吓了一大跳，赶紧将他搀扶到车上，可这位石学士不慌不忙地坐端正，笑着对手下人说："没关系，亏了我是石学士，要是瓦学士，摔成碎片真叫麻烦了。"一句调侃，说得在场的人哈哈大笑，也让石学士在笑声中免去了难堪。

在人前蒙羞、处境尴尬时，用自嘲来对付窘境，不仅能很容易找到"台阶"，而且多会产生幽默的效果。所以自我解嘲，自己把自己胳肢几下，让自己先笑起来，是很高明的一种说话技巧。

美国文学家欧文年轻时常向人们吹嘘自己是位好猎手，沾沾自喜地谈论自己高明的枪法。

一天，他同朋友去打猎，朋友指着河里的一只野鸭让他开枪。欧文瞄了一下扣动扳机，但没有打中，野鸭飞走了。朋友感到难为情，他却毫不介意，对朋友说："真怪！我还是第一次看到死鸭子能飞。"

这是一句自嘲的话。正是这句话，欧文才帮自己摆脱了窘境。多么巧妙和有趣啊！

自嘲和调侃自己常常被称为是幽默的最高境界，因为它能体现出说者豁达自信的心态，缺乏自信，自嘲就成了自己骂自己。一次好的解嘲往往能够使人们转移注意力，从而使自己摆脱尴尬处境，并且赢得别人的好感，收获颇丰。所以，我们在与人沟通时，要学会在适当的时候调侃自己一下。

说话风趣，培养好人缘

说话风趣幽默是一个人良好素质和修养的表现。日本心理学家多湖辉把幽默称作"语言的酵母"。创造出幽默就是创造出快乐。幽默是一种高深的说话艺术手段，能表事理于机智，寓深刻于轻松，运用得当时，既可提升你的品位，又可为谈话锦上添花，叫人轻松之余又深觉难忘。

马云的机智在整个圈子中是出了名的，而他诙谐的谈吐更是一种脱口而出的智慧。既把他本人活跃的性格表露无遗，而且还让现场气氛变得异常活跃，让大家都受其语言的感染。

在阿里巴巴刚起步的时候，由于当时人们对互联网还不了解，有些人甚至一窍不通，所以阿里巴巴招聘很困难，公司几乎招不到人。针对这种情况，马云开玩笑地说："把大街上能走路的都招进来了。"

后来，阿里巴巴遭遇了第一次互联网泡沫危机，马云思虑良久，决定退守杭州，他身边很多人离开公司去创业，当然，成功的寥寥无几。而当时选择和马云一起退守的人，随着公司的发展壮大，成就也越来越大。马云这时候又说："其实，留下来的人也不全是有眼光的人，相反，他们不知道自己离开阿里巴巴还能找到其他什么工作，所以就留了下来。"

从马云这些看似漫不经心的玩笑话里，我们能够看出他的智慧与幽默。马云在道出事实的同时，又表达了自己对团队的感恩，感恩他们不离不弃的陪伴。而马云团队中的人，也会因为马云的精彩言辞，感到心中暖暖的。

美国一位心理学家说过："幽默是一种最有趣、最有感染力、最具有普遍意义的传递艺术。"幽默的语言，能使社交气氛轻松、融洽，利于沟通。

作家马克·吐温就是一个机智幽默的人。有一次他去某小城，临行前别人告诉他，那里的蚊子特别厉害。到了那个小城，正当他在旅店登记房间时，一只蚊子正好在马克·吐温眼前盘旋，这使得招待员不胜尴尬。马克·温却满不在乎地对职员说："贵地蚊子比传说中不知聪明多少倍，它竟会预先看好我的房间号码，以便夜晚光顾，饱餐一顿。"在场的人听了不禁哈哈大笑。结果，这一夜马克·吐温睡得十分香甜。原来，旅馆全体职员一齐出动，驱赶蚊子，没有让这位众人喜爱的作家被"聪明的"蚊子叮咬。幽默，不仅使马克·吐温拥有一群诚挚的朋友，而且也因此得到陌生人的特别关照。

言语表达幽默生动，这是一个人拥有知识和智慧的表现，有利于取得良好的沟通效果。言语表达幽默生动，往往也是回应难题、展现机智的利器。

1943年，在第二次世界大战即将结束之际，中国、英国和美国三国政府首脑在埃及开罗召开国际会议。一天，美国总统罗斯福因有急事找英国首相丘吉尔商量，便在未预约的情况下驱车前往丘吉尔的临时行馆。

开罗的干燥闷热让久居寒冷潮湿的英国的丘吉尔非常不适应，尤其是白天，气温高达四十摄氏度以上，这让丘吉尔更加难以忍受。因此，为了消暑，在整个白天的时光里，丘吉尔都把自己泡在放满冷水的浴缸中。

罗斯福抵达行馆之后，未经丘吉尔侍卫的禀报就直接闯进了大厅，但是进入大厅后他并未见到丘吉尔，耳边倒是传来了丘吉尔的歌声。于是，罗斯福顺着歌声找了过去，撞见了躺在浴缸中一丝不挂的丘吉尔。

两国元首在这种场合下见面确实颇为尴尬，为了缓和气氛，罗斯福马上开口道："我有急事找你商谈，这下可好了，我们这次真的能够坦诚相见了。"

丘吉尔显得非常镇定，他在浴缸中泰然自若地说："总统先生，在这样的情形下，你应该可以相信，我对你真的是毫无隐瞒的。"

两位伟人的幽默对话，不仅轻松地化解了人际关系危机，还被传为美谈。

幽默的语言可以使我们内心的紧张和重压释放出来，化作轻松的一笑。在沟通中，幽默的语言如同润滑剂，可有效地降低人与人之间的"摩擦系数"，化解冲突和矛盾，并能使我们从容地摆脱沟通中可能遇到的困境。

幽默大师卓别林曾经说过："幽默是智慧的最高表现，具有幽默感的人最富有个人魅力，这样的人不仅能与别人愉快相处，更重要的是他会拥有一个快乐的人生。"的确，幽默是沟通最好的清凉剂，培养幽默感有助于彼此的沟通。在通常情况下，真正精于沟通艺术的人，其实就是那些既善于引导话题，同时又善于使无意义的谈话变得风趣幽默的人。这种人在社交场上往往如鱼得水、左右逢源，可算是人际沟通中的幽默大师。

那么，怎样培养幽默感呢？

1. 不断丰富自己的知识

幽默是智慧的一种表现，它必须建立在丰富的知识基础上。一个人只有有审时度势的能力、广博的知识，才能做到谈资丰富、妙言成趣，从而做出恰当的比喻。因此，要培养幽默感必须广泛涉猎，充实自我，不断从浩如烟海的书籍中收集幽默的浪花，从名人趣事的精华中撷取幽默的宝石。

2.灵活运用修辞手法

极度的夸张、反常的妙喻、顺拈的借代、含蓄的反语，以及对比、拟人、拈连、对偶……都能构成幽默。另外，俏皮的选词、奇特的句式也能构成幽默。表达时，特殊的语气、语调、语速以及半遮半掩、浓淡相宜或者委婉圆巧、引而不发，甚至一个姿势、一个心照不宣的微笑，都能表达出意味深长的幽默和风趣。

3.培养高雅的情趣

幽默是有雅俗之分的。好的幽默不但令人发笑，笑完之后精神还为之振奋，情操得到陶冶，感情得到满足，得到美的享受，而且也表现了幽默者的修养、气质。而低俗的幽默，是智力贫贱的产物，使人觉得荒唐、无聊与庸俗，幽默者本人是不会得到真正的赞美的。

4．培养深刻的洞察力

提高幽默感的另一个重要方法就是提高观察事物的能力，培养出机智、敏捷的能力。只有迅速地捕捉到事物的本质特征，以恰当的比喻、诙谐的语言表达，才能使人们产生轻松的感觉。

总之，培养自己的幽默感，并非是一朝一夕的事情，只有在日常生活中处处留心，经常向幽默高手学习、互动，你才有可能成为一个有幽默感的人。那样的话，你也一定能赢得更多人的喜欢。

随机应变话幽默

幽默是一种艺术，是提高自己随机应变能力的一种途径。用幽默的语言和人交流，也是显示自己应变能力的一种机会。

是否具备幽默能力体现在人们遇到困难时，能否用幽默的语言和诙谐的玩笑，使紧张的气氛变得轻松，使窘迫的场面变得自如，使危机的形势得到缓解，使我们在被动中变得主动。

马云是一个随机应变的高手，常常用幽默诙谐的方法来摆脱窘境。

1988年，大学毕业后的马云去杭州电子工业学院担任英语老师。现在担任阿里巴巴副总裁的戴珊就是马云那个时候的学生，她回忆道，那个时候的马云是学生们最喜欢的老师，"他的课是到课率最高的课，他并不强制点名，但是学生们都喜欢听他讲，他经常给大家讲做人的道理"。

有一次马云上课，结果迟到了五六分钟，就在同学们左顾右盼的时候，他冲了进来，脚还没站稳就开讲："今天我们讨论的题目是'迟到'。我最讨厌迟到，迟到就是对别人的不尊重，从某种意义上说迟到就是谋财害命……"

这就是马云特有的随机应变的能力，利用这种幽默的方式，马云轻描淡写地便化解了自己迟到的尴尬，而且还让学生们心底顿生好感。马云的这种幽默表现得不露痕迹、挥洒自如。

2010年，马云去重庆参加"民营经济发展论坛"，对于全球经济、中国经济是否会两次触底的疑问，他抛出了幽默的答案："世界经济是否见底，也许只有德国那只叫保罗的章鱼知道。"对于可能出现的危机，马云告诉在座的企业家，只有信心才能让人从容面对各种危机。

关于中国经济下半年的走势，马云给在座的民营企业家带来了他认为的"一个好消息和一个坏消息"。"坏消息是世界经济会越来越复杂，"马云首先抛出坏消息，随即他又说，"好消息是，每个人面对的问题都一样"。

"有人说现在全球形势严峻，中国好像还行。"有人说。马云对此给出的答案是："谁也说不清楚。"在马云的心目中，危机一直都没有过去，因为危机无处不在，"经济、自然危机，我们一直在经历"。

最高明的幽默，并不是深思熟虑的产物，而应该是随机应变、自然而成的结晶。睿智的马云，总是善用幽默，随机应变地处理各种问题。实上，我们也可以学习一下马云的这种说话技巧，在不同的场合中，加上一些诙谐的话来为自己的言语添光加彩，那么我们定然能博得他人的欢心。

幽默是一种创造性的本领，要随机应变。这就要求说话人有较高的应变能力，能够在不同场合、不同场景下脱口而出。

一次，一个销售员向一批客户推介一种钢化玻璃酒杯，在他完成商品说明之后，就把一只钢化玻璃酒杯扔在地上，以印证此产品的特性。可是，他碰巧拿到了一只质量不过关的杯子，酒杯摔碎了。

这种情况从未发生过，这大大出乎他的意料。而客户呢，更是目瞪口呆，因为他们已十分相信销售员的推介说明，想亲眼看看，结果却出现了如此尴尬的局面。

此时，若销售员也不知所措，没了主意，不用3秒钟，便会有客户拂袖而去。但是，这位销售员灵机一动，说了一句话，不仅引得大家哄堂大笑，化解了尴尬的局面，而且博得了客户的信任。

那么，这位销售员是怎么说的呢？

原来，当杯子摔碎之后，他并没有流露出惊慌的表情，而是对客户们笑了笑，然后幽默地说："你们看，像这样的杯子，我们就不会卖给你们。"大家一起大笑，气氛一下子变得活跃起来，紧接着，这个销售员又接连扔了5只杯子都成功了，客户们纷纷与销售员签下订单。

人要懂得"变"的法则，这样才能把握机会，变危机为转机，转难为易，若不知道应变，则往往会碰得鼻青脸肿，头破血流。所以，在人际交往中要学会应变。应变不仅要快速，还应巧妙，使人听后或读后感到机智幽默，巧妙无比，拍手叫绝，回味无穷。

生活中难免会遇到突发状况，灵活机智的幽默，不仅可以化解一些话题中的尴尬，而且还能巧妙地活跃气氛。

清代有名的才子纪晓岚，体态肥胖，特别怕热，一到夏天，就汗流浃背，连衣服都湿透了。因此，他和同僚们在朝廷值班时，常找个地方脱了衣服纳凉。乾隆皇帝知道了，存心戏弄他们。这天，几个大臣正光着膀子聊天，乾隆突然从里边走出来，大伙儿急急忙忙找衣服往身上披。纪晓岚是近视眼，等看到皇上，已经来不及披衣服了，只好趴在地上，不敢动弹，连大气都不敢出。

乾隆坐了两个小时，不走，也不说一句话。纪晓岚心里发慌，加上天热，一个劲儿流汗。半天听不见动静，他悄悄地问："老头子走了没有？"这一下乾隆和各位大臣都笑了。皇上说："你如此无礼，说出这样轻薄的话，你给我解释清楚，有话讲则可以，没有话讲可就要杀头了。"纪晓岚说："臣还没穿衣服，怎么回圣上的话呢？"乾隆让太监给他穿上衣服，说："亏你知道跟我说话要衣服穿。别的不讲，我只问你老头子是怎么回事？"趁穿衣服的时候，纪晓岚已经想好了词儿。他十分恭敬地对皇上说："皇上万寿无疆，这不是老吗？您老人家顶天立地，是百姓之头呀！帝王以天为父，以地为母，对于天地来讲就是子。连在一起，就是老头子三个字。皇上，臣说的有错吗？"说的都是好话，当然没错，于是，皇上很高兴。纪晓岚也松了一口气，心想：以后可不敢随便称呼皇上为老头子了。

纪晓岚据理巧辩，能够自圆其说，本来是随便、轻视的一句话，被他解释成充满溢美之意的奉承话，使乾隆皇帝转怒为喜，自己也免了一场灾祸。他真不愧是一位有着大智慧的人物。

在人际交往中，每个人都有可能说错话。在这种情况下，如果不及时补救，就会授人以柄，造成尴尬局面，从而影响自己的形象和声誉。但是，当说错话以后，如果我们能随机应变，巧用幽默自圆其说，最终可以轻松地摆脱窘境。

幽默是一种良好的、健康的品质，恰到好处的幽默更是智慧的体现。在沟通中，幽默的语言如同润滑剂，可有效地降低人与人之间的"摩擦系数"，化解冲突和矛盾，并能使我们从容地摆脱沟通中可能遇到的困境。

就地取材，幽默信手拈来

马云，不仅是一位成功的商人，也是一位语言高手。从马云的身上，可以看出他语言的魅力无处不在。他的幽默信手拈来，圆转自如。犹如太极拳高手，泰山崩于前，麋鹿兴于左，都能轻松化解。无论是在演讲还是平常谈话中，他总是能够就地取材，制造幽默，活跃气氛。

2008年，在《企业家天地》上登载了马云应邀给雅虎员工的一篇演讲，其中可见马云的幽默口才。

"世界上很多非常聪明并且受过高等教育的人无法成功，就是因为他们从小就受到了错误的教育，他们养成了勤劳的恶习。很多人都记得爱迪生说的那句'天才就是99％的汗水加上1％的灵感'，并且被这句话误导了一生，勤勤恳恳地奋斗，最终却碌碌无为。其实爱迪生是因为懒得想他成功的真正原因，所以就编了这句话来误导我们。

"很多人可能认为我是在胡说八道。好，让我用100个例子来证实我的话！事实胜于雄辩。世界上最富有的人比尔·盖茨，他哈佛大学的学生，懒得读书，就退学了。他又懒得记那些复杂的OS（操作系统简称）命令，于是他就编了个图形的界面程序。叫什么来着？我忘了，懒得记这些东西。于是全世界的电脑都长着相同的脸，而他也成了世界巨富。

"世界上最值钱的品牌，可口可乐，他的老板更懒。尽管中国的茶文化历史悠久，巴西的咖啡香味浓郁，但他实在太懒了，弄点糖精加上凉水，装瓶就卖。于是全世界有人的地方，大家都在喝那种可乐。世界上最好的足球运动员，罗纳尔多，他在场上连动都懒得动，就在对方的门前站着，等球砸到他的时候，就踢一脚。这就是全世界身价最高的运动员了。有的人说他带球的速度惊人。那是废话，别人一场跑90分钟，他就跑15秒，当然要快些了。

"世界上最厉害的餐饮企业麦当劳，他的老板也是懒得出奇，懒得学习法国大餐的精美，懒得掌握中餐的复杂技巧。弄两片破面包夹块牛肉就卖，结果全世界都能看到那个M的标志。必胜客的老板，懒得把馅饼的馅装进去，直接撒在发面饼上边就卖，结果大家管那叫pizza，比10张馅饼还贵。"

"……"

"懒不是傻懒，如果你想少干，就要想出懒的方法。要懒出风格，懒出境界。像我从小就懒，连长肉都懒得长，这就是境界。"

马云的"懒"字经可谓妙不可言，他将对"懒"的另一番理解包裹在幽默的字里行间，让人忍俊不禁的同时，还看出了这"懒"字中的真谛。

美国学者特鲁指出："幽默是一种能力，一种了解并表达幽默的能力；幽默是一种艺术，是增进你与他人的关系，并改善你对自己做真诚评价的一种艺术。"幽默使我们淡化了生活中不必要的严肃，如果巧妙地加以利用，幽默可以化解烦恼，愉悦身心，对事业、对人生都会得心应手，益处多多。

幽默也是一种即兴的技巧，需要临场的即兴发挥，而不是闭门造车。

2011年，阿里巴巴在杭州召开第八届网商大会，马云在"开放生态共赢"的主题演讲中幽默建言众网商，不要抱怨，要建设性地破坏，要让昨天很成功的企业在今天睡不着觉。

马云："做搜索引擎(一淘)，就是要让百度睡不着觉，因为百度睡得着觉，互联网的用户就睡不着觉了；支付宝就是让银行睡不着觉，现在很多银行支付手续费的降低，支付宝还是有点功劳的；阿里巴巴进入无线，就是要让中国移动、联通睡不着觉，让坐在那些位子上但不作为的人睡不着觉；阿里出钱拿地，投资物流公司，但是绝对不会自己做物流，而是为了帮助物流公司，让中国邮政知道它不是中国最大的物流。"

马云幽默鼓励众网商们，"不要怀念昨天很成功的企业，现在要做的就是要让昨天很成功的企业睡不着觉"。

幽默需要随时就地取材，当场制造笑料，马云的幽默功夫可谓是手到擒来的。在上面这段话中，马云以调侃式的幽默鼓励各位网商们，让他们重获信心的同时，更添加了几分乐趣。

生活离不开笑声，这是毫无疑问的。更多的幽默是简洁的俏皮话、诙谐的双关语、风趣的警句等，它们就地取材信手拈来，不露痕迹地将"笑"潜于事物的深层，使人们在笑声中得到心灵的充实，达到一个较高的人生境界。

有位公司经理，他最大的爱好就是给员工开会，而且一开就是三五个小时，为此员工怨声载道，这位经理却还是一切如故。

一天晚上，经理又在给员工开会。3个小时过去了，会还没开完。这时，一位中年女员工站起身来对经理说："经理，我想申请先离开。"

"你干什么去？会还没有开完呢。"

"我得回家，我家有孩子要照顾。"

经理虽然无奈，不过也勉强同意了。

过了半个小时，又一位年轻的女员工站起来，也是想申请先离开。

"你要去哪儿？你家并没有孩子要照顾呀。"

"经理，如果我总坐在这里开会，那么，我家永远也不会有孩子的。"

会场响起了一阵笑声。而经理听了这句话，终于意识到这个会开得确实有点长了，因此宣布会议暂时告一段落。

面对喜欢长篇大论的领导，下属既不能直接打断他，也不能用过于直白的言语来表达自己的想法。

幽默一般都是突然发生的，是出自一种机智，反映了幽默者的智慧，令人叹服。当人们叹服时，往往就会对幽默者产生好感，很容易就接受意见。

幽默来源于人们的乐观思想。实际上我们每个人都能够做到谈吐幽默，只要你平常多注意观察周围的事情，多去思考一下所要陈述的问题，那么你也可以随时随地制造笑料。

幽默的语言技巧：善用比喻

善用比喻是生成幽默的技巧之一，那些让人感到别致、出乎意料、乖巧诡诈的比喻是导致幽默滑稽的最佳素材。

马云特别喜欢打比方，尤其是在演讲时，常常利用比喻制造的效果为自己博得满堂彩。下面便是马云使用比喻这一修辞说法所发表的一番感言：

"小小的企业好比沙滩上的一颗颗石子，但通过互联网可以把一颗颗石子全粘起来，用混凝土粘起来的石子们威力无穷，可以与大石头抗衡。而互联网经济的特色正是以小博大、以快打慢。

"如果把企业也分成富人穷人，那么互联网就是穷人的世界。因为在互联网上，大企业与小企业发布多少PAGE（计算机编程语言脚本）是一个价钱。

"我要做数不清的中小企业的解救者。亚洲是出口导向型经济，是全球最大的出口供应基地，中小型供应商密集、众多的小出口商由于渠道不畅，被大贸易公司控制，而只要这些小公司上了阿里巴巴的网站就可以被带到美洲、欧洲。在现在的经济世界，大企业是鲸鱼，大企业靠吃虾米为生。而小虾米又以吃大鲸鱼的剩餐为生，互相依赖。互联网的世界则是个性化独立的世界，小企业通过互联网组成独立的世界，产品更加丰富多彩，这才是互联网真正的革命性所在。"

马云将自己的梦想和目标做了形象的比喻，这些都源自于他独到的远见。他将企业比作一颗颗小石子，但是又用小石子团聚后所形成的那股坚不可摧的力量来暗指企业之间团结之后具备的强大力量。这样的比喻便是对话的亮点所在，瞬间便让马云的话变得与众不同起来。

我们知道，比喻就是打比方，即：抓住两种性质不同的事物的相似点，用一种事物来喻另一种事物。比喻的主要作用是：把陌生的东西变为熟悉的东西，把深奥的道理浅显化，把抽象的事理具体化、形象化，把冗长的语言简洁化。俗话说：要想文章生动，你就多打比方。比喻在幽默中的巧用，可以起到表达形象、生动、有趣的作用。

在庆祝会上，双方的总经理频频祝酒。一方的公关部主任站起来，对双方的合作进行了一番令人叫绝的介绍："我们两家公司，一家在海南，一家在河南，可以说是'南南合作'。各位知道，国际上的'南南合作'是世界经济发展的共同体。我们两家公司的'南南合作'，是联谊发展的姊妹连体。我们南南相助，南南相连，南南相合。现在，我可以告诉各位，我们这种秦晋之好的合作已结出了丰硕成果。今天正好是七月七，喜鹊已把天桥架通，愿我们天天都在七月七中度过。"

这段演讲，巧妙地运用了"南南合作"、"姊妹连体"等比喻，生动地道出了两家公司配合默契的联合，并对发展前景做了愉快的预测，寓意十分深刻。

1945年，罗斯福第四次连任美国总统。美国一家著名报社的记者采访了他，请他谈谈连任的感想。罗斯福没有正面回答，而是很客气地请这位记者吃一块三明治。记者觉得这是殊荣，便十分高兴地吃了下去。总统又微笑着请他吃第二块。记者觉得情不可却，又吃了下去。不料总统又请他吃第三块，他的肚子虽已不需要了，但出于礼貌，他还是勉强地吃了下去。

谁知总统在他吃完之后又说："请再吃一块吧！"

记者一听啼笑皆非，因为他实在吃不下去了。

罗斯福这才微笑着说："现在你不需要问我对于第四次连任的感想了吧，因为你自己已经感觉到了！"

罗斯福就是用记者吃四块三明治的体会，来比喻自己四次连任美国总统的体会。借比喻事例中的道理，来深入浅出地说服对方，真是妙不可言。

事实上，真正的幽默高手常常善于发掘自己语言中的亮点，他们善于运用形象的比喻来让自己的话语达到出奇制胜的效果。因为很多时候，你的比喻用得越好，那么你所要陈述的本意就会越清晰，倘若再适时地增添点幽默的比喻，那么令人为之捧腹的同时，还能为你的谈话带来意想不到的效果。

有一位贪钱的人借着给孙子办满月收礼。他的邻居不满意，说了这样一段话："真有你的，王叔。给孙子办满月，您全院子满张罗。您一桌酒花不了仨瓜俩枣，份子得富余出来几张吧？孙子的衣裳八成能穿到上学了吧？"

这段话用"仨瓜俩枣"代替办酒席的钱，用"几张"代替收的礼金，对比鲜明而又生动。虽没说一个"钱"字，但这位王叔借办满月敛钱的事却给人留下了深刻印象。

在平时的人际交往中，恰当地运用比喻来开玩笑，制造幽默，会增加生活的乐趣，这也是练就好口才的一种技能。生活中没有幽默是乏味的，人们一般都不喜欢非常严肃的话题，所以适当地加一些幽默的内容，创造一种轻松的气氛，交往也会更顺利。

幽默是一种人生态度

快乐与幽默是一对亲密的朋友，生活中如果多一点趣味和轻松，多一份快乐与幽默，往往没有克服不了的困难。一个懂幽默的人必定是乐观的，他心胸开阔，哪怕是走到人生的低谷，他也会微笑面对，在他的笑声中，人们可以听出他的希望。

马云在创业的过程中，经历了无数的挫折，但他始终保持乐观的态度。在通往成功的路途中，马云始终都明白，只有对未来充满希望，才能在最后发出由衷的笑声，即使暂时处于逆境之中，只要始终保持开朗乐观的心态，在生活中努力去发掘快乐的因子，就会抚平生活所带来的创伤。

2001年，马云为了扩大阿里巴巴的经营范围，决定进军台湾市场，但是当时马云遭逢网络泡沫，致使"台湾梦"粉碎。倔强乐观的马云并未就此放弃，六年后他卷土重来，再次将这个梦想高高举起。

2007年，马云到台湾演讲时说道，未来要将台湾作为重要的发展据点。在演讲现场，马云就阿里巴巴的成功有属于自己的一套另类解释，甚至说自己会成立另外一家新公司名叫"阿里妈妈"，对于为什么要取这个名字，马云说："八年前取了'阿里巴巴'这个名字以后，我有一个感觉，有一天有人会搞个'阿里妈妈'来嫁给我，然后天天跟我们闹，那我们也很麻烦，所以我干脆就把'阿里妈妈'全部注册下来。我自己给公司制定了一个基本法，不超过七家公司，我喜欢七，'七剑下天山'，是吧？'北斗七星'、'江南七怪'、'七姊妹'……都是七！"这番幽默的解释惹得全场哄堂大笑。

一个人只有具备乐观的态度，才能对一些不尽如人意的事泰然处之。马云两次去台湾，就是因为他有乐观积极的信念支撑着。他的幽默不仅反映出了他的生活态度，更是其自身充满自信的表现。

幽默是一种人生的智慧，体现着乐观积极的处事方式和豁达的人生态度。一个幽默的人，能将生活、学习、工作中的不幸降到最低限度，能将生活、学习、工作中的乐趣发挥到最佳的状态。幽默，表现了人格的弹性和柔软度，可以调节人的情绪，具有排遣不良情绪、聚集良好情绪的功能。同时，幽默也是一种智慧的象征、机智的表现。

一个勇敢的创业者由于生意经营不善而陷入困顿，几乎到了家徒四壁的状况，一个患得患失的人试图安慰创业者，他见到创业者，嗫嚅着说，"这……这么多资金，就当打了水漂吧！"接着一声叹息。创业者抬头看看来者，目光炯炯地说，"不，没有，那是交的学费！"

在悲观的人眼里，失去了财产就是失去了希望，失去了一切，是一种人生的垮台。患得患失者的安慰，实际上表达的是一种善意的悲观。但乐观者不愿意接受这种悲观的情绪，他只是一次暂时的失利，而不是失去一切的失败。他之所以如此讥讽地回答，既是对来者有力的讽刺，又是以一种惊人的幽默力量，向别人明确地表达了一个信念：心若在，梦就在，汲取教训，从头再来！这也是古今成功者都具备的人生态度。

幽默可以淡化人的消极情绪，消除沮丧与痛苦。具有幽默感的人，生活充满情趣，许多看来令人痛苦烦恼之事，他们却应付得轻松自如。

某一个"愚人节"，有人为了戏弄马克·吐温，在纽约的一家报纸上报道说他死了。结果，马克·吐温的亲戚朋友从全国各地纷纷赶来吊丧。当他们来到马克·吐温家的时候，只见马克·吐温正坐在桌前写作。亲戚朋友们先是一惊，接着都齐声谴责那家造谣的报纸。马克·吐温毫无怒色，幽默地说："报道我死是千真万确的，不过把日期提前了一些。"

马克·吐温巧妙的几句话，把对自己的作弄仿佛用太极推手一样顺势化解掉了，安抚了前来的亲友，又幽默了一把。有此化腐朽为神奇，化烦恼为快乐的生活态度，也是一种人生态度的超脱。

欢乐和笑声是人们生活中必备的良药，它使人们总能保持一种乐观的生活态度。只要幽默存在，就能使人心情放松，而唯有贤者才能在任何情况下都保持宽松的心境。

拥有乐观的人生态度是幸福的支柱。而幸福是乐观要抵达的目的地，要想使自己幸福，首先就要具备乐观的精神，幽默的心态。

生活是多姿多彩的，关键是你用什么样的眼光来看待它。拥有一个正确的视角，你就会发现生活原来如此美好。

第六章

坚定，说话果断不动摇

在展现你的口才时，也要树立坚定的信念。许多人运用语言时最终没有成功，不是因为他们没有能力，而是缺乏坚定的信念。这种人在说话时缺少阳刚之气，不果断，不干脆，态度当然就不坚决；如果态度坚决，绝不会言辞无力。

告诉自己，别失去信念

说话没有底气，言语软弱无力。原因是什么？原因是内心虚伪不坚定。一个具有坚强意志的人说话绝不会软弱无力、含糊其词。是什么就是什么，该怎么做就怎么做，信念十足，坚定不移，说话还会没底气吗？

马云曾说："我们是坚持梦想的人，所以能走到今天。我们今天没有放弃第一天的梦想，我们还要走下去。"正是因为拥有这样坚定的信念，无论遇到多大的困难，他都会坚持下去，带着他的团队走向成功。

2001年的冬天也正是互联网的寒冬，这一年对于整个中国互联网来说，可谓是一片萧条。昔日IT界呼风唤雨的网络英雄都已经风光不再，撑不下去的早已关门大吉，就是勉强撑下去的也已经改头换面，脱离互联网，选择"下线"了。

于是在2001年年底，孙正义在上海召开了一次投资会议，孙正义问马云："你要不要也调整战略，放弃电子商务，转向其他领域？"马云却信心十足地安慰自己的投资人："孙先生，一年前你为我融资，我向你要钱的时候，我讲的是这个梦想，今天我仍然要告诉你，我还是这个梦想，唯一的区别是我朝我的梦想前进了一步，但是我还在往前走！"

果然，在艰难的坚持和等待中，阿里巴巴度过了严冬，迎来了崭新的辉煌，投资者、员工们无不对马云心悦诚服。当然，取得这一切成绩，首先要归功于马云坚定的信念。正如马云所说："我是经常怀疑自己，我怀疑过自己但从没怀疑过信念。因为信念和自己有时候是不一样的。我怀疑自己这个事做得对不对，但对我的信念、我的目标从来没有怀疑过。阿里巴巴承诺要让天下没有难做的生意，这是我们的信念，这个信念没有错，但是我不断怀疑自己我做得对不对、是不是按照这个路走，然后不断地拷问自己。"

　　人一旦树立了坚定的信念，对自己就有了高度的自信心，说起话来掷地有声，特别是在危机时刻、关键时刻，一定要以坚定的信念支撑起自己的语言。

　　在任何艰难困苦的条件下，只要有坚定的信念，你的事业就能无往而不胜。那些普通人认为不可能实现的事情，一旦得到信念的认可，信念就会把这个目标输送给潜意识，那么潜意识就能够调动一切潜在的能量，于是一种让人不可思议的巨大能量就像火山爆发般地喷薄而出。此时，任何表面看来根本办不成的事情也能办成了，奇迹就是这样发生的。

　　肯尼迪担任总统时，美国情报部门突然发现苏联居然在古巴建设导弹基地，并已经完成了百分之九十。

　　当时，肯尼迪总统非常震怒，除了下令海军封锁古巴外，并严词警告苏联的当政者赫鲁晓夫："古巴就在美国的鼻尖和眼前，如果你们在此建立导弹基地，无疑将对美国形成极大的威胁，使美国国民不安与恐慌。你必须下令把它撤走，否则美国将毫不客气地执行拆撤工作。"

　　由于肯尼迪总统的态度坚决，并不惜发动战争，所以最后苏联终于屈服，把导弹基地撤走了。

　　这就是有名的"古巴危机事件"，当时美国似乎真的决心一战，不但以舰队封锁古巴，美军也都进入高度的备战状态，可是结果美国没有损失一兵一卒，战争也没发生。

　　肯尼迪总统对这次危机的处理，可以说是百分之百的成功。这就是信念的力量。

　　肯尼迪总统之所以能把这次危机处理得那么成功，完全是因为他有来源于坚定信念的决心。

他的坚定的信念是什么呢？简单地说，就是断然不许古巴建立导弹基地，而使美国人民的安全受到威胁，基于这项考虑，纵使必须采取武力也绝不犹豫。因为他的信念坚定，使得远在千里之外的赫鲁晓夫也感受到危机的压力，不得不决定拆除导弹基地。

美国纽约州历史上第一位黑人州长罗杰·罗尔斯在就职演说中说道："信念值多少钱？信念是不值钱的，它有时甚至是一个善意的欺骗，然而你一旦坚持下去，它就会迅速增值。"所有的成功都起源于一个信念，信念产生于自己的信心，再用这种自信心调动潜能，坚持下来。所有的成功都是坚持不懈的必然结果。要想使自己成功，除了聪明才智、创业能力、经济实力等因素之外，最根本的就是如何始终如一地保持自己的信念。

一家著名的大公司要招聘人才，许多应聘者前来应聘。负责招聘的经理就将所有应聘者召集到一处，并严肃地讲："我公司目前出现了危急情况，公司各方面都难以运转，人员流失严重，各部门都缺人。如果有人愿意来扭转局势的话，你们明天就可以来到自己指定的岗位报到、工作，第一个月是没有工资的。"这样一说，有70%的人都走掉了。经理对最后剩下的30%的人员说："你们为什么不走？"剩下的人坚定地说："为公司扭转局势，我们不怕艰难险阻。"经理又说："我刚才讲的都是假的，我是想测验一下有没有人能留下来。我公司之所以能发展到今天，靠的就是坚定的信念，那些走掉的人不符合我们的要求，你们能坚持下来说明你们有坚定的信念，你们被公司录用了。"

经理的测试方法很特殊，目的在于测试应试者是否有坚定的意志力。他面试时先用消极的话语讲出公司的危急情况，以此来试探面试者。很多人听了他的话之后，就会觉得在这样一家公司干太无保障了，就自动退出了。只有少数意志坚强的人愿意留下来为公司扭转败局，这正是那位经理选人的高明之处。

信念是创造一切成功和奇迹的源泉。如果我们在做任何事之前，没能树立起一个坚定的信念，只是一味地采取消极的态度，告诉自己这也无法实现，那也不可能做到，恐怕我们的人生也就这样失败了。

信念的力量是伟大的，它支持着人们生活，催促着人们奋斗，推动着人们进步，所以无论何时，我们都要告诉自己，别失去信念！

永远保持最初的激情

无论是演讲或是日常说话，如果你缺少激情，语言就会显得苍白无力。相反，当你充满激情的说话或演讲时，你的真情实感就会从内心流露出来，这是一种自然的流露，也是一种可以感染他人的流露。如果你能够调动自身的情绪，以情感人，那么，听者的注意力便会在你的掌控之下，你就掌握了开启听者心灵之门的钥匙。

马云是一个很有激情的人，凡是和马云有过接触的人，都会被马云身上的激情所感染。当年在北京帮马云做"书生马云"节目的一个同乡好友对马云有一个中肯的评价："他就像一剂毒药，把所有的不可能都变成了可能。"事实上，马云也正是因为激情才获得了极大的成功。

在阿里巴巴人眼里，马云就是激情的化身。与其说他是个企业家，不如说他是一个造梦人、一个激情四射的创业者、一个伟大理想的布道者、一个辉煌梦想的鼓吹者。

创业之初，只有30岁的马云浑身都洋溢着激情，他说："从现在起，我们要做一件伟大的事，我们的B2B将为互联网服务模式带来一次革命！"他用激情感染着自己的团队，他让阿里巴巴就像一锅沸水，更像一个疯狂的陀螺，永不停息地努力奋斗着。

　　也有更多的人被马云的激情所感染，当阿里巴巴还不被大多数人知道并接受的时候，曾在瑞典Wallenberg家族主要投资公司Investor AB任副总裁的蔡崇信，到阿里巴巴来探讨投资。几次接触下来，蔡崇信便被马云的思维和激情给捕获了。他当即决定，抛下75万美元年薪收入的工作，加盟阿里巴巴领取500元的月薪。

　　后来，马云更是激情四溢地宣称："我们要做一家102年的公司，要进入全球网站的前三名。"正是看中了他的这一点，当时软银集团董事长孙正义在选择投资对象时，只用了短短6分钟时间，便毅然决然地选择和阿里巴巴合作，融资2000万。孙正义见到马云时经常会说："马云，保持你独特的气质，这是我为你投资的最重要原因。"

　　从大学教师到"中国互联网之父"，马云一路充满激情地走来。在"中国黄页"初创之时，几乎所有中国企业对于在互联网上打广告、做宣传都抱着强烈的怀疑态度，马云甚至被当作骗子，但是，他却一如既往地坚持向着自己的梦想进发。

　　激情是世界上最有价值的，也是最具感染力的一种感情。说话时保持热烈的感情，会使人感到亲切、自然，从而缩短双方的感情距离，一起创造出交流思想、情感的良好环境。

　　如果在和人说话的时候，沉着一张"苦瓜脸"，瞪着一双"丹凤眼"，说着那种冷冰冰的话，又表现出那种爱答不理的态度，那么对方又如何能够喜欢你呢？又如何有兴趣听你讲下去呢？

　　微软CEO史蒂夫·鲍尔默是一个极其疯狂的家伙，他的激情总能打动身边的人。据传，他曾因为在日本的推介会上大叫"Windows"而喊坏了嗓子不得不接受治疗。更有风传，一位供职于微软的年轻人感慨："我被我们的CEO鼓动得热血沸腾，当时如果让我去为微软撞墙，我也会毫不犹豫。"微软的员工早已对鲍尔默的热情习以为常，但每一个员工在面对他时仍然会热血沸腾。鲍尔默的热情和执着使他成为微软内部的精神动力。鲍尔默表示："我想让所有人和我一起分享我对微软产品与服务的热爱，我想让所有员工分享我对公司的热情。"凭借他的热情，鲍尔默感染着微软的全体员工，从16名员工壮大到6万名。他的激情对微软的成功来说是至关重要的，他自己则成了热情演讲者的代名词，形成了一套具有鲍尔默特色的管理方法。

一个人若是真的充满了激情，大家就可以从他的言语中，从他眼神里，从他的步伐中，从他全身的活力中看得出来。激情可以改变一个人对他人、对工作以及对整个世界的态度。

缺乏激情的人所说的话就会苍白无力、枯燥无味。想打动人心，说服对方吗？那么，让你的讲话充满激情吧！

坚持自己的观点

古希腊著名的哲学家苏格拉底有一个关于苹果的故事：

在一次课堂上，苏格拉底拿出一个苹果摆在讲台上，说："请大家闻一闻空气的味道。"一名学生迅速地举起手回答："我闻到了苹果的香味。"苏格拉底走下讲台，举着苹果慢慢地从每一个学生面前走过，并叮嘱说："请大家再仔细地闻闻，空气中到底有没有苹果的味道？"这时已有半数的学生举起了手，苏格拉底走上了讲台，把刚才的问题又重复了一遍。这一次，除了一名学生没有举手外，其余的都举起了手。苏格拉底走到了这名没有举手的学生面前说："你难道真的没有闻到苹果的芳香？"那个学生肯定地回答："我什么也没有闻到！"于是苏格拉底宣布："他是对的，因为这是一只假苹果，根本就没有味道。"这个学生就是后来大名鼎鼎的柏拉图。

这个故事告诉我们，坚持自己的观点，不要因为别人的言论而影响自己，更不要随波逐流。

对同一件事，每个人都有自己的观点，所谓"仁者见仁，智者见智"，说的就是这个道理。但你一定要有主见，可以参考别人的意见，但不能被别人的意见左右。

"坚持自己的观点"，一直是马云行走商场所坚守的原则。马云说话狂妄，也是他一直坚持自己的观点的结果。马云认为，成功的路上最容易受到旁人言论的影响，一旦自己定力不够，那么就很容易陷入僵局中去，所以他一直都在用自己的脑袋思考。

下面是马云在2001年北京高新技术产业国际周"数字化中国"论坛上的演讲：

"我们创建阿里巴巴的时候，很多人评论我们这不行那不行。不管别人相不相信，我们自己相信自己。我们在做任何产品的时候只问自己三个问题，第一，这个产品有没有价值？第二，客户愿不愿意为这个价值付钱？第三，他愿意付多少钱？我们有许多免费的服务，但免费并不意味着不好，我们打败许多竞争对手的秘诀就在于我们免费的服务比他们收费的还要好。我们受到很多批评，但仍然坚持我们所做的东西，只要我们的业界——不是IT界，这些传统企业觉得好，就行。我们不关心媒体怎么看我们，也不关心互联网评论家怎么看我们，我们也不关心投资者怎么看我们，我们只关心我们的用户、商人怎么看我们。电子商务应该由商人来评价，商人说你好，你就好，商人说你不好，就要关门。

"所以在那么多模式出来的时候，我们告诉自己，面前有十几只兔子，就盯着一只兔子不放，它逃到哪里，我们跟到哪里，直到把它抓到为止。几个礼拜以前我跟孙正义见面，我跟他说：'一年前我们是这个目标，现在还是这个目标，只不过我们离目标比一年前近了。'我发现很多网络公司今天做这个，明天做那个，流行什么做什么，说明从第一天起，它并不相信自己，不知道自己要做什么。"

回顾以往的经历，马云认为一定要坚信自己是正确的。他说："我坚信互联网会影响中国、改变中国，我坚信中国可以发展电子商务。我不在乎别人怎么看我，我在乎自己怎么看这个世界。如果别人都认同你了，那还轮得到你吗？你一定要坚信自己在做什么。"

很多时候，成功并不是因为你比别人更聪明，比别人付出更多的努力，关键在于你要坚信自己能做成功。

在某些场合，当需要坚持自己一贯的理念时，就应当挺身向前，大无畏地表达和陈述自己的观点。这是向公众展现自我的最好方法，也是让公众了解自己观点的最好方式。

蜚声世界影坛的意大利著名电影明星索菲亚·罗兰能够成为令世人瞩目的超级影星，是和她对自我价值的肯定以及她的自信心分不开的。

为了生存，以及对电影事业的热爱，16岁的罗兰来到了罗马，想在这里涉足电影界。没想到，第一次试镜就失败了，所有的摄影师都说她够不上美人的标准，都抱怨她的鼻子和臀部。没办法，导演卡洛·庞蒂只好把她叫到办公室，建议她把臀部削减一点儿，把鼻子缩短一点儿。一般情况下，许多演员都对导演言听计从。可是，小小年纪的罗兰却非常有勇气和主见，拒绝了对方的要求。她说："我当然懂得因为我的外形跟已经成名的那些女演员颇有不同，她们都相貌出众，五官端正，而我却不是这样。我的脸毛病太多，但这些毛病加在一起反而会更有魅力呢。如果我的鼻子上有一个肿块，我会毫不犹豫把它除掉。但是，说我的鼻子太长，那是毫无道理的，因为我知道，鼻子是脸的主要部分，它使脸具有特点。我喜欢我的鼻子和脸的本来的样子。说实在的，我的脸确实与众不同，但是我为什么要长得跟别人一样呢？"

"我要保持我的本色，我什么也不愿改变。"

"我愿意保持我的本来面目。"

正是由于罗兰的坚持，使导演卡洛·庞蒂重新审视，并真正认识了索菲亚·罗兰，开始了解并且欣赏她。

罗兰没有对导演的话言听计从，没有为了迎合别人而放弃自己的个性，没有因为别人而丧失信心，所以她才得以在电影中充分展示她与众不同的美。而且，她独特的外貌和热情、开朗、奔放的气质开始得到人们的承认。后来，她主演的《两妇人》获得巨大成功，并因此而荣获奥斯卡最佳女演员金像奖。

无论做什么事情，我们一定要有自己的主见，千万不要被别人牵着鼻子走，对自己的想法一定要有所坚持，决不可人云亦云，更不可为了迎合他人的观点而轻易改变自己的初衷。

成功需要努力，也需要主见，不要让世俗的人之常情动摇你的想法，走自己的路，让别人说去吧！只要你坚持自己的正确观点，就可以成就自我。

被拒绝时再说一遍

人生的道路不可能一帆风顺，挫折与困难在所难免，但关键是当你多次努力没有成功时，还能否继续坚持，再试一次？其实，再试一次，成功就会和你握手。

马云在创业初期所遇到的种种挫折与失败估计是很多人都想不到的，但是即便面对再大的挫折，只要有一点儿机会，马云都会抓住不放。因为有机会就是有希望，无论被拒绝多少次，只要你再说一次，说不定就打动了对方的心。

2003年2月，当马云和孙正义就进军C2C（个人与个人之间的电子商务）市场一事达成高度共识时，阿里巴巴知道，第四次融资的事已是板上钉钉了，因为孙正义是非投不可的，关键是投多少和占多少股份的问题，这才是谈判的主要内容。

2003年7月，不出所料，孙正义的越洋电话来了。在电话里，孙正义正式提出了二度注资的想法，双方约定几天后在日本东京会面。到东京后，在马云和孙正义初步定下想法后，蔡崇庆与孙正义及其手下开始了正式谈判。谈判进行得很激烈也很艰苦，焦点集中在两个问题：一是孙正义二次投资后是否控股，二是阿里巴巴员工能否持股。蔡崇庆可谓谈判老手，况且他也和孙正义交过一次手，但这次谈了很久，双方还是僵持不下。

会场休息期间，马云去了趟洗手间，孙正义也跟着进来了，双方对视了片刻，马云突然提出了一个折中的方案："我觉得8200万美元是个合适的数字，你觉得怎么样？"孙正义想了一下，很痛快地同意了："好，那就这么定下来。"

回到谈判桌前，他们告诉在场的人问题解决了。蔡崇庆说："他们两人去洗手间时，还显得有点紧张，再回到谈判桌上时已经笑容满面了。"为什么马云不多不少要提8200万美元？

"这是平衡的结果，投资者和我们都做了妥协。"马云这样解释。在软银二度注资之后，其股份已经增至接近30%，但尚未达到相对控股，相对控股的是包括管理层在内的阿里巴巴员工。

阿里巴巴的第四次融资在马云的一再坚持下取得了成功。其实做任何事情，如果我们能够一直坚持下去，或许我们真的就能得偿所愿。尤其是在一些工作场合，对于一些销售人员来说，坚持不懈更是一种必备的成功法则。也许这一次你没有说动对方，但是下一次，下下一次呢？无论被拒绝多少次，只要你有再说一次的机会，那么就请你继续吧，因为胜利就隐藏在下一次中。

　　杰克逊曾经是《纽约时报》的一个小职员。他大学毕业后，来到报社当广告业务员。他对自己的能力充满了无比的信心，甚至向经理提出不要薪水，只按广告费抽取佣金。经理答应了他的请求。

　　上班的第一天，杰克逊就列出一份客户名单，准备去拜访一些特别重要的客户，他认为只有争取到大客户，才能使自己获得更多的佣金，而公司其他业务员都认为他是在痴心妄想，想要争取这些客户简直是天方夜谭。在拜访这些客户前，杰克逊把自己关在屋里，站在镜子前，把名单上的客户念了10遍，然后对自己说："在本月之前，你们将向我购买广告版面。"之后，他怀着坚定的信心去拜访客户。第一天，他以自己的努力和智慧与20个不可能的客户中的3个谈成了交易；在第一个月的其余几天，他又成交了两笔交易；到第一个月的月底，20个客户中只有一个还没有买他的广告版面。

　　对于杰克逊的表现，经理十分满意。但杰克逊本人却不这么认为，他依然锲而不舍，坚持要把最后一个客户也争取过来。第二个月，杰克逊没有去发掘新客户，每天早晨，那个拒绝买他广告版面的客户商店一开商店的门，他就进去劝说这个商人做广告。而每天早晨，这位商人都回答说："不！"每一次杰克逊都假装没听到，然后继续前去拜访。到那个月的最后一天，对杰克逊已经连着说了数天"不"的商人口气缓和了些："你已经浪费了一个月的时间来请求我买你的广告版面了，我现在想知道的是，你为何要坚持这样做？"

　　杰克逊说："我并不认为自己是在浪费时间，相反，我倒是觉得自己在上学，而你就是我的老师，我一直在训练自己在逆境中的坚持精神。"那位商人点点头，接着杰克逊的话说："我也要向你承认，我也等于在上学，而你就是我的老师。你已经教会了我坚持到底这一课，对我来说，这比金钱更有价值，为了向你表示我的感激，我要买一个你的广告版面，当作我付给你的学费。"

　　就这样，杰克逊凭着自己坚持到底的精神赢得了那个客户，达到了预期的目标。

当我们遭遇他人的拒绝时，首先要做的就是放松心情。因为通往成功的路上本来就暗藏了许多波折，我们要做的不过是放宽心，继续坚持我们的初衷。

世界寿险首席推销员齐藤竹之助说："推销就是初次遭到顾客拒绝之后的坚持不懈，也许你会像我那样，连续几十次、几百次地遭到拒绝。然而，就在这几十次、几百次的拒绝之后，总有一次，顾客将同意采纳你的计划，为了这仅有的一次机会，推销员在做着殊死的努力，推销员的意志与信念就显现于此。"所以，勇敢地面对拒绝，并不断从拒绝中汲取经验教训，不气馁，不妥协，这是我们应该学会的。

麦利为了拓展服装店的生意，积极进行着开发活动。他在打算进入一家店面之前，准备先去店面附近的仓库出入口逛逛。这时，他听到仓库内传来了争吵的声音，面对这种情况，麦利觉得会对销售十分不利。但既然来了，他便决定上前和店主打个招呼。

于是，麦利上前对店主说："您好！不好意思耽误您的宝贵时间，我只是想和您打个招呼而已。我是枫叶服装公司的麦利。"麦利边说边恭敬地递上了自己的名片。

当然，麦利知道在这种情况下是不可能会推销成功的，他也只是抱着再来一次的心理。但是令麦利意想不到的是，店主看也没看一眼名片便把它丢在了地上，说："我不需要你的东西，请走远点。"

见到对方这种态度，麦利十分愤怒，但却压住了心中的怒火，弯下腰拾起被扔在地上的名片，并且说："很抱歉打扰您了！"

得知这种情况后，麦利的同事都认为这家店一定攻不下来，但是在半个月后，麦利还是决定再度前往拜访。

麦利来到店中，店主十分不好意思，向麦利解释说自己那天的行为并不是故意的，只是当时心情不好，所以才会做出那种过火的行为。后来还欣然接受了麦利的推销，并且还成了麦利的最佳顾客。

可见，成功的销售员总是勇于面对顾客的拒绝。实际上，很多时候，被顾客拒绝并不意味着永远丧失机会。当销售人员遭到拒绝时，一定要首先保持良好的心态，要理解顾客的拒绝心理，要以顽强的职业精神、不折不挠的态度正视拒绝，千万不要因此而心灰意懒，放弃这项工作。如果你持之以恒，把所有的思想和精力都集中于化解顾客的拒绝之上，自然就会赢得顾客。

说话坚定，内心更执着

人们常说，"言由心生"，意思就是一个人说出的话、做出的事往往能够反映这个人的内心。通常说话坚定的人，心中都十分执着。因为从他的言行举止中，我们就能看出这个人的内心是否坚定。

马云创造了阿里巴巴的B2B模式后，互联网业界几乎无人认同。它不仅不被中国互联网业界看好，也不被世界互联网业界看好，华尔街不看好它，哈佛不看好它，甚至一度把它当作失败的案例。因为人们怎么也无法看到、无法想到这个模式能够盈利，它的市场小到几乎没有市场。很多人都说："如果阿里巴巴能成功，无疑就像是把一艘万吨巨轮抬到喜马拉雅山顶峰上面。"

而马云却坚定执着，对自己的判断充满信心，他对他的同事说："我们的任务是把这艘轮船从山顶上抬到山脚下。别人怎么说，那是没办法的事，但你自己要明白：我要去哪里，我能对社会创造什么样的价值。我们希望创造一个真正由中国人创办的让全世界感到骄傲的伟大公司，那是我的梦想和我们这一代人的梦想。"

几年之后，阿里巴巴成为世界上最大的B2B网站。事实证明，马云的阿里巴巴B2B模式是成功的。在长达12年的创业生涯中，马云不断创新。他用长远的眼光，从小市场做起，先后创造了"中国黄页"模式、"阿里巴巴B2B"模式、淘宝模式、支付宝模式。所有这些模式都被实践证明是成功的。

"你可以失败，但是你不能失去做人的执着。"这是马云坚信的一条人生信念。很多时候，他的话语中暗含的真理和智慧，一下就能看透。他口中那些坚定不移的信念，正是马云内心对成功和信念的执着。而因为这种执着，他才能用最真切的话语去面对这个世界，为自己打造出一条成功之路。

古今能成大事者，无不树立坚定的信念。而你嘴上的坚定，不但可以鞭策自己，还可以让别人对你多几分信任。

西武集团是日本一家拥有170家大规模企业、员工总数达10万人的企业，它与新日本钢铁公司、三菱重工企业集团同列为日本三大企业集团。该集团的总裁堤义明是日本企业界、财经界和公众中极具魅力和影响的人物。他被松下幸之助称誉为"西武集团的中兴之祖"、"日本服务业第一人"。

西武集团的第一代领导人也就是堤义明的父亲去世后，由堤义明接手西武事业。第二年，堤家产业的发展便面临一项重大选择。当时的日本，正值经济发达、工业繁荣的时期，整个日本仿佛一个巨大的工厂，夜以继日地发展以盼望飞速成为世界上的经济强国。几乎每个人都认为在东京投资房地产肯定是一件一本万利的事情，许多著名的企业和企业家都先后云集于东京，将"触角"伸向越来越炙手可热的房地产业。

西武在房地产上有着巨大产业和经营经验，因此很多投资者都以为它必然会以更大的投资力度进入东京的房地产。但事实并非如此，年轻的堤义明做出了一个令所有投资者大吃一惊的决定——"西武集团将撤出东京的房地产业！"

这一决定令全日本的企业家都感到迷惑不解。在大多数人看来，炒地皮、开发房地产是一项暴利行业，尤其在寸土寸金的东京，炒房地产则无异于自己印钞票，比投资任何事业都更有利可图。因此，他们无法理解堤义明何以做出这样的决定，有人开始怀疑堤义明有没有领导这家大企业集团的能力。一些想在房地产中获取暴利的人中伤堤义明，把他说成是一个不懂得经营之道的无能之辈，他父亲是看走了眼才让他继承辛苦打拼的事业。

在集团内部，以宫内严、森田重光等的"八大金刚"为首提出反对意见，大多数人也纷纷跟随提出他们的反对意见，他们认为，集团不应该退出东京房地产业，不但不应该退出，还应该投入更大的资金。

接手西武之前，堤义明曾答应过父亲，守业十年，不做任何新的投资。但是，在守业之时，也不能任市场变化而一动不动，他必须使企业适应新的环境，以求得更长远的发展。在几乎是没有人支持的情况下，堤义明依然坚定地要撤出东京地产界。在最高决策会议上，堤义明面对年龄比他大、经验比他丰富的高层管理人员，是这样说的："我已经预测到，东京土地投资的好景已经过去了。供求要讲平衡，而大家猛炒地皮的结果，只会把正常的供求状态搞得不正常。因此，我认为东京的房产业很快就会出现失衡的大问题。对此，公司必须做出明智的决定。今天大家的意见有分歧，我认为这是正常的。如果全体一致同意，我反而认为事情不妙了——全体一致的主张，时常有毛病。现在大家不同意我的想法，但我知道我是正确的，尽管你们各位说的也不是没有道理。可你们没有看到东京地产业的暴风骤雨已经快到来了，危险得很。总之，这个问题我决定了，大家照我说的话去做准没错。"

接任集团领导才一年，堤义明就要公司从十分有利的东京地产投机市场上撤退，因而受到不满和猜疑是很正常的。然而，西武毕竟是属于堤义明个人的产业，谁也不可能去更改他决定了的事，所以大家也只有保留意见，照样执行。

一年以后，西武集团的高层管理人员发现：年轻的堤义明的决定果然没错。这时候的东京地产业开始大规模地崩溃，无数土地投资者在炒卖的旋涡里无计可施，食之无味，弃之可惜，陷入了困境之中。而真正获得胜利的，正是堤义明这样极少数目光长远、头脑灵活的管理者。因为论面积，西武集团的土地占有量是日本第一。在东京地皮行情最好的时候，西武集团已稳稳当当地获取了巨额利润。

说话果断坚定是一个成功者必备的素质之一。一个语气坚定、做事果断自信的人，容易获得人们的信任。而说话犹犹豫豫、吞吞吐吐的人，则很难让人相信。

许多人最终没有成功，不是因为他们没有能力，而是言语中缺乏坚定的信念。这种人在说话时缺少阳刚之气，不果断，不干脆，态度更是让人感觉不坚决。这样的人，想要获得别人信赖自然就很难。

内心有原则，说出的话就有原则

当某事的处理方法与你的原则相违背时，该继续坚持呢，还是放弃原则成全他人？先看看下面这个小笑话，或许你就能找到答案。

一天，教皇和美国商人在花园中散步，主教随侍在后面。"10万块够吗？"教皇摇摇头。"100万可以吗？"教皇还是摇头拒绝。"那1000万如何？"教皇坚持不肯，美国人垂头丧气地走了。主教连忙趋前说道："您怎么这么顽固？有了这笔钱，可以为我们教徒做多少事啊！告诉我，那美国人要求什么？"教皇冷静地回答："他要求我们在每次祷告完后不要讲

'阿门'，而说'可口可乐'！"

这虽然是一则笑话，但是我们应该从中明白坚持原则的重要性。人以原则为崇高，行以正道为高尚。守护原则和底线，是做人的一种责任，是生活对人的一种磨炼。一个人，不管是大人物也好，小人物也罢，都有着各自的生活原则。对于这些原则，不仅要知其意、明其理，而且要据此把握好人生的每一步。任何时候，都不能触碰原则的高压线。

的确，说话办事要有自己的原则。一个人只要内心有原则，说出的话就有原则，做事也会坚持原则。如果一个人不能坚持自己的原则，就会经不起利益的诱惑，见风使舵，这样的人想要获得成功很难。

李奥·贝纳曾说："坚持不让权宜之计取代原则，不让浮夸掩盖事实。"我们都应明白这一点，并遵照去做。坚持原则乃是我们立足于世的根本，若失去这点，你将会一事无成！

《人民日报》曾经刊载了一个坚持原则的故事。

一名导游带着一个旅游团到新加坡旅游。在观景途中，一名游客拿出一支中华烟递给导游，导游微笑着谢绝了。随后，他拿出自己的烟抽起来。他抽的烟是10元一包的万宝路，明显比中华烟档次低。

事后，导游解释说："我知道中华烟在中国是很高档的香烟。但我们公司有规定，导游不能接受游客任何东西，哪怕是一支香烟，这是原则问题。"

而《纽约时报》也报道过这样一则新闻：

在纽约的一座公寓里住着一位老人。他记性不好，出门常忘了带钥匙，走在大街上也时常忘了回家的路。但他有个做人的原则，对帮助他的人必须表达过谢意才安心。

有一次，老人在邻居的陪同下去了一次医院。第二天邻居有事去了加州。而老人想到没有给邻居道谢，于是，到邮局特地发了一封特快专递，偌大的一张纸上只有两个字：谢谢。邻居回来后对老人说，不必用特快专递的形式来表达谢意。而西蒙老人十分认真地说："什么都可以忘，唯独对帮助过我的人表达谢意不能忘，这是我做人的原则和底线。"

原则是人生的航标，谁能坚守住谁就能在人生的航程中乘风破浪，不会偏离方向。只有坚守住这样的道德底线，一个人才不会轻易地被诱惑，才能冷静地思考、分析、解决工作中出现的各种冲突、矛盾和问题。

坚守原则是一件不容易的事，需要时时刻刻的警示自己。一旦错失，都将是巨大的失误。

原则是坚守给自己的，让自己心安，让自己活得正直，让自己少有缺憾，而不是做给别人看的。不管在哪里，不管什么时候，不管在什么情况下，都应该坚守自己的原则，而不应该因为各种原因而失掉坚持。

第七章

说服，一开口就能打动人

口才好的人，说出话来准确得体、巧妙恰当，让人听后如沐春风，说话者往往就可以很顺利地达到自己的目的。一个说话高手，就如同一个武林高手，一言一词都掷地有声，很容易就能说服别人。

说话有新意才能吸引人

　　说话为什么要有新意，一是为了信息有价值，二是为了话题有魅力。世界上没有两片完全相同的树叶，因为大自然不喜欢雷同和重复，而作为万物之灵的人类，那就更不喜欢雷同和重复了。所以，说话最忌老生常谈、没有新意、人云亦云。

　　讲话讲得好不好、有没有水平，关键是看讲话有没有新意、有没有独到之处。下面便是马云的一篇励志演讲稿，演讲的题目是"没有大量的虾米，鲨鱼会死掉"，让我们来看看马云是如何体现这份新意的：

　　"因为你聪明，团队不愿意跟你讲真话，怕跟你讲真话。毛主席讲过，让毒草长出来。让毒草先长出来，领导者善于发现好的东西，不好的东西也要拿出来，以后再给它弄死。

　　"我有一个想法和要求，希望在座的每个人，不管你以前是干什么的，现在要正视互联网，欣赏互联网。这个东西真奇怪，我们以前搞死也搞不过它，越来越搞不过它，我们还很弱小，我们到现在为止没有超过一百亿美金市值的公司，你说能成为世界级的伟大公司吗？人家都搞到一千七百亿了。但是不等于不存在互联网的精神。

　　"我为什么去做阿里妈妈？因为互联网文化是一个生态链，互联网绝对不可能成为几个超级大网站独霸的天下，海洋里面不可能只有几条鲸鱼、鲨鱼，而没有大量的虾米。没有小的东西，鲨鱼、鲸鱼都会死掉的。阿里巴巴必须要有生态链，我们必须为将来自己生存的环境而发展。

　　"无数的中小网站、博客、论坛，这些不活下来的话，我们鲨鱼会死掉的。为这些环境做事情的时候，你这个企业会做得更强大。

"阿里巴巴要感谢中小型网站，没有中小型网站，新浪、网易门户封杀的时候，淘宝就没了，至于赚不赚钱，我们forget it(不必在意)。今天阿里巴巴有这个能力做一些围绕着战略做的事情，战略永远是重要而不紧急的事情，但是生态环境是很重要也很紧急的。"

马云在讲述"互联网生态链"的时候，并没有老生常谈，而是用了自然界生态链的说法从侧面反映互联网缺乏小型资源的弊端。这便是说话不死板、不程式化的一种表现。

我们处在改革开放的市场经济年代，客观事物的新潮迭起，思想观念的弃旧图新，更迫切需要我们说话有新意。要推陈出新，不论对社会还是对个人，都不是一个小问题。

许多成功的演讲者之所以能吸引听众，就在于他们演讲时会时不时地会出现一些新奇的句子或词语，打破了一贯沉闷的演讲气氛，让听众耳目一新。

某地举办"爱我神州"演讲赛。演讲者们个个激情满怀，尽情讴歌我们伟大祖国上下五千年的辉煌历史，几乎无一不谈及雄伟的万里长城、领先世界的四大发明，以及文明卓著的中国文化与地大物博的地理优势等。一个一个如此讲下去，评委和听众都感到有些疲劳和厌倦。轮到最后一个选手上台了，他一开口，就把会场的气氛改变了。他说：

"同志们，前边的同志对我们伟大祖国悠久的文明史、雄伟壮观的长城和给世界文明带来飞跃发展的四大发明进行了充分的讴歌。听着这些，我们不能不承认，我们祖国拥有这一切，的确令人自豪，让人感到神圣和可爱。（说到此，他突然把声音提高八度）但是，我认为，只有这些还不够！因为，长城尽管又高又长又厚，却没能挡住侵略者的铁蹄！指南针是我们祖先的发明，却引来了武装到牙齿的侵略者，引来了帝国主义的战舰，引来了毒害中国人民的鸦片！火药是我们中华民族智慧的闪耀，但却使外国强盗刀剑换枪炮，争夺我家园国土，奸杀我华夏同胞！至于创造的洁白纸张，正好方便列强与我国签订种种不平等条约，写下丧权辱国的几十条、上百条……（此时，他开始激动了）是的，我们的祖先，曾是何等荣耀！我们的祖国，曾是多么的富裕、强大！但是我们又清楚地知道，这一切终归是祖先的，是祖先的骄傲！我们，后世的炎黄子孙们，绝无权力在祖先的功劳簿上沾沾自喜、自吹自擂！古话说，好汉不提当年勇，我们怎能忘记自己肩上的重任！（掌声）祖国，只有在我们辛勤的劳动中，在我们拼搏的大手中，变得在全世界范围内领先，变得强大、富裕，才遂了我们的意，才称了我们的心！"（热烈鼓掌）

这段演讲之所以受到热烈欢迎，就在于演讲者在众口一词的结论中挖掘出了新意，具有自己独到的见解。老生常谈，听得耳朵都长出茧子了，难免扰人兴致，惹人反感。沉闷老旧的话题只会让交流的气氛显得沉重乏力，一个人如果懂得为言语增加新意，则能够引起他人的兴趣，调动起大家的积极性，活跃气氛，促使彼此的交流更加顺畅。

这是浙江大学光华法学院毕业典礼上的一幕，该校副教授高艳东在2012年本科及研究生学生毕业典礼中，发表了"甄嬛体"讲话，不仅在现场赢得学生的阵阵掌声及欢呼声，更是在网络上火了一把。以下是该演讲稿原文。

"朕私下想，诸位书生必是极好的。众爱卿均是高帅富，众爱妃均是白富美。但是，请你们记住：法律只评价客观行为，而不关心主体形象。

"竺校长曾经问过两个问题：'到浙大来干什么？将来毕业要做什么样的人？'你们说，到浙大来混，将来要做一个混混。但是，浙大毕业生不能做个小混混，要做个敢爱、敢恨、敢裸奔的文艺混混。潘靓超同学有这样的气质——身材那么差还敢光着出来混。他的行为，充分地阐释了浙大的草根精神。

"紫金港、西溪、玉泉、之江、华家池，浙江大学每一个校区都带着水字，浙江二字一半是水，所以，浙江大学是中国最水的大学。但是，我们的毕业生绝对不能做水货，我们今天不能做富二代，我们也不要去当屌丝。

"事实上，浙大绝对不是水校，在各大排行榜中，我们常年排第三。在江湖，人称'小三'。这种小三精神，也是浙大人特有的人生哲学：只做不说，明知没地位，坚信有机会。而且，在武书连的流行排行榜中，浙大已经排第一。至于你们信不信，我反正是信了。

"其实，第三还是第一并不重要，重要的是浙大从来没有'二'过。但是，即使有一天浙大二了，我们也会死心塌地地爱她，这就是母校。之江校区是猫的世界，光华法学院的院徽吉祥物应该是光华猫。但是，浙大校徽的标志是求是鹰，校长看到我们的院徽设计，会很生气地问：我的鸟呢？所以，我们心中，法学院的院徽应当是猫头鹰。法学院的毕业生因此应当有猫头鹰的气质：黑夜给了你们黑色的眼睛，你们却要用它寻找光明。当然，猫头鹰精神还有另外一种——能走猫步，能干鸟事。

"大学有相同之处，进来的时候，要学习做人，出去的时候，要好好做人。你们经历了三年、两年的有期徒刑，有的人是打着游戏度过的，有的人是打着Kiss（接吻）度过的，有的人是打着酱油度过的，不管你们曾经打过什么，你们统统刑满释放。出去后要记得，得人品者得天下，要以德服人。

"最后，请让我以老师的名义说声：真的爱你。"

显然，这次的演讲是非常成功的。演讲者以当下十分流行的"甄嬛体"为蓝本，并加入了自己独到的见解，让听众耳目一新。

古人曾有诗云："绿阴不减来时路，更添黄鹂四五声。"在映入眼帘的满目绿景之中，又传来黄鹂的欢快叫声，那么就会别有一番情调，更能吸引人心。同理，如果我们能在平实的言谈中，巧妙地掺入一些新的东西，就能使我们的言谈充分体现出迷人的魅力和积极的影响。

成功的演讲首先要靠新颖的内容、独到的见解，而在演讲中常常会有老话重提的情况。特别是那种命题式或半命题式的演讲，大家讲同一主题，或同一范围的话题，很容易彼此雷同，落入他人窠臼。并且，同题演讲，时间长了，听众也容易产生厌倦情绪，从而出现审美疲劳。但只要我们熟练地掌握一些创新思维的方法，就能在演讲实践中提出新颖而富有吸引力的观点，从而使我们的演讲更为听众所喜闻乐见。

讲故事最具说服力

讲述故事是人们喜闻乐见的一种沟通交流的方式。故事具有连贯性和完整性，富有吸引力和感染力，它生动曲折的情节进程和丰富深刻的思想内涵，能够产生强烈的吸引力和深刻的启示力。如果我们在演讲或说话时，能插入一些小故事，就能增强语言的生动性和启发性。

讲得好的故事是说服他人接受自己观点的有力工具。主观色彩浓厚的言辞，往往流于极端而缺乏说服力，而罗列数据，往往让人左耳进右耳出，但是，如果把得当的言辞和翔实的数据融入精心挑选的故事中，那就可以直指人心。

马云不喜欢用专业词汇表达观点，更喜欢口语化和生活化的语言。他在讲话时会给员工讲自己接触过的大人物的小故事，他讲克林顿的沟通技巧，讲孙正义的投资理念，都是通过一个个小故事来展示。

企业规模大了以后，很容易犯僵化的毛病。对此，马云讲了一个故事："70年代末我在杭州学英文，在西湖边上，老外说广播操很好，我就教他们广播操。教完之后我回过头来看看，他们也回过头看一下，我一笑，他们也一笑，我弯了一个腰，他们也弯了一个腰。第二天表演，所有人做这个动作的时候，所有人都转回头，笑了一笑，弯了腰。这就是习惯。当时做这个动作时傻傻的，于是越来越傻，越搞越大。"

"我们问：为什么这么多年来我们没有进步，阿里巴巴网站这几年来没有重大突破？现在彭翼捷这边和卫哲这边的战略很清晰，也开始采取措施，但重要的是每个人的行动，因为我们太封闭了，要改变这么多年的行为是很难的。我讲一个笑话，两夫妻生了一个孩子，一个星期想不出一个名字，然后爷爷一脚踢进门来：不要想了，一个根，一个宝都要有，其他随你们挑。那只能是根宝了，因为已经被限制了，姓徐也不能改，那就是徐根宝，要么就是徐宝根。"

谈到行业的未来前景，马云没有调用咨询报告，又讲了一个故事："2000年信息产业部做了一份报告，请了六个咨询师预测2005年中国手机用户能达到多少，其中最大胆的一个报告预测的是6000万台手机，信息产业部把这个报告扔到垃圾桶，怎么会有6000万？但2007年的数据是3.6亿台手机。"

一个有阅历的人，才会讲出有内涵的故事，属于自己的故事。莫言说："我就是一个擅长讲点故事的人。"但要做到会讲故事可不简单，一个好故事能引人思考，调动每个人大脑里本来就有的思维记忆，建立心理共鸣。

要想说服一个人是很难的，每个人都习惯于坚持自己的意见和主张，对于那些自信、自负、冥顽不化的人，更是如此。但是，在很多时候、很多的场合下，又必须要说服他。为了让人心悦诚服，于是，在说服对方时，人们便不得不积极寻求技巧，讲故事的方式就不约而同地受到说服者的钟爱。

战国时期，齐、楚、燕、秦、韩、赵、魏七国被称为"战国七雄"。七雄中，以秦国实力最强。

有一次，燕国与赵国因边界问题发生冲突。赵国想出兵征服燕国。当时正在燕国做官的苏代听到这一消息后求见燕王，请求到赵国去说服赵惠王，化解矛盾，求得和平。燕王同意了苏代的请求。

苏代很快来到了赵国。赵惠王知道苏代是来游说的，本不想见他，后来经过大臣的一番工作，还是接见了他。

苏代见了赵王，首先表示了自己的敬意，但他绝口不提燕赵两国的边界问题，而是与赵王闲聊。他对赵王说："大王，我来贵国的途中，见到一件有趣的事，不知您愿不愿意听？"

赵王很好奇，便笑了笑说："先生都认为有趣，那肯定是有趣的，不妨讲一讲呀！"

于是苏代就慢慢地讲起来："我来时，经过易水边，见沙滩上一只大蚌正在晒太阳，它把那两片贝壳缓缓地张开。没想到的是，它身旁正有一只鹬鸟偷偷地注视着，见这机会，赶忙将它那又长又尖的嘴啄了进去。说时迟那时快，大蚌急忙收紧贝壳，一下子就钳住了鹬鸟的长嘴。鹬鸟迅速地将嘴往外拔，但无论怎么用力，大蚌都紧紧地夹住它的嘴不松口。鹬鸟生气了，它对大蚌说：'今天不下雨，明天不下雨，马上就会有死蚌哟！'

"大蚌也毫不示弱，说道：'今天不让你的嘴出来，明天还不让出来，很快就会有死鹬啊！'

"蚌与鹬僵持着，谁也不让谁。这时正巧来了位渔翁，他见鹬不飞，蚌不动，高兴极了，随手就把它们逮起来，放进了自己的鱼篓里。"

赵惠王听得津津有味，他好奇地问道："先生不简单呀，怎么能听懂这些动物的语言呢！"

苏代微微一笑，马上把话题一转，意味深长地叹了口气说："大王呀，现在贵国与燕国的形势与这很相似啊！我担心我们僵持起来，只会有利于秦国，它会不费力气地坐收渔翁之利。大王可要三思啊！"

听到这里，赵王才明白苏代讲这个故事的真实意图。他点了点头，答应再认真考虑考虑，最后放弃了进攻燕国的打算。

由此可见，一个生动的故事可以产生巨大的说服力。在进行说服时，我们应该懂得多使用故事来帮助我们达到说服的目的。

故事是连接人与人之间情感的神奇方式，通过讲故事，可以传神地将你的意念传达给对方，深深地影响对方。

美国的《独立宣言》脍炙人口，它与独立战争一样，永载史册。它字字珠玑广为流传，对推动美国的革命起到了巨大的作用。关于它有一个不为人知的故事：

《独立宣言》出自于才华横溢的杰斐逊之手。杰斐逊对自己的文笔颇为自负，认为自己写出来的东西无可挑剔，往往动一字就像割掉他身上的一块肉一样。

富兰克林是起草这个文件的负责人，他是杰斐逊的密友。富兰克林非常熟悉杰斐逊的性情，一方面觉得《独立宣言》的草稿必须修改，一方面怕引起杰斐逊的不愉快。于是，他巧妙地向杰斐逊讲述了一个故事：

有一个青年人开了一家帽子店，他拟了一块招牌，上面写着"约翰·汤姆森帽店，制作和现金出售各式礼帽"，还在招牌下面画了一顶帽子。他觉得这块招牌很醒目，扬扬得意地等着朋友们的赞赏。但是，朋友们却不以为然。一个人说"帽店"一词与后面的"出售各种礼帽"语义重复，可以删去。第二个朋友认为"制作"一词可以省略，因为只要帽子式样称心、价格公道、质量上乘，顾客自然会买，至于是谁制作的，他们并不关心。再说，约翰又不是负有盛名的制帽匠，人们更不会注意。第三个朋友认为："现金"两字纯属多余，因为一般到商店购物，都是用现金购物的。经过几次修改，招牌只剩下"约翰·汤姆森，出售各式礼帽"的字样和那顶礼帽的图案了。尽管这样，还有一个朋友不满意，他认为帽子决不会白送，"出售"二字可以删去，还有"各式礼帽"与图案也重复了，可以不要。经过删改，只省下了"约翰·汤姆森"的名字和那个图案了。几经修改，招牌变得十分简洁明了，因而也就更加醒目。年轻的帽店店主非常感激朋友们的宝贵意见。

杰斐逊听了这则故事，意识到优秀的稿子是修改出来的，因此广泛听取公众的建议，把《独立宣言》修改得更好了。18世纪70年代初，北美的13个殖民地的代表聚集一堂，通过了这个《独立宣言》，伟大的独立战争开始了……

富兰克林采取讲故事的方式，娓娓道来，成功地说服了杰斐逊，令人拍案叫绝。从这层意义上说，《独立宣言》是杰斐逊的杰作，也是富兰克林的成果。

通过讲故事说服别人，是一种技巧。人们不喜欢总是听到理论，还喜欢听别人讲故事。我们都是听着故事长大的，这是很简单的道理。在谈话的过程中，适当穿插一个小故事，能有效地调节谈话气氛，令人置身其中，感同身受。

其实，讲故事是一门蕴藏丰富技巧的艺术，在商务谈判中，在课堂上，在个人交往中，在企业为顾客的服务中，在家庭生活中……插入一个关于自己或他人的真实故事，若恰当使用，就能赢得听众的心，产生更大的影响力，获得对方的追随和忠诚。与空洞的说教、令人生厌的大量数据相比，讲故事更能赢得听众的认可，起到事半功倍的效果。

说话要实用，少讲大道理

言传要传道理。世上的道理有很多，多到一辈子都学不完。闻道有先后，一个人随着年龄的增长，在经历了一些事情、具备了一定的知识后才会领悟到各种不同的道理。和别人说话时，以过来人的身份讲一些大道理，殊不知，这是很令人反感的事情。对方如果不愿意听，就很难心平气和、心甘情愿地与你交谈。

其实，说话的关键并不在于你用多么高深的道理使对方崇拜自己，而在于你要将告知的信息准确地传递到对方心中，即便语言朴实无华，只要你观点论述正确，表述有条不紊，那么你的谈话定能直逼对方心中。

在一次对话"80后"、"90后"的访谈中，马云与一名学生进行了这样一段对话：

学生："请允许我向哥表白一下。我是大一的'90后'，自己创业做了一个搜索，我希望如果有机会的话，能够跟咱们淘淘搜合作，因为我觉得那个很不错。我老喜欢你了，问题就是我也很喜欢金大侠，我看过您摆过一个造型'金鹤亮翅'，很漂亮，想问金大侠的角色您喜欢哪个？想问您经营阿里巴巴的时候，学到了哪一派哪一招用了几成功力，是不是用这个武功哲学来经营自己的事业、爱情、生活？"

马云："我觉得你问得挺好，'90后'问问题就应该这么问。她如果像我们这个年龄的那样问问题就麻烦大了，社会的进步就在于永远敢问敢想，并且你积极地去看待你是怎么处理工作的，这就是对的。谢谢你的问题，在金庸小说里我最喜欢的人物是风清扬，我的笔名曾经用过，我们公司内部很多有化名，我的化名就是风清扬。我喜欢风清扬有两个原因：第一他是老师，自己不愿出来但他培养了令狐冲；第二他无招胜有招，他基本上打穿了整个剑法，我觉得特别好，无招胜有招，无招本来就是招，最后一招无招那就是招。

"在公司里面我这么觉得，我前天在飞机上还在看《射雕英雄传》，我觉得挺舒服的，累的时候看看这些东西心里特别愉快。我现在喜欢的是太极拳，我觉得中国的文化，最强大的在于太极阴阳变化。很多老外专门研究我的所谓打法——前几年，我所有的商业的东西。他们说：'你早上讲的话晚上就会在我的办公桌上。'我说我自己也没搞清楚，你也别研究了。现在我慢慢觉得，其实我是用企业来阐述中国的太极哲学思想，所以我觉得挺快乐的。"

马云的话很朴实，其中并没有很多大道理，但是却往往能够打动人心。因为他的话贴近生活，并没有给人高高在上的感觉。他用一颗平常心去讲平常话，可见其说话的技巧与魅力是多么地深厚。

事实上，没有人喜欢听大道理，满天飞的大道理实在太令人生厌了！但总有人喜欢讲大道理，尤其是那些总以为自己比别人知道多一些的人。不喜欢听的原因，更多的不在于讲的人摆出一副高高在上的姿态，或者在听者眼里高高在上的姿态，而是那些道理他们自己都懂。

　　有一天，学生们问了苏格拉底一个问题："老师，人生是什么？"苏格拉底并没有直接回答学生的问题，而是将他们带到一片苹果树林，要求大家从树林的这头走到那头，每人挑选一只自己认为最大最好的苹果。不许走回头路，不许选择两次。

　　在穿过苹果林的过程中，学生们认真细致地挑选自己认为最好的苹果。等大家来到苹果林的另一端，苏格拉底已经在那里等候他们了。他笑着问学生："你们挑到自己最满意的果子了吗？"大家你看看我，我看看你，都没有回答。

　　苏格拉底见状，又问："怎么啦，难道你们对自己的选择不满意？"

　　"老师，让我们再选择一次吧，"一个学生请求说，"我刚走进果林时，就发现了一个很大很好的苹果，但我还想找一个更大更好的。当我走到果林尽头时，才发现第一次看到的那个就是最大最好的。"

　　另一个接着说："我和他恰好相反。我走进果林不久，就摘下一个我认为最大最好的果子，可是，后来我又发现了更好的。所以，我有点后悔。"

　　"老师，让我们再选择一次吧！"其他学生也不约而同地请求。

　　苏格拉底笑了笑，语重心长地说："孩子们，这就是人生——人生就是一次无法重复的选择。"

　　很多时候，大道理往往只会把简单的问题复杂化，将大道理切换成通俗易懂的话才会化繁为简，才会为他人指明方向。所以，与人说话，不要把生硬的大道理挂在嘴上，要用大实话、适合于对方接受的语言，表达出你的想法。

换位思考可以使说服更有效

说话是一门艺术。在与他人交往的过程中，适当地运用换位思考，可以使你说的话更有说服力，更容易达到沟通的目的。

马云的演讲口才一直为人津津乐道，如果我们仔细分析就会发现，每次演讲或者说服他人时，马云总是能够感同身受，站在对方的角度去思考，抓住对方心中的那根弦，因此很快便能攻破对方的心防。下面便是马云在员工大会上的一段演讲：

"昨天晚上我有一点儿难受，我把难受的事情给大家讲一下。昨天我们市长讲话的时候我发现我们很多的员工很不错，但是有一批员工还是在讲话，这让我很难受。我说阿里巴巴的员工大会这么多年来，我们在公司内部的员工大会没有人打瞌睡、没有人讲话，大家都往前面坐。昨天不全是阿里巴巴的同事，可能也有雅虎的同事。我们希望能让大家骄傲，我们希望对市长尊重。昨天市长也尴尬，秘书长朝我看，我觉得这样会影响阿里巴巴在杭州的品牌和影响度。

"我希望今后阿里巴巴所有的公司员工首先要自己严格要求自己，往一个方向做，我们的价值观要让别人尊重。

"我不多讲战略。我希望全世界最强大的公司诞生在中国，诞生在阿里巴巴集团里面，这就是我们未来3年的战略目标。然后过两天会开战略会，战略会后我会让每一个员工都了解我们的战略。

"另外我们团队的表现方式是请同事相信公司，公司相信同事，大家一起努力才能往前走。最后我想今天还有很多的活动，我也很激动，其实昨天晚上我淋雨也没有淋得很痛苦。"

人们在生活中常说："人同此心，心同此理。"强调的也是同理心。无论是在工作还是在日常生活中，凡是有同理心的人，都善于体察他人的意愿，说话动听，让人舒服，更最容易受到大家的欢迎和信任。

从马云上面的这段讲话中，我们就能看出马云对员工的要求与希望。本来员工在市长讲话的这次大会上表现确实不佳，但是马云并没有提出批评，而是用很难过的语气表述自己对此事的看法，然后感同身受地表达了自己的意见，这样既保住了员工的面子，还鼓励了员工今后要达到要求。

在与他人沟通的过程中，进行换位思考，创造一个轻松、畅所欲言的环境，表达支持、理解、肯定的态度，尊重对方的情绪和意见，对于达成一致，实现沟通的预期目的，有着很重要的作用。

在一个家电市场上，一位年轻的推销员，陪着一位中年妇女挑选洗衣机，他们几乎把店内所有牌子、不同型号的洗衣机都看过了，可是这位顾客还是不打算买。这时，推销员并没有催着让顾客赶紧买，而是不急不躁地同这位中年妇女拉起家常，从中了解到她家有一个瘫痪的婆婆，经常尿床。买洗衣机主要是为了洗被褥。既然如此，为什么这位顾客还在举棋不定呢？原来，这位顾客有个想法：多少年来我靠手工搓洗也熬过来了，好不容易才积攒了几百块钱，一下子花掉，值得吗？对此，推销员一面表示同情，一面在心里琢磨：看来，就谈洗衣机已不能促成这笔交易了。推销员问："大姐，你的小孩上学了吗？"顾客答："过两个月就上学了。"推销员说："那将来你更忙了。又要管家务，又要辅导孩子学习。孩子在初学阶段可要打好基础啊！大姐，我看这洗衣机值得买，既可以使您从繁重的家务中解放出来，又可以赢得更多时间来指点孩子的学习。"这番话，朴实无华，充满了动人之情，终于拨动了慈母的心弦。那位中年妇女高高兴兴地把洗衣机买走了。

在这个案例中，推销员之所以能成功地说服对方，就是因为她能站在对方的角度说话，使对方感觉到她的同情、体谅，所以中年妇女才由犹豫到下决心购买洗衣机。这位推销员正是运用了将心比心的方法才成功地说服了顾客。所以，培养同理心，学会站在对方的立场上思考问题、真正了解对方的感受是至关重要的，这样你就能进行良好的沟通了。

有一家大型公司的总经理要租一家旅馆大礼堂开一个经销商会议。

刚要开会，对方通知他要付出原来三倍的租金。没办法，总经理去找旅馆交涉。他说："我接到你的通知时，有点震惊。不过这不怪你，假如我处在你的地位，也许也会写出同样的通知。

"您是这家旅馆的经理，那么让我们来合计一下，这样对您有利还是不利。先讲有利的一面，大礼堂不出租给开会者而出租给举办舞会、晚会的，那您可以获暴利了。因为举行这一类活动的时间不长，他们能一次付出很多的租金，比我的租金当然要多得多。租给我，显然您是吃大亏了。

"现在，再考虑一下不利的一面。首先，您增加我的租金，反而降低了收入。因为实际上等于您把我撵跑了。由于我付不起您所要的租金，我势必再找别的地方举办会议。

"还有一件对您不利的事，这个会议的参加者来自全国各地，他们的社会地位、文化教养、受教育程度都在中等以上。这些人到旅馆来开会，对您来说，难道不是起了不花钱的广告作用吗？事实上，假如您花钱邀请这些人亲自到您的旅馆参观，也可能请不来。可我给您邀请来了。这难道不合算？请您仔细考虑再答复我。"

最后旅馆经理向那位经理让步了。

真正站在对方的立场上为对方着想，并全面分析双方的利弊得失，说话真诚，语气亲切随和，不卑不亢，入情入理，这是这位总经理成功说服对方的原因所在。这个事例告诉我们：要说服一个人，最好的办法就是替他着想，让他从中受益。

生活中，通过换位思考，我们可以了解别人的心理需求，感受到他人的情绪，将沟通进行到底；通过换位思考，我们可以揣摩到对方的心理，达到说服对方的目的；通过换位思考，我们可以欣赏到他人优点，并给予对方真诚的鼓励，使团队和谐高效；通过换位思考，领导者可以得到下属的拥护；通过换位思考，下属可以得到上级的器重……总之，通过换位思考，会给你的生活带来很大的帮助。

真诚的语言最能打动人

一个人张口说话，真诚是最基本的要求。真诚就是真实、诚恳、实事求是、没有一点儿虚假。说话真诚的人，总会得到别人的信任。

因此，生活中的我们首先应想到的是如何把我们的真诚注入与人交谈的过程之中，如何把自己的心意传递给对方。只有当听者感受到你的诚意时，他才会打开心门，接收你要表达的内容，彼此之间才能实现沟通和共鸣。

马云讲话的特点是从不念稿，多用口语化的短句，随时临场发挥，这样的说话风格更容易在员工中建立信赖和认可，让他们相信讲话者的诚意。

谈到老员工时，马云说："你们是阿里巴巴最珍贵的脊梁，很多人看到你们还留在公司，心里就有底气。我也是如此。如果我在各个办公室看到的还是你们这些脸，就知道阿里巴巴还会扛得过去。"

这是一句非常能打动人的话。确实，当新员工看到公司遭遇压力和危机时，如果看到老员工还在有条不紊地工作，心里就会踏实下来。

谈到为盛名所累，马云说："今天的名越多，我的灾难越大去酒吧，跟人家搭讪，都没有机会了，这是很残酷的。"这也是一句很真实的话，把自己放在一个弱者的位置上，容易获得员工的同情，缩小彼此间的距离感。

说话的魅力并不在于你说得多么流畅，滔滔不绝，而在于你说的话是否真诚。最会说话的人并不一定是口若悬河的人，而是善于表达真诚的人。当你用得体的话语表达出真诚时，你就赢得了对方的信任，建立起了互信的沟通渠道，对方也就可能由喜欢你说的话而信赖你这个人。

人与人交谈，贵在真诚。有诗云："功成理定何神速，速在推心置人腹。"只要你与人交流时能捧出一颗恳切至诚的心，怎能不让人感动？怎能不动人心弦？白居易曾说过："感人心者，莫先乎情。"炽热真诚的情感能使"快者掀髯，愤者扼腕，悲者掩泣，羡者色飞"。

美国石油大王洛克菲勒的儿子小洛克菲勒，在1915年处理一起工业大罢工时，就是运用诚恳的演说，解决了与工人之间的矛盾。

科罗拉多州煤铁公司的矿工为要求改善待遇，进行了罢工，因为公司方面处理不善，这次罢工又演变成流血的惨剧，劳资双方都走向了极端。这次罢工持续了两年之久，成为美国工业史上一次有名的大罢工。小洛克菲勒最初使用军队镇压的高压手段，酿成了流血惨剧，不仅没有解决问题，反而使罢工时间更加延长下去，使自己的财产受到更大的损失。后来他改变方法，采用柔和手段，把罢工的事情暂时置之不谈。他深入到工人当中，亲自到工人家中慰问，使双方的感情慢慢转好。然后他叫工人们组织代表团，以便和资方洽商和解。他看出工人们对他已经稍稍释去了敌意，于是对代表们做了一次十分恳切的演说。就是这次演说，解决了两年来的罢工风潮。

在演讲中，小洛克菲勒说："在我有生之年，今天恐怕要算一个最值得纪念的日子。我十分荣幸，因为能和诸位认识。如果我们今天的聚会是在两个星期之前，那么，我站在这里就会是一个陌生人了，因为我对于诸位的面孔还不熟识。我有机会到南煤区的各个帐篷里看了一遍，和诸位代表都做了私人谈话，我看过了诸位的家庭，见到了诸位的妻儿老幼，大家对我都十分客气，完全把我看作自己人一般。所以，今天我们在这里相见，我们已经不再是陌生人而是朋友了。现在，我们不妨本着相互的信任，共同来讨论一下大家的利益。这是使人感到十分高兴的。参加这个会的是厂方职员和工人代表，现在蒙诸位厚爱，我才能在这里和诸位相见并努力化解一切矛盾。这种伟大的友谊，我是终生不会忘掉的。大家的事业和前途，从此更是拥有了无限的光明。今天我虽然代表着公司方面的董事会，可是，我和诸位并不站在对立的地位。有关彼此的生活问题，现在我很愿意提出来和大家讨论一下。让我们一起从长计议，拿出一个双方都能兼顾到的圆满的解决办法，因为，这是对大家有利的事。"

这段讲话虽没有华丽的辞藻，但语气诚恳，具有感染力，引起了矿工的广泛共鸣，小洛克菲勒一下子使自己摆脱了困境。反之，如果一个人在语言上不遵循"诚能感人"的原则，就会失信于众，达不到说服的目的，甚至还会影响个人的形象和声誉。

真诚，是通往人们心灵的桥梁。要想使别人对你的话和表达产生共鸣，需要来自你内心深处的声音，先要感动自己然后感动别人，不为说话而说话，应以倾诉内在心灵，以心灵的沟通为主，即可动人以情，并产生强烈的共鸣。不要去追求华丽的辞藻和假装的深沉。朴实无华的语言会显得格外的亲切，也就具备了强大的感染力。

某学院有位教员写了一本关于思想政治工作方法的书，出版社让他推销出去1000册。对他来说，这远比讲课要难得多。为了把书推销出去，他在学院搞了一次演讲，他说："……当老师的在这里推销自己写的书，总不免有些尴尬。不过，如今作者也很难，写了书，还得卖书。出版社一下子压给我1000册，稿费一文没有，所以我不推销不行。这本书写得怎样，我自己不好评说。不过有两点可以保证：第一，这本书是我用三年时间完成的，是我心血的结晶。第二，书的内容绝不是东拼西凑抄下来的，是我自己长期思考的见解。前不久，这本书被思想政治工作研究会评为社科类图书的二等奖，这是获奖证书。说实话，对于我们这些教书匠来说，搞推销比写书还难，只得硬着头皮来找大家帮忙。不过，买不买完全自愿，决不强迫。如果觉得这本书对你有用，你又有财力，就买一本，算是帮我一个忙，谢谢。"他的这次演讲立即产生了效果，一次就卖掉了300多册。

这位教员不是专职推销员，但是他却获得了成功。从某种意义上说，他的成功就在于他恰到好处地表达了自己的真诚，赢得了听众的信赖。

语言真诚，即使几句简单的话，也能引起听众的强烈共鸣。很多时候，华丽的辞藻并不能让人感动，质朴无华的语言才能让对方产生心灵的共鸣。会说话的人，不光肚子里要有渊博的知识，更要用真诚的语言、真诚的态度来感动别人，并换来彼此的心灵相通，坦然以待。

说出的话要让人听着舒服

说话，是一个传递信息的过程。因此，能否增添自己的说话魅力，不全在于说话者本人能否准确、流畅地表达自己的思想，还在于你所表达的思想、信息能否为听众所接受并产生共鸣。也就是说，能否把话说好，关键在于说的话能否拨动听者的心弦。

"2003年，我们阿里巴巴在B2B领域发展已经很好了。怎么走下去，我很迷茫。当你站在第一的位置时，往往不知道该往哪里走，因为第二、第三可以跟着第一走，但是第一没有参照物。那时我凭什么做出一系列决定？就是凭着使命感。

"爱迪生企业的使命是什么？Light to world(让全世界亮起来)，从企业CEO到门卫，大家都知道要将自己的灯泡做亮、做好，结果现在打遍天下无敌手。我们再看另外一家公司——迪士尼。迪士尼公司的使命是Make the world happy(让世界快乐起来)，所以迪士尼中的所有东西都是令人开开心心的，拍的戏也都是喜剧，招的人也全是快乐的人。

"另外一家公司TOYOTA(丰田)，它的服务让全世界都尊重。有一个故事，在芝加哥的一个大雨天，路上一辆TOYOTA车子的雨刮器突然坏了，司机傻在那里，不知道怎么办。突然从雨中冲出一个老人，趴到车上去修雨刮器。司机问他是谁，他说他是丰田公司的退休工人，看见他们公司的产品坏在这边，他觉得有义务把它修好！这就是强大的使命感和企业文化，才使得每个员工将公司的事当作自己的事情。只有在这样的使命感的驱动下，才会诞生今天的迪士尼、今天的丰田。

"我们阿里巴巴的使命是：'让天下没有难做的生意。'我们做任何事情都要围绕这个目标，任何违背这个目标的事情我们都不要做。所以有人会很奇怪地问我们：'你们凭什么做出这样一个决定啊？'我说：'凭我们的使命感。'我们推出一个产品，首先要考虑的是这个产品是否有利于用户。"

阿里巴巴的使命就是让天下没有难做的生意，马云将这番道理，通过小故事生动地讲了出来，引起了人们的共鸣，而且还让员工添加了几分责任感。

一个会说话的人，总可以流利地表达出自己的意图，也能够把道理说得很清楚、动听，使别人很乐意地接受。相反，不会说话的人，不能完全地表达出自己的意图，往往会使对方费神去听，但又不能信服地接受。

很多时候，说服别人动摇、改变、放弃已见或信服、同意、采纳你的主张，实质上是一场从精神上征服人心的战斗，但又不能使对方有丝毫被迫接受的感觉。你可以采用"动之以情，晓之以理"的方法进行劝说，简单的事情，小道理，一两个典型事例，再加上简明、扼要的分析，就足以能够将道理讲清楚，讲明白。

　　秦朝末年，张耳占据赵地后，号称武信君。此时，范阳令徐公仍不投降。因此张耳就委托蒯通去范阳，说服徐公投降。蒯通到达范阳，见了徐公就说："我是范阳的一介草民蒯通。我分析当前形势，徐公你可能活不了多久了。我特意给你吊唁来了。不过，如果你听我蒯通的话，那么你就会有一条生路，我这次来也是向你表示祝贺的。"徐公就说："你怎么会知道我活不多久了？"蒯通就说："你在范阳为官已经有十年的时间了。你为了落实秦国的法令，杀人家的父亲，使人家的孩子成为孤儿；你断人家的手足，黥人家的面孔，这样残忍的事情你做得够多的了。那些慈父孝子对你恨之入骨，但是他们为什么不用锋利的尖刀插到你的腹中把你杀死呢？那是因为他们害怕秦国的法律。如今天下大乱，秦国的法律已经不起作用了，那些慈父孝子正在争着用利刃把你杀死，一来可以化解他们对你的怨恨，二来杀你也可以得到名利。所以我蒯通知道你活不了多久了，所以就提前来给你吊唁。"徐公又问："那你怎么还祝贺我有一条生路呢？"蒯通说："武安君不嫌弃我是一介草民，向我请教战争问题。我说：'打了胜仗才能得到土地，攻取之后才能得到城池，这已经是落后的战法了。不战而得地，不攻而得城，一纸公文就能搞定千里。你们愿意听听这样的谋略吗？'他的将领都很感兴趣。我就说：'以范阳令徐公为例，他可以整顿士卒坚守城池。但是，人都是害怕死亡贪图富贵的。战到不行的时候他要投降。那时士卒就会产生怨气，很可能把范阳令就给杀了。这件事必然会传出去。其他地方的官员知道范阳令先投降也被杀害了，必然要固守。这样，其他城池就不好攻打了。现在不如以隆重的礼仪迎接范阳令徐公，一直把他迎接到燕赵接壤的地方。使其他城池的官员都知道，范阳令投降得到了富贵。这样，就会争着来投降。这就是我说的一纸公文可以搞定千里。'现在你要是听我的话投降武信君，不但可以生存，而且还可以继续享受富贵。"结果蒯通说服了范阳令徐公。

邹通说话句句在理，为徐公陈述了利害关系，达到了预期的目的。所以，在交谈的过程中，我们一定要时刻注意语言的准确和恰当，要做到言之有理。不要总是用一些强词夺理的方式去说服对方，更不要目中无人或者强制别人去接受你的想法。在说话时，我们要力求语言具有亲和力，使对方聚精会神地听。这样深入浅出地论述，说理透彻，方才能使其心服口服。

有效说服，攻心为上

口才只是技巧，攻心才是关键。兵法有云："攻心为上，攻城为下。"成功说服的关键在于对准人心说话。成功人士绝大多数是成功掌握攻心说话术的人，因为他们知道攻心说话能够让对方心悦诚服并最终按照他的意图去做事，他们借助高超的语言技巧获得人心，赢得认同，然后建立成功的事业。

马云每次在公众场合之所以能克敌制胜，正是因为他在谈话过程中总是懂得"攻心为上"的道理。

有人问："你刚才讲到，社会上也会有讨厌马云的人，我从外部观察，这些人大部分是从2011年之后开始出现的，你觉得原因是什么呢？"

马云："其实一直都有。只是2011年之后，我个人觉得，有几个事情吧。当然，所谓的正义之士就是在支付宝的事情上对我咬牙切齿，觉得我这个人背信弃义，违背契约精神，好像要干掉整个中国互联网，把VIE（即VIE结构，国内称为"协议控制"）跟我扯上了关系。

"大善乃大恶，大恶乃大善。就像2007年，我做雅虎40%股权的时候，我知道，这步棋如果40%都被人家控制了，将来就惨了。孙正义最明白。那天我对孙正义说：'好，我马云是个背信弃义的人，是违背契约精神的人。但如果我能找到一个人，我总共投了三四千万美金，却能够拿回来150亿美金的回报，那么，我很喜欢能找到这样一个背信弃义的人来。'孙正义说，是啊，他找到了。到今天为止，他总共投了不到5000万美金，而拿回了近4亿美金现金，还有30％以上的股份。要是能找到这样一个违背契约精神的人，我也很高兴。对不对？

"我们不是这样的人。但在做这件事情的时候，话语的主动权不在我们这儿。我们在做事，别人在说事。说的人最容易，而且前面先定论你就是这样的时候，你说不清。又刚好吻合微博刚刚起来的时候，所有的人一致认为这社会上都是坏人。"

说服前只有准确地揣摩出对方的心理，才能够打动人心。通过你与对方谈话的内容，了解对方对此话题究竟是否喜好、是否满足，再顺势动之以情或诱之以利，不断刺激他的欲望。一般而言，人的思维和行动都是由意识控制的，即使他人和外界如何地建议或强迫，也不见得能使其改变。因此，要想以口才服人的人，必须意识到说服的主角不是自己而是对方。

上例中，马云在回答对方的问题时，首先是站在对方的角度坦诚地讲述自己的情况，然后循序渐进，将话题从反面切入，让对方明白自己为什么是背信弃义的人，真正的背信弃义指的又是什么，最后巧妙地总结自己的无奈和肯定自己的做法。通过举例说明，巧妙地吸引对方的注意力，然后将自己的无奈灌注到对方心中，这样一来，马云反而站到了上风的位置。

说服的过程是说服者对被说服者攻心的过程，也是被说服者心理渐变的过程。运用"攻心"的说服技巧，往往能在实践中取得理想的说服效果。19世纪末，美国就是用这种方法取得了巴拿马运河的修建权。

当时，法国的某家公司与哥伦比亚签订了一项合同：在哥伦比亚的巴拿马省（当时巴尚未独立）开凿一条连通大西洋和太平洋的运河。主持这项工程的总工程师是因开凿苏伊士运河而闻名世界的法国人雷赛布。凭着过去的成功经验，他认为完成这项任务不在话下。但工程刚开始时就遇到了麻烦，工程进展非常慢，公司资金短缺。因此，法国公司就想卖掉运河公司——这是专门为修建运河而成立的公司。

美国方面得知这个消息后非常高兴，决定买下运河公司，拿到巴拿马运河的修建权。其实，美国从一开始就对开凿巴拿马运河有意图，只因法国下手太快而作罢。法国公司代理人布里略访问了美国，提出要卖运河公司，开价一亿美元。尽管美国早就对运河公司有兴趣，但表面上显得并不热情。美国海峡运河委员会还提出一份调查报告，证明在尼加拉瓜开运河更省钱。布里略一看报告十分着急：如果美国不在巴拿马开运河，法国不是一分钱也不会收回来了吗？于是他马上表示，法国愿意降价出售，只要4000万就行。结果，美国以这个价格买下了运河公司，一下子就省下了6000万美元。

美国方面买下公司后，接着以在尼加拉瓜开运河为要挟，要求以低廉的价格"租借"巴拿马运河。果然，哥伦比亚政府也担心美国人不建运河给自己造成损失，马上指使其驻美大使和美国政府签订了一项协议：同意以1000万美元的代价把运河两岸各4.8公里的地区长期租给美国，美国每年另付给哥伦比亚10万美元。这项"租借"协议后来给美国带来了巨大的经济利益。

由此可见，攻心策略的妙处在于把握对方的心理，在谈判中敢于欲擒故纵，形退实进，明弃暗夺，美国从法、哥两国身上真可谓是捞足了好处。

无论求人办事，还是公关交际，沟通表达的成败在于攻心，攻心的关键则在人性。否则，哪怕你的口才再好，反应速度再快，也只是多说与多错而已。只有懂得如何摸清人性说话，对准人心说话，才能成为真正的交际能手。一个会说话的人，他会揣摩、会解读、会迎合别人的心理，他懂得在合适的时机把合适的话说到对方的心坎里去。

贞观六年，唐代处于太平盛世，群臣奏请太宗前往泰山举行封禅大典，以显文治武功。唯独魏征一人反对，认为此时封禅不妥。魏征是这样说的：

"陛下功业虽高，但恩泽尚未遍及全国；国家虽已太平，但物资还不丰富；外邦虽已臣服，但还不能满足他们的要求；祥瑞虽多次出现，但法网还嫌繁密；收成虽说不错，但仓库还嫌空虚。所以，我以为此时不宜举行封禅。"

魏征一口气举出五个特殊事实，采用归纳推理的方法，得出不可封禅这一结论，具有一定的说服力，使得本来打算接受群臣奏请前往泰山封禅的太宗沉默不语。魏征见进谏开始奏效，接着又说："一个刚刚病愈的人，就让他马上扛一石米日行百里，这样做肯定不行。那么，我们国家刚刚医治好战乱创伤，元气还没有恢复，就急于向上天报告功成，当然有欠妥当。"

魏征采用类比推理的方法，已使唐太宗动心。于是，他又进一步说："再说，东封泰山，万乘千骑，要耗费大量资财，若再遇上灾荒、风雨骤变、不明事理的人横生是非，那后悔就来不及了！"

魏征的三段谏词，步步紧逼，最后得出不容置疑的结论。唐太宗三思后，欣然接受了他的进谏，停止了封禅。

说服是一种攻心的计谋，故"因敌制胜，应形于无穷"乃最高心法，也就是说，围绕着对方的心而谈，说以无穷的利害变化，使对方认为你是为他着想，而且你的想法能给他带来很多好处，他就会听从你的建议，从而在无形中受你影响甚至受你摆布了。

引起他人共鸣，讲话富有感染力

有这样一个故事：

一位衣衫褴褛的盲人，在繁华的巴黎街头乞讨，身旁写了一块牌子："我什么也看不见"。过往的人很多，但没有人注意他。中午，法国著名诗人让·彼浩勒经过这里，见到牌子上的字，问盲人："老人家，有人给你钱吗？"老人茫然地摇摇头，脸上的神情十分悲伤。让·彼浩勒听了，悄悄地在那行字的前面加上了"春天来了，可是——"就匆匆离去了。傍晚，诗人又来到这里，问盲人下午的情况。盲人笑着回答说："先生，不知为什么，下午给我钱的人多极了！"让·彼浩勒听了以后，摸着胡子满意地离开了。

同样的意思用不同的话来说，效果就不同，同样的话，从不同人的口里说出来，所达到的效果也不同，同一个人，由于环境不同，即便说的是同样的话，可是含义会发生很大的变化。这就是语言的妙处。会说话的人总是善于掌握这种语言的技巧，因此，他们一开口就显得不同凡响。

马云说话极具感染力，虽然有时他的话朴实无华，也没有什么优美的修饰，但是言语之中每每都传递着满满的正能量，引起听者的共鸣。

下面这些都是摘自马云演讲中的话：

"刚才在讲，如果你认为你是空降兵，you are(你就是)，你认为你是子弟兵，you are(你就是)！第一天来，你觉得我是阿里巴巴的子弟兵，你就是了。你心里觉得是空降兵，所有人也知道你是空降兵，你觉得自己条件比别人好，说起话来好像很懂的样子，而别人偏要让你不懂，你就惨了。"

"你是谁是你自己决定的，不只在阿里巴巴，任何公司都是。你一进公司，如果你认为，我就是阿里巴巴的子弟兵，你就会成为子弟兵，你认为你是空降兵，我是带大家走出苦海的，I am sorry（对不起），他们说我们就喜欢这个苦海，我们就适应这个苦海，那就完了。"

"唠唠叨叨讲了这么多，只想说一点，阿里巴巴还是个好公司，至少我想我们这个团队，我也好，李琪也好，彭蕾也好，各个子公司的老大也好，真心感谢大家加入阿里巴巴，一起来建造我们的梦想。"

"八年前，我们手头连把镰刀都没有，今天我们手上有东西了，人力也多了，你们要比八年以前的十八个创始人，要比七年前的百把号人，聪明得多，能力要强得多。要是你们不能成功，不要怪别人，要怪自己。谁让你们被别人忽悠，被我忽悠进来了呢。来了，就死了这条心，认了吧。人家八年傻干过，我们也干吧。你一直干一直挖，挖不到油也可以挖到水。我们一起挖几年，在这个公司里面学习、欣赏。对大家的期望很高，我们把自己降低，将来就能跳得更高！"

善于发表饱含理性、充满激情、富有感染力的讲话，是一个人说话水平的重要标志，也是其个人魅力的重要体现。美国著名演讲大师卡耐基曾经说："假如一个演讲者用坚定的语气诚恳地诉说，那他就不可能失败，无论他讲的是政治还是经济政策，或者自己的旅行感触，只要他确实有将心中所想告知于你的冲动，那么他的演讲就会有强大的感染力，足以打动你的心。"

无论是日常说话还是在公开场合发表讲话，只有提升讲话的感染力，使讲话简明扼要、通俗易懂、新鲜活泼、生动形象又富有变化，才能激发起听众的兴趣，才能赢得听众的赞许，从而增强讲话的效果。否则，不但吸引不了群众的兴趣，反而会使大家产生反感。所以，我们要不断提高自己的表达能力，一般应从以下四个方面加强锻炼。

1.发音标准，吐词清晰

清晰的表达能够让他人听清楚你说的是什么，这是说话最基本的要求。发音一定要标准，吐字一定要清晰。语言表达是否清晰，普通话的流利和标准与否，都会直接影响讲话的感染力。

2.掌握节奏，语速适中

讲话的语速也会影响声音的感染力。如果说话的语速太快，别人可能还没有听明白，你就已经说完了；反之，如果你说得太慢，就会让别人失去了倾听的耐性。因此，最恰当的做法应该是根据具体情况，来调节自己的语言节奏，以做到恰到好处的停顿，从而取得良好的谈话效果。

3.情理交融，声情并茂

讲话时，要把声调、表情、遣词用语所要表达的内容配合起来。例如，在讲到爱护集体利益的行为事例时，以情绪高涨的声音讲述，使用称赞、欣赏的词句，就会使大家在认识到这种行为能给集体带来好处的同时，产生一种向往、羡慕之情；在讲到不守纪律的行为事例时，以严肃的声音讲述，使用批评、警示的词句，就会使大家产生自律的认识。这样就会有感染力、号召力，使听者有了鲜明的情感倾向，鼓励听者去改正自己的不好行为，多做些有益的事情。

4. 思维敏捷，语言流畅

讲话还要注意语言的流畅性。语言是思维的外在表现，一个说话很流畅的人，通常被人认为是个思维敏捷的人，或者可以反过来说，正因为他的思维敏捷，所以他的讲话才能如此流畅。而且，语言流畅也可以很好地增加自己的自信心，同时也能获得别人的好感与信任，让人相信你的能力。

第八章

豪迈，狂人狂语显英豪

马云是一个狂人，但狂而不妄，他的狂是由实力和自信支撑起来的。正因如此，他说的话总是"语不惊人死不休"。马云的狂，是言出必行的狂，因为每当他说完之后，便会兑现承诺。这种狂，是自信，是洒脱，像智者一样，锐而不傲。

豪言壮语，敢想敢说敢做主

鲁迅先生说："其实地上本没有路，走的人多了，也便成了路。"只有第一个走过的人才能体会到成功的喜悦。马云是一个敢想敢说敢做之人，所以他的成功是必然的。

对于一般网民来说，淘宝网是认识马云以及他的阿里巴巴帝国的重要渠道。在马云庞大的阿里巴巴帝国中，淘宝网是非常草根的一个商业项目，据说网店店主超过了千万。马云在创立阿里巴巴之初说过一句豪言壮语："我们要让几千个人成为百万富翁，让几十万家企业赚到钱，让上百万的创业者成功。"现在看来，马云的确实现了那时的诺言，他这句话里面的提到的数字，现在都可以在后面加上一个零。

"每天盈利一百万"，这是2004年马云提出的观点，而2005年其更推进了一步，"每天纳税一百万"。

"将互联网作为一个窗口，让数以千万计的中国中小公司从这里出发，与世界对接。"马云最早的名片上印着如此豪言壮语，他给阿里巴巴的规划是，"要做102年老店"。"1999年是阿里巴巴创始的第一年，21世纪100年，下个世纪初的一个年头，算在一起整102年。"马云解释道。

"与众不同不是我做出来的，而是我的本能。"马云如此解释自己的狂言妄语，他认为其实大家不了解他的想法，"外边的人看里边的人都是疯子，疯人院里的人看外边的人也不正常。"

2007年马云又添狂妄筹码。11月6日，阿里巴巴旗下B2B业务在香港联交所挂牌上市，融资15亿美元，创下了中国互联网公司融资规模之最，一跃成为中国互联网首个市值超过200亿美元的公司，据悉，阿里巴巴当时的冻结资金高达4500亿港元，创造了香港股市有史以来冻资最高纪录。

阿里巴巴的成功，可以说离不开马云的口才。而马云口才中最关键的一个点就是"敢"。正是因为马云"敢想"，因此造就了他"敢说"的个性。

生活中，有些人敢想不敢说，有些人敢说不敢做，其实，敢说敢做才是真性情。

很多时候，敢想敢说不仅体现了说话者本身所具有的胆量与见识，同时还能博得听众的认可。因为一个率真的人，会让人看到其最真实的一面，从而让听众臣服于其语言的魅力。

20世纪初，徐悲鸿在欧洲留学时，曾碰到一个洋人挑衅。那个洋人说："中国人愚昧无知，生来就是当亡国奴的材料，即使送到天堂深造，也成不了才！"徐悲鸿义愤填膺地回答："那好，我代表我的祖国，你代表你的国家，等学习结业时，看到底谁是人才，谁是蠢材！"一年之后，徐悲鸿的油画受到法国艺术家的好评，此后数次竞赛，他都得了第一，他的个人画展，轰动了整个巴黎美术界。这样令人惊叹的成就，是那个洋人远远不能及的。

敢说敢做是一种自信的表现。只有大胆地将自己展示出来，才能让对方迅速明白你的本意，也只有大胆地做出来，才能用你的胆量为自己打造出一条成功之路。

说话有霸气，但却不霸道

霸气，是一种舍我其谁的王者风范，是一种胸有成竹的潇洒气度，是一种蔑视丑恶的坦荡胸怀。人是应该有一点儿霸气的，特别是领导者，说话时带点儿霸气，不但可以威慑对手，还能够激发下属的斗志，众志成城。马云在阿里巴巴员工大会上曾说过："要么第一，要么第二，绝不做第三。"从这里我们就可以看到一个领导者的王者风范。

要想成为出类拔萃的人物，只靠幻想与希望是没有用的，说话要有霸气，并具备良好的心理素质。相信自己能成功，你才可能真的成功。如果连想都不敢想，那你永远无法取得成就。从这个角度来说，我们可以想象到霸气的重要性。因为有霸气的人才敢异想天开，才敢放开手脚去拼搏闯荡，才能创造出惊人的成绩来。这也正是对马云的真实写照。

在2012年"中国经济年度人物"颁奖典礼的现场，马云和王健林先生曾经有过一次对赌，两人当场抛出了一亿元的赌局，使得当时这场赌局成为后来很多人关注的焦点。让我们来回顾一下当时的情形：

王健林："电商是一种新模式，确实非常厉害，特别是马云做了以后，大家要记住中国电商只有马云一家在盈利，而且占了95%以上的份额，他很厉害。但是我不认为电商出来后，传统零售渠道就一定会死。"

马云："我先告诉所有像王总这样从事传统零售的人一个好消息，电商不可能完全取代零售行业，同时也告诉你们一个坏消息，它会基本取代你们。"

王健林："我跟大家透露一个小秘密，其实对这个问题，我跟马云先生既是探讨学习，也是在争论。我跟他有一赌，今天在公开场合说出来，2022年，也就是10年后，如果电商在整个零售行业占了50%的份额，我给他一亿，如果还没到，他给我一亿。"

马云回应称："电商不想取代谁、摧毁谁，而是要建立透明、开放、公平、公正的商业环境。真正创造一万亿的不是马云，而是今天你可能不会回头看的店小二，在街上不会点头的快递人员，他们正在改变今天的中国经济。所以我不是取代你，而是帮助他们取代你。"

从两人的对话中可以看出，马云说话是十分自信、有霸气的，但又有些内敛，既肯定了自己对未来电商行业形势的看好，又十分委婉地反驳了王健林的意见，可见马云的这番豪言壮语表明了他对未来局面走势的掌控能力。

有霸气，并非就要盛气凌人，对人颐指气使，压得人喘不过气或故意和对方过不去。如果与对方发生矛盾或冲突，不择手段地对对方进行攻击、诬蔑，就会导致矛盾激化，使问题更加难以解决。这是不理智的霸气者的一些做法，而真正有霸气的人是不会这样做的。真正有霸气的人常常不与对方发生正面冲突，而是采取迂回战术，妥善、巧妙地处理矛盾，以理征服对方，以情打动对方，根据对方的个性特点，因人施计。这样，往往就能取得理想的效果。

在赌约之后，马云参加了《问话》栏目的一次访谈。话题依旧是围绕着大家所瞩目的那个赌约进行，但是马云坚持自己的态度毫不动摇，而且言语之中的那股子霸气依旧十足。

问："王健林先生说出一亿元的赌局的时候，你吃惊吗？你们之前有过一些私下的沟通或者就这个问题探讨过吗？"

马云："其实在那前一天我们有过争论，然后他说赌，但是没说数目。听到一亿我也吓了一大跳，我觉得赌一块钱可以，在亿万观众面前赌一亿，我觉得我们是在那儿豪赌。"

问："对赌局谁赢谁输，自己有多大把握？"

马云："我不跟任何人赌没有把握的事。这个是因为不懂才会赌，赌了一亿。10年以后，我觉得如果各位还不认为10年以后，这个零售行业或者传统行业会被互联网电子商务冲击到50%的话，我估计只是因为他刚刚进入这个领域而已。电子商务绝对不是一种生意模式，它是一次生活方式的变革。10年以后，结局只会比我们想象的更加可怕，因为它摧毁的不是一种商业模式，它摧毁的是一种旧的思考，它是社会的进步，所以是不可逆转的，所以这个赌王健林还是不赌为好。电子商务的目的不是去消灭谁、推翻谁，而是建立未来我们认为更加公平、更加透明、更加平等的商业生态环境。其实我们今天说这个企业打败那个企业，那个企业打败这个企业，一点儿意义也没有。就是换句话说，一头羊把其他的公羊打败了，觉得自己天下第一了，狼一看，'咔'，把它咬死了。所以这是瞎搞、瞎整，因为它完全是两种不同思维方式的作战。"

马云的话中充满着自信，但是从中我们却并没有看出傲慢的情绪。马云认为，霸气不应该是专横无礼的野蛮，亦不应该是粗俗愚蠢的鲁莽。霸气应该来自对于胸有成竹的信心，来自对事业的胆大心细和游刃有余。霸气不是自私冷酷的高傲，亦不是狐假虎威的凶残，它是一种底气十足的说话方式，一种果敢有担当的做事态度。也许正是因为这样，马云的话才总是能感染着每一个听众，使他成为大家都喜爱的成功者。

在说话的气势上压倒对方

一个人说话有没有力量，能否震慑他人，并不在于用词是否妥当，只要能够自圆其说即可。因为很多时候看问题的角度不同，观点就不同，而你所要考虑的不是别人会怎样看你和你的观点，而是如何清楚地表达你的观点，并且认为你的观点就是对的，然后大声且有气势地说出来。即使他人有不同的观点，也会被你的气势所压住，并且受到影响，认为你说的就是对的。

众所周知，马云并不是一个长相俊朗的人，但他说话做事、举手投足间却很有分寸、很有气势。

在适当的场合表达自己的强势，不但能为自己争取到主动权，还能向对手展现自己的自信心，给对方一定的威慑。马云在提及阿里巴巴与eBay易趣的竞争时，表现得是非常有底气的，并且一开始就使用了一副王者的口吻，向记者述说了自己完胜竞争对手的信心。话语之中所透露的那几分强势，对记者来说也是十分具有威慑力。

生活中，很多人不喜欢强势的人，因为强势的人说话总是居高临下、咄咄逼人，让人倍感压力。但事实上，在某些特殊的场合，如果我们能够运用强势的口吻加深自己的威慑气势，那么就有可能起到反败为胜的作用。

《孙子兵法》中有云："不战而屈人之兵"，所谓用气势压倒对手，说的就是这个道理。无论是在政治、金融还是商业活动中，只要你能在气势上略胜一筹，就能达到先声夺人的效果。

轻重适宜，亦刚亦柔

曾国藩说："太柔弱就没有力量，太刚硬就容易折断。刚与柔相互调和，才是天地之间永恒不变之道。"谈话也应如此，措辞太强硬就会激化矛盾，太软弱又不能争取到应有的权利。所以说刚柔相济才是高超的谈话之道。

马云十分喜欢太极，他不仅将太极之法运用到企业的管理中，就连说话的方式也秉承着太极之道。在演讲或应答媒体的提问时，马云不仅将代表刚性的犀利表现得淋漓尽致，同时又释放出了柔性的爽朗与豪气。

在一次答记者问中，有位记者提问马云："在电子商务如此发达、淘宝席卷全国的时候，阿里巴巴有没有专门的针对内地不发达地区的扶持计划？对他们有没有建设性的意见，他们应该朝哪些方面发展，有没有针对性更强的计划？"

对此，马云这样答道："我们不是政府，每次政府说对某个地方开始实行针对性政策的时候，我觉得基本上都不靠谱。就像很多地方的发展很有意思，这个行业本来发展很好的，突然有一个市长去当小组领导，他3个月才抽出时间来开一个会议，这个事情就搞不好了。我觉得今天的企业要以公益的心态、商业的手法经营。如果以商业的心态、公益的手法那就基本乱套了。我觉得要想帮助别人，自己首先要强大。"

"我有一个朋友，刚开始做淘宝的时候，他在做生意，我说你把这个放到淘宝上卖，他说这个破东西不行的。去年他来找我，我说有点晚了。假如说我们对，麻烦是挺大的，1%的人反对我，就有300万人反对我了。我们开始支持内地，外地也说我们当年支持你，你现在过河拆桥了吧？你支持了沿海地区的人，内地的人又说你一点儿公益心都没有，所以说不容易！"

面对记者的提问，马云刚开始时表现得比较肯定，因为记者的问题并没有确定的答案，因此马云先用稍微硬朗的口吻来阐述政策实施的不确定性，另外又用柔和的语气来讲解公益性计划的难处，面面俱到，语言犀利却并不失柔和。

很多时候，有刚有柔、进退自如的口才不仅能帮助人们避免正面回答一些重要问题的尴尬，还能使谈判达到令人相对满意的结果，这种说话方式能让你自身气势不减退一毫，又能在无形中让对方的气焰减退三分。

1986年，就引进新式生产设备问题，广东玻璃厂与美国欧文斯公司开始了谈判。我方坚持部分引进这条生产线，而美方代表却坚持要买就买全套。我方代表看在眼里，急在心里，一定要把处于僵局的谈判扭转过来。为了缓和气氛，我方代表微笑着变换了话题："你们欧文斯的技术、设备和工程师都是世界上第一流的，你们用最好的设备帮助我们成为全国第一，这不但对我们有利，对你们更有利。我们厂的外汇的确有限，不能买全套设备，国内能生产的，就不打算进口了，现在你们也知道，如果你们不尽快和我们达成协议，不投入最先进的设备和技术，那么你们就会失去中国市场，人家也会笑话欧文斯公司的无能。"这段话巧妙之处有三：一是我方的诚恳赞扬，激发和满足了对方虚荣心的需要；二是我方如实地诉说了自己缺少外汇的苦衷；三是设身处地为对方着想，晓以利弊。故而发生了奇妙的效应：美方放弃了原先的方案，双方很快达成了协议，广东玻璃厂为国家节约了大笔外汇，购回了关键的、世界一流的先进设备。

在这个事例中，我方代表采用刚柔相济的方法，在谈话中既有顺耳动听的好言好语，又有尖锐犀利的言辞，向对方表明自己既有诚恳、友好的合作态度，又坚持原则，无所畏惧。不卑不亢，有理有节，终使美方同意了我方的要求。

有时，一味的好言相劝，可能达不到目的，如果以怒制怒，可能会更激化矛盾。这时，不妨刚柔并济，既坚持原则不让步，又网开一面留有余地，往往会收到很好的效果。

有位女打字员，打字时总是不注意标点符号，办公室主任非常生气，他批评了很多次，但还是一点儿作用也没有。有一天，主任看到女打字员穿了件新衣服，就对她说："你今天穿了这样一套漂亮的衣服，更显示了你的美丽大方。"女打字员忽然听到主任对她这样的赞美，受宠若惊。主任接着说："特别是这排纽扣，点缀得恰到好处。文章中的标点符号，和你衣服上的扣子是一样的，发挥了它的作用，文章才能够表达得更形象或者说更加清楚。"从那以后，这位女打字员就改正了她的缺点，很少出现以前的错误了。

在上例中，如果办公室主任直言责备，虽然也可以让打字员改正错误，但她心中难免会有一些抵触，于是办公室主任绕了一个圈，先夸奖其衣服漂亮，让她高兴，再责备她的不足，这样对方就能比较愉快地接受了。在批评与夸奖之间，也显示了一刚一柔的说话之道。生活中难免要给他人提出意见，如果措辞太强硬，往往会引起对方的反感，如果太委婉，又不能"治病救人"。所以"大棒加蜜枣"似的刚柔并济是提出意见的技巧。

其实，刚柔并济的说话方式就跟打太极一样，有刚有柔才会打得出行云流水般的好太极。同样的，如果我们能够巧妙地运用语言中的柔韧性，那么我们必然会在得到对方尊重的同时达到自己的目的。

傲骨不可无，傲气不可有

艺术大师徐悲鸿曾说过："人不可有傲气，但不可无傲骨。"这句话道出了一个深刻的人生哲理。 的确，人不可有傲气。有了傲气的人，说话往往会自命不凡，认为自己能干，比别人高出一筹，从而目中无人。

马云是一个有傲骨但无傲气之人。他曾经说过："如果大家想成功就必须疯狂一点，你必须有很大的梦想，要有精神，并且要有很好的战略。"马云身上显现出的傲骨与疯狂是业内外公认的，但是我们从马云的身上却并没有见到任何傲气。孙正义曾经这样评价他说："当我一开始遇到马云的时候，我对他说，你会成为一个英雄。你的名字所能达到的高度，将会与雅虎的杨致远、微软的比尔·盖茨一样。"

有一次，马云接受央视"新闻会客厅"栏目访问。

主持人问："你觉得别人说你是疯子、骗子、狂人，对你来说是某种程度上的冤枉吗？"

马云回答说："在我自己看来，我并不是疯子，我也不是狂人，我更不是骗子。"

主持人又问："但人家说你的时候你怎么看，你只是笑笑而已吗？'

马云说："我觉得挺好，你得用结果去证明你不是，1995年我们做互联网，人家认为我们在说一个不存在的故事，但是到1995年8月份，中国电信一推出互联网的时候，就证明了这世界确实有互联网存在，别人都不相信电子商务，不相信中国的B2B和全世界B2B能够存在的时候，我们花了四年时间来证明B2B确实有市场，直到今天我们已经证明。我们今天提出来，我们希望把这个公司带成全世界最好的公司。别人认为你太狂妄，你竟然想打进世界500强？想想也不要钱的，想想也不犯罪，你连想都不想怎么去做？你想了以后，然后一步一步踏实地建立优秀的梯队。人家说你是狂人，你天天去解释你不是狂人；人家说你是疯子，你天天解释你不是疯子，那你就没时间做事儿了。"

马云说话纵然有几分狂妄，但仔细品味，又不乏谦虚质朴，给人一种低调的感觉。他说话和缓亲切，还带有一些探讨的口气，没有盛气凌人的感觉。

清代文学家张潮说："傲骨不可无，傲心不可有。无傲骨则近于鄙夫，有傲心不得为君子。"人是需要有傲骨的，有傲骨才有志气，才有信心，才有顽强不屈的精神，才能迎难而上。正如马云，在刚开始做互联网时，就因为怀有这样一份傲骨，因此能够一直坚守自己的事业，不为旁人之言所动摇。他在用自己的言行努力证明着这份坚持的同时，也让人看到了他胸中那颗跳动着的充满活力的心。

傲骨，是不动声色、虚怀若谷的自然流露，很难让人看得见、摸得着，是"人不可貌相，海水不可斗量"的真实写照；傲气，是哗众取宠、盛气凌人的表演，举手投足，惟妙惟肖，是"不可一世，趾高气扬"的最好诠释。

三国时期的祢衡，自幼聪明伶俐，对事物有辨别能力，有过目成诵、耳闻不忘之才能，成年后，尤显博学多识，但却有狂妄自大、恃才傲物的性格。当时的大司马北海太守孔融很器重祢衡的才华和抱负，就把他推荐给曹操。

曹操早闻祢衡狂妄自大，于是便派人把祢衡叫来，想当面侮辱他一回，打击他狂傲的气焰。祢衡拜见曹操时，曹操大大咧咧地坐在座位上，不起身，也不让祢衡坐，把他当成不值得看重、尊敬的下属，想以此羞辱对方，从而提高自己的地位。

不料祢衡连看也不看曹操一眼，却仰天长叹："天地间虽然阔大，怎么竟连一个人也没有！"

"我手下有几十个人，都是当代英雄！你怎说没人？！"曹操不快地责问。

祢衡微笑，问："愿听您说说。"

曹操昂然介绍："荀彧、荀攸、郭嘉、程昱，智谋深远，就是萧何、陈平这两位汉初名臣也无法与之相比；张辽、许褚、李典、乐进，勇不可当，虽是岑彭、马武之类的猛士也不及他们；其余，像吕虔、满宠、于禁、徐晃、夏侯惇、曹子孝，都可谓天下奇才、人间英烈，你能说我这里没有人吗？！"

祢衡冷笑道："这些人，我都了解。你那几个谋士文官，像荀彧、荀攸、郭嘉、程昱之流，不过只能干点儿吊丧看坟、关门闭户的杂役；张辽、许褚、乐进、李典之辈，也只配放马送信、磨刀铸剑、砌墙杀狗；至于其他人，更是酒囊饭袋、衣服架子而已！没一个算正经人物！"

曹操怒问："你有什么本事？"

"我上知天文，下晓地理，三教九流无所不晓，故典史籍无所不通。心怀大志，能拯救天下。岂是和你们这帮俗人相提并论的？！"祢衡回答道。

当时武将张辽在曹操身边，听了十分愤怒，拔剑要杀祢衡。

曹操制止住张辽，冷冷地说："这个狂妄的家伙，虽没真正治世救国的本事，却在文人间骗了个虚名。今天我们要杀了他，天下读书人定会诽谤我不能容人。他不是自以为天下第一能人吗？好，我就让他当我的一名鼓手，看他羞不羞！"

祢衡并不推辞，立即答应充当近于仆役的鼓手。

第二天，曹操大宴宾客，令祢衡站在厅前打鼓助兴。

祢衡穿一身破衣烂衫来到雍容华贵的宴会厅。左右众人喝道："为什么不换衣服？！"

祢衡当着众宾客的面，在大厅之上脱光了所有衣服，赤条条一丝不挂，昂然而立。曹操大怒："你怎敢朝堂之上，赤身裸体地污辱大臣，失礼天下？！"祢衡哈哈大笑："欺君犯上才是失礼。我暴露出父母给我的本来面目，有什么不光彩？你敢把你的里里外外全不掩遮地暴露在众人眼前吗？"接着不容曹操答话，就一面击鼓，一面历数曹操的罪过丑行，痛快淋漓地骂了起来。

曹操怒视祢衡良久，忽然笑了笑："我马上派你到刘表处，作为我的专使说他来降。你有才华，曹某也最重天下人才。等你完成这个任务回来，我可以让你做公卿，以示我求贤若渴之诚意。"

祢衡并不称谢，受命而去。祢衡到了荆州刘表处，仍是一派名士风度、狂妄自大，对刘表也讽讥、责骂，一如既往。刘表很恼火，便让他再去另一个地方军阀黄祖处任职。

祢衡到了黄祖那里，起初黄祖对于祢衡还是相当信任的，委任祢衡做文书工作。然而不久，祢衡狂妄自大的老毛病又犯了，在一次酒醉之后，他骂了黄祖，黄祖一动怒，就砍了他的头，死时才26岁。

祢衡的确有才，但恃才傲物、狂妄自大，终招杀身之祸，这不能不说是一个大教训。

所谓恃才傲物，就是指自恃才高，傲视他人。人之所以产生傲气，往往是因为自己高估自己，把持不住自己。一个有傲气的人，是粗俗的。因为他盛气凌人，摆出趾高气扬、不可一世的俗态，只会让人敬而远之，或避而躲之。傲慢实际上就是一种无知的表现，这样的人庸俗浅薄，狭隘偏见，惹人厌烦。

富兰克林年轻时很骄纵，言行举止之间经常咄咄逼人，狂妄得不可一世，后来有一位朋友将他叫到面前，用很温和的语言对他说："你从来都不考虑尊重他人，什么事都自以为是，别人受了几次难堪后，谁还愿听你夸耀的言论呢？你的朋友们将一个个远离你。你再也不能从别人那里获得学识与经验，而你现在所掌握的知识和学问，在我看来，还是太有限了。"

富兰克林听了这番话后，很受震动，决心痛改前非。从那以后，他处处注意，言语行为谦恭和婉，慎防损害别人的尊严和面子，不久，他便从一个被人敌视、无人愿意与之交往的人，变为极受人们欢迎的成功人物。

傲气不可有，傲骨不可无。傲骨是一种动力、一种美德，折射出的是一个人的人格。有了傲骨就有了原则和立场，就会处理任何复杂的事情，赢取人的尊重，同时也是做人应有的风范。而傲气是一种表象，虽有势而实空，盛气凌人，傲慢自负，自我感觉良好，也许某一方面高人一等，或者并无过人之处，只是虚张声势，故弄玄虚。所以，一个人要想在事业上取得成功，就必须把傲气拒之门外，把傲骨迎入门中。

第九章

个性，永远不做大多数

俗话说：一样米养百样人。在口语表达中，每个人都有不尽相同的说话方式。而一个人的说话方式在一定程度上直接反映了他的个性特点。马云一直被人们称为特立独行的狂人，一张口就让人感觉与众不同。

打破常规，反其道而说之

马云似乎天生有着一种逆向思维，别人这样，我偏要选择另外一条路，而且走得比别人都通畅。所以他有句口头禅叫"倒立看世界，一切皆有可能"。马云为什么能够成功？这一点我们无法去做真正的解密。但从他说话的方式上来看，我们或许会得到一些启示。

阿里巴巴的成功让马云站在了聚光灯下，但是面对采访自己的记者，马云却打破常规，反其道而言："创业真的是这样，一百家公司去创业，九十九家死亡，还有一家半死不活。阿里巴巴是运气太好。我们成功是因为我们能干吗？你们看看比我们能干的有多少……有的人比我们更起早贪黑，但是什么都没有得到。"

很多人觉得马云在《赢在中国》说得很有道理，但是马云却说："我觉得那些都是屁话，不是因为我能干，而是阿里巴巴集团给我带来光环。阿里巴巴的业绩、阿里巴巴的团队、阿里巴巴的集体，使得我出去讲话有人要听。这个我们一定要懂，你能干不是因为你，而是你的团队，你以前的团队，你今天的团队，你的团队使你讲话有人听。"

近几年，"80后"、"90后"员工的管理问题一直是企业热议的焦点。对此，一向善于打破常规、逆向思维的马云，在一封给新员工的公开信中一改往日在媒体中赞扬"80后"、"90后""社会的进步就是永远敢问敢想"的姿态，直言"入职阿里巴巴不满3年的新员工要听话"，同时告诫入职未满一年的员工"千万别给我写(有关阿里巴巴发展)战略报告"。马云用这种正话反说的方式来刺激员工积极向上。

在一些本应循规蹈矩的事实面前，马云往往总是那个能够打破常规说话的人，这在于他拥有异于常人的逆向思维。

逆向思维也叫求异思维，是一种重要的思维方式。人们习惯于沿着事物发展的方向去思考问题并寻求解决办法。逆向思维是对已成定论的事物或观点反过来思考的一种思维方式。"反其道而思之"，从问题的相反面探索，得出新观点。利用这种方式说话，往往会取得意想不到的效果。

有一所学校，每年都要举行一次智力竞赛。这一年，智力竞赛又拉开了序幕。报名参加比赛的有几百名学生，竞争非常激烈。终于，全校百里挑一选出了6名最聪明的学生，大家都等着看哪一位能获得第一名。

校长把参加决赛的6名选手带进教学楼第一层，指着6间教室，又指指大门，说："我现在把你们分别关在6间教室，门外有人把守。我看你们谁有办法，只说一句话，就能让门外的警卫把你放出去。不过有两个条件：一、不准硬闯出门；二、即便放出来，也不能让警卫跟着你。"校长说完，微微一笑："好了，孩子们，请吧！"

6位学生各自走进了一间教室，思考着如何用一句话就能让警卫叔叔放自己走出大门。然而，3个小时过去了，却没有一个人发出声响。正在这时，有个学生很惭愧地低声对警卫叔叔说："警卫叔叔，这场比赛太难了，我不想参加这场竞赛了，请您让我出去吧。"警卫听了，打开了房门，让他走了出来。看着这个临阵退缩的小家伙垂头丧气地走出了大门，警卫惋惜地摇摇头。

然而走出大门的小家伙随即又回来了，他走到大厅里，对校长说："校长，您看，按您的要求，我办到了！"校长伸出手一下抱起了这个孩子，高兴地说："孩子，你是这次竞赛的胜出者！你是最最聪明的！"

此例中的主人公运用了逆向思维，以退为进，很轻松地赢得了"最聪明的孩子"的称号。有的时候，退并不是真的退，而是为了更好地进，学会这种以退为进的策略，就能够将正常思维所不能解决的问题迎刃而解。

很多时候，成功的契机往往在于逆向的思维。逆向思维就是违背常理，从反面进行探索问题和解决问题的思维。

美国著名小说家马克·吐温在小说《镀金时代》中揭露了美国政府的腐败和政客、资本家的卑鄙无耻。小说一经发表就引起了轰动，在答记者问时，马克·吐温说道："美国国会中，有些议员是狗娘养的。"此话一发表，各报转载，全国哗然。外国报刊也刊登了这则消息。

美国国会议员暴怒起来，群起而围攻马克·吐温。他们认为这是人身攻击，坚决要求马克·吐温公开澄清问题并道歉，否则将采用法律手段以中伤罪起诉。当时，马克·吐温的处境可想而知。这一事件成为众人的关注点。

过了几天，马克·吐温在《纽约时报》上刊登了致联邦议员的道歉启事："日前鄙人在酒会答记者问时发言，说：'美国国会中有些议员是狗娘养的。'事后有人向我兴师问罪。我考虑再三，觉得此话不恰当，而且不符合事实。故特此登报声明，把我的话修改如下：'美国国会中，有些议员不是狗娘养的。'"

这一段"道歉启事"登出之后，轩然大波突然风平浪静。不难看出，马克·吐温只是在原话里加了一个"不"字。难以想象的是，这一个"不"字竟然拥有如此强大的力量。

前一句话说"有些是"，因其未指出是谁，故议员人人自危。后来这句话改为"有些不是"，议员们自然都认为自己不是，何必还去管它。否则，再纠缠下去，不是自找屎盆扣自己吗？

文学大师马克·吐温以自己的超人智慧平息了这场轩然大波。他的这种智慧即"正话反说，贬义褒用"。通过这种手法，一方面，捉弄了一些令人痛恨的议员。另一方面，又使部分因他的这句话而对他怀有敌意的人原谅了他。

生活中，我们不是不会打破常规，只是常规牵制住我们罢了。如果能够反其道而行之，可取得意想不到的效果。所以，我们不妨学一点逆向思维，突破常人的思维定式，不迷信权威，独辟蹊径，换一个角度，从相反的方向、相反的途径去说服别人。

故意"唱反调"

所谓唱反调，就是发表与对方完全对立的言论。通常情况下，人们是讨厌唱反调的人的，因为没有人喜欢一个总是和自己对立的人。但是有时，唱反调也是一种语言技巧。在某些商业场合，尤其是在谈判场合，巧妙地使用唱反调的技巧，也许会产生颠覆性的效果。

1999年10月，国际知名的网络投资皇帝孙正义联合中国国内的几家机构搞了一个项目评估会，打算挑选一些有潜力的公司进行投资，马云代表最初创建的阿里巴巴，被安排与其见面。当时，马云只有6分钟的发言时间，不过显而易见，马云的语言天赋在此时发挥了巨大作用，孙正义在听了他的介绍后，立即做出了投资的决定。

孙正义对马云说："马云，我一定要投资阿里巴巴。你需要多少钱？"

马云回答："我不缺钱。"

孙正义问："不缺钱你来干什么？"

马云回答："又不是我要找你，是人家叫我来见你的。"

越是得不到的，越是想要得到。马云这种唱反调的回答策略，反而进一步刺激了孙正义。临走时，孙正义请马云去日本的时候一定要和他当面详谈。

没多久，马云到东京和孙正义谈具体的融资细节。一见面，孙正义单刀直入："我们怎么谈？"

这一次，马云再次利用语言技巧达到了他的目标。他说："钱不是问题，但你必须同意我的三个条件。第一，希望你亲自做这个项目；第二，你要用自己口袋里的钱投阿里巴巴；第三，公司的运作必须以客户为中心，以阿里巴巴的长远发展为中心，不能只顾风险投资的眼前利益。"

几分钟内，双方就达成了协议。2000年1月，双方正式签约，软银投入2000万美元帮助阿里巴巴拓展全球业务，同时在日本和韩国建立合资企业。

在面对孙正义这个投资大亨时，马云并没有表现出大多数创业者那样积极的态度，反而用一种很傲气的语言跟孙正义唱反调，结果谈话效果出乎意料，因为马云的态度刺激到了孙正义，因此得到第二次与他见面的机会，而拥有这次机会表明马云已经一只脚迈进了成功的大门，这就是一种语言策略。

在人际沟通中，不一定任何情况下都要顺着别人说话，有时偶尔跟对方唱唱反调、针锋相对，反而会起到意想不到的效果。

唱反调就是有不同的声音，唱反调不是不好。唐朝名相狄仁杰反对武则天，武则天反而用他为相；唐太宗也经常听魏征的谏言。

一个人能够容许反调的存在，说明他有肚量；而一个人会巧妙地唱反调，说明他有智慧。很多时候，如果正面地与对方唱反调，会遭到对方的反感，此时你不妨采用正话反说的方式，迂回地与对方唱反调，往往会产生出奇制胜的效果。

楚庄王很爱马，他最喜欢的一匹马死了，他非常伤心，下令以上等棺木、大夫的礼节厚葬死马。文臣武将纷纷劝阻也无济于事，最后楚庄王还下决心说："谁敢再劝阻，一定处死。"

显然，无论以怎样的言辞规劝，只要一说"不"，必是自取其辱。优孟知道了，直入宫门，仰天大哭，楚庄王对此很纳闷，迫不及待地问他是怎么回事。优孟说："那马是大王最喜欢的，却只用大夫的礼节安葬它，未免有点寒酸了，请用君王的礼节吧！"楚庄王越听越想知道理由，优孟继续说："请以美玉雕成棺，让各国使节共同举哀，以最高的礼仪祭祀它。让各国诸侯听到后，都知道大王把马看得比人都重要。"至此楚庄王恍然大悟，赶紧请教优孟如何弥补自己的过失。最后，楚庄王把那匹马的肉煮熟了请各位大臣食用。

优孟作为臣子，如果他直陈利弊，凛然赴义，固然令人肃然起敬。然而他正话反说，力挽狂澜，所做所言不是起到了更好的作用吗？

在说服别人的艺术中，反语是一种极端的迂回术。正话反说便是以彻底的委婉，欲擒故纵，找到合适的讲话角度，达到比直言陈说更为有效的说服效果。

运用反话正说，最重要的一点在于处理好一反一正的关系。在交谈中，打算对对方进行否定时，先来一个肯定，也就是在表达形式上，似乎是肯定的，但在肯定的形式中却巧妙地蕴藏着否定的内容。说时还要注意，要一本正经、煞有介事，使对方产生听下去的兴趣。然后，再以肯定的形式抖出反话的内容，与原先说的正话形成强烈的反差与对比，从而产生鲜明的讽刺意味，增加说服的效果。

不按套路出牌

马云曾经谈到如何演讲："演讲最忌讳的就是遵循套路，像演出一样演一场。只要你讲了自己的感受，别人就愿意听。"所以，马云演讲时常常是即兴发挥，从来不打草稿，力求做到形散而神不散。

阿里巴巴并购雅虎中国后，马云在第一次和员工的正式见面会上，抛出了自己的"懒人"理论。

为了让员工们认同自己的观点，也是为了继续宣扬快乐的精神。马云开始在古今中外寻找更有说服力的例子。于是他接下来说：

"比尔·盖茨，这个世界上最富有的人，他上学时懒得读书，他就退学了，他当了个程序员，又因为懒得记那些复杂的OS命令，于是，他就编了个图形的界面程序，于是全世界的电脑都长着相同的脸；可口可乐的老板实在太懒了，弄点儿糖精加上凉水，装瓶就卖，于是全世界有人的地方，大家都在喝那种像血一样颜色的液体；麦当劳的老板因为懒得学习精美的法国大餐，于是弄两片破面包夹块牛肉就卖，结果全世界都能看到那个'M'的标志；必胜客的老板更懒，因为懒得把馅饼的馅儿装进去，就直接撒在发面饼上面就卖，结果大家管那叫Pizza……"

马云接着把话题转到工作上来："回到我们的工作中，看看你公司里每天最早来最晚走、一天像发条一样忙个不停的人，他是不是工资最低的？那个每天游手好闲、没事就发呆的家伙，是不是工资最高？据说还有不少公司的股票呢！我以上所举的例子，只是想说明一个问题，这个世界实际上是靠懒人来支撑的。世界如此精彩都是拜懒人所赐。现在你应该知道你不成功的主要原因了吧！"

马云这次妙趣横生的演讲，是给雅虎员工上的一堂课，旨在向他们宣扬阿里巴巴的企业文化。阿里巴巴认为"客户是懒人"，于是规定了要以"客户第一"，替客户着想，这是阿里巴巴的企业文化。雅虎中国的员工必须要认同这一文化，以顾客为导向。

马云的演讲能打动人，就在于他能坦诚地将自己的思想观点与根据失败总结的经验分享给听众，并且这些经验都是有事实可依的。很多时候，他的话题并没有遵循一定的逻辑顺序，而是心中想到哪儿，就论述到哪儿，这样的穿插演讲很受听众喜爱。

关于口才这门学问，很多时候不必拘泥于一种形式，尤其是在与他人交谈或演说时，不按常理出牌，打破一些束缚，随意发挥，往往会取得意想不到的效果。

赖特问题是奥巴马竞选之路上遇到的最为棘手的问题之一，这位66岁的黑人牧师曾引领奥巴马成为基督教徒，成为奥巴马22年的精神导师，但他同时也非常痛恨美国白人，甚至说"9·11"事件是上帝对美国的诅咒。等到奥巴马出来竞选总统的时候，就被对手抓住了把柄。这时，如果换作我们一般人的话，可能会向全美国老百姓道歉，痛骂牧师一顿，跟他划清界限。但结果不是这样。

2008年3月18日，奥巴马在费城发表演讲"一个更完美的联邦"，第一句话就是：对不起，我不能跟那个黑人牧师断绝关系。此话一出，全场都愣住了。他接着说："正如同我不能够断绝我和我的白人外祖母的关系是一样的，我的外祖母从小把我带大，她是一个白人，可是她也常常告诉我她有多痛恨黑人。因此，我要接受我的外祖母，也要接受我的牧师，因为那就是美国的一部分，是我不可能脱离的。但是这个牧师犯了一个错误，不是他偏激的种族言论，这不是他最大的错误，他最大的错误是他忘了美国是一个不断进步的国家，美国是一个会改变的国家。"

而"改变"这个词就是他竞选的纲要。奥巴马的演讲获得了全世界的赞赏，大家甚至认为"一个更完美的联邦"跟林肯的就职宣言同样伟大。这篇演讲完全征服了美国人的心。

说话应该有自己独特的风格，展示出自己的个性。在这个崇尚个性的时代，你说的话应该有自己独特的风格。倘若每个人说话的风格都相同，生活就会变得十分无趣。

遗憾的是，生活中经常会见到这样的人，他们是人云亦云的代表，别人怎样说话他们就怎样说话。别人慷慨陈词，他们也跟着粗声大气；别人说话声情并茂，他也跟着拿腔拿调。最终的结果只能是东施效颦，引人发笑。

齐白石曾经说过："学我者生，似我者死。"唯有剑走偏锋、超越前人才能得到真正的进步。说话也是如此。从此刻开始，学着用自己的方式去说话，形成你自己与众不同的风格。唯有这样，你才能被别人记住、认可。

直言不讳，敢于说真话说实话

　　这个世界上会说话的人很多，但是敢说真话、敢说实话的人却不多。因为说真话意味着可能会因此而得罪他人，招来不必要的麻烦，但是如若就此便将真话弃之如敝屣，那么你在他人心中建立起的信任度便会大打折扣了。

　　创立阿里巴巴这么多年来，马云独树一帜的沟通方式便是讲真话，讲实话。马云说："真话最难讲也最容易讲。真话听起来永远令人不爽，但是它又是最爽的。"

　　2001年，一名网友问马云："为什么你做公关这么强？我在海外看到的第一个介绍中国互联网的报道就是关于阿里巴巴的，请介绍一些秘诀。"

　　马云说："唯一的秘诀是——永远讲真话，不管在什么地方，什么时候，永远说你心里想的。不为了迎合媒体，讲他们爱听的话或者欺骗他们。如果你现在撒一个谎，你将来可能会忘了，等人家再问你的时候，你不得不圆谎，这会让你很痛苦。所有人都喜欢诚实的人，但是不是所有的人在任何时候都说真话。如果你这么做了，你就显得与众不同。"

　　2003年，马云在接受《财富人生》节目访谈时，还曾说过这样一段话："我先说说我们活下来的三个原因：第一我们没有钱；第二我不懂技术；第三永远不做计划！

　　"学生都特别喜欢我的方式。因为我说如果你们希望听假话，我可以跟大家讲得很虚伪。但是我相信这儿所有的年轻人跟我一样，希望听真话。所以我跟他们进行了彻底坦诚的沟通。世界上最难的是讲真话，最容易讲的也是真话，所以你跟他们讲真话的时候他们会听，他们都是聪明人。哈佛也拒绝了很多聪明人，所以我每次去哈佛总是会骂一些人，骂他们是因为爱他们，如果连骂都不骂，我就是不爱他们了。"

从马云的两次谈话中，可以看出他始终坚持用一颗赤诚之心与公众坦诚相见。或许正是因为这份真实，马云在商界才能取得良好的信誉，在商家面前才能取得良好的口碑。

在现实生活中，说真话、说实话往往是需要勇气的，著名作家梁实秋曾把"说老实话"形容为"世间骇世震俗之事"。因为实话常常是一石激起千层浪，会触动某些人敏感的神经，甚至因此而背负骂名。

唐德宗贞元年间，朝廷掌管财政收支的部门——户部的度支司打算砍伐两京官道旁边的参天古槐用来制作车辆，然后重新栽上小树。他们下了一道公文给渭南县尉张造，要他派人执行砍伐任务。张造接到公文后，感到十分为难。他认为：两京官道上的古槐是风景树，历史久远，不应当砍伐。于是，他把自己的意见和想法如实向上级做了汇报，并形成书面意见送达朝廷。唐德宗觉得张造说得很有道理，下令度支司收回成命。

张造只是一个小小的县尉，他究竟说了和写了什么话，竟使高层完全站在自己一边呢？据唐朝李肇《唐国史补》所记，这段话的大意是：

"最近接到度支司的文件，要我们砍伐两京官道上的槐树用来造车。想造车，难道就没有其他好木材吗？如果要称赞和颂扬这些树的历史，那真是非常久远了。上古神尧皇帝入关的时候，就在这些树下休息过；玄宗皇帝去泰山祭祀的时候，看到这些雄伟挺拔的大树，也曾赞叹不已，特意立碑以资纪念。如今几百上千年过去了，名山大川依然如故，大地原野颜色未改。召公曾经休息过的地方，尚且要进行重点保护；先皇游览观赏过的古树，怎么可以想砍伐就砍伐呢？我们既要思念故人，也要爱护树木，这是《诗经》上说过的话，也是大家都懂得的道理，现在要我派人拿起斧头砍伐这些树木，实在于心不忍，无论如何下不了手！"

很显然，张造是从两京官道上古槐的历史说起的，为了让度支司的官员们能够理解和懂得保护这些古槐的意义，张造还故意把历史上的几位名人与这些古槐联系起来，以便突出它们的特殊历史价值和纪念意义。

张造的据理力争，终于使皇帝受到感动，站出来为他说话。经过这件事后，唐德宗发现张造是个敢说真话且很有口才的人，没过多久，就把他调到御史台工作，让他担任谏官，专事言职。

敢说真话不仅是一种勇气，更是一种担当。敢于说真话、说实话，不怕得罪人，才能对得起自己的良心。当然，敢说真话不是乱"放炮"，而是以负责任的态度，带着建设性的目的说话。

战国时，魏文侯和一群士大夫在闲谈。文侯问他们："你们看我是怎样的一位国君？"许多人都答道："您是仁厚的国君。"可一位叫翟璜的人却回答说："你不是仁厚的国君。"文侯追问："何以见得？"翟璜有根有据地答道："你攻下了中山之后，不拿来分封给兄弟，却封给了自己的长子，显然出于自私的目的，所以我说你并不仁厚。"一席话说得文侯恼羞成怒，立刻令翟璜滚出去，翟璜若无其事地昂然离去。文侯仍不甘心，他又接着问任痤："我究竟是怎样的一个国君？"任痤答道："您的确是位仁厚之君。"文侯更加疑惑了。任痤说："我听说过，凡是一位仁厚的国君，其臣子一定刚直，敢说真话，刚才翟璜的一番话说得很正直，而不是阿谀奉承之词，因此，我知道他的君主是位宽厚的人。"文侯听了，觉得言之有理，连声说："不错，不错。"立即让人把翟璜请了回来，而且拜他为上卿。

石悦曾经有句话说得好："历经磨难，矢志不移，叫作信念。不畏强权，虽死无惧，叫作勇气。"往往只有一个内心正派、时刻燃烧着希望之火的人，才能在众人敢怒不敢言的时候，勇敢地站出来，揭露事情的本质和真相。

其实，每一个人都应当说真话，至少不说假话。要把敢说真话作为追求，把不说假话作为底线，这是做人的原则，也是说话的原则。说真话关键在一个"敢"字，敢于说出真相，并承担相应的后果。就像列宁所说的："必须有勇气正视无情的真理。"

以子之矛，攻子之盾

我们都知道"自相矛盾"的故事。事实上，这个故事中包含着十分朴素又非常深刻的处世道理和说话的技巧。

以子之矛攻子之盾，就是要抓住对方的逻辑矛盾和论证破绽，巧妙地加以引申和铺陈，使其观点中的某些谬误和蒙蔽之识的荒唐性和片面性得到再现，从而使对方能够反观自身，得以自悟。下面，让我们看看马云是如何运用这种方法反驳对方的提问的。

2011年对于马云来说可谓是个多事之秋，因为就在这一年阿里巴巴旗下的淘宝状况不断。7月初马云紧急从美国飞回杭州，约见全国主流媒体就淘宝事件进行澄清说明。

在专访现场，马云逐一反驳所谓淘宝商城提高门槛服务费是"过河拆桥"，甚至是为传闻中的收购雅虎做现金准备的说法。

"有人说阿里巴巴不了解小企业，不关注小企业的生死。我想问，国内有哪个公司或者哪个机构，能够站出来说比我们更了解小企业，比我们更能够直接了解小企业发展的现状和问题？这12年来，阿里巴巴的发展与中国小企业的发展荣辱与共，我深以为傲！

"淘宝运营九年来，至今仍然坚持免费开店策略，我们从不指望靠淘宝商城挣钱，但我们要求所有的商家必须要确保这个平台的整体品质，赚到钱的重要基础就是所有的商家必须能给消费者提供有品质的商品和服务。"

马云说："淘宝网发展壮大至今，对阿里人来说，更是个责任。淘宝网每年仅运营成本就超过70亿元。淘宝平台今年交易规模将达到6000亿元，培育了逾800万的商家，每年直接、间接提供200万个就业机会。如果有一天淘宝网关门了，哪怕是关停一天，其后果将不堪设想。所以我们必须要采取一切确保品质的措施，这也是淘宝商城提高品质门槛的初衷。"

马云的反击推理并没有咄咄逼人的气势，反而利用公众对自己的质疑来进行设问并阐述自己的观点。这样一来，即便是对着公众与媒体，他也有气势与底气。

在谈话或辩论的过程中，如果我们能够抓住对方的逻辑矛盾和论证破绽，巧妙地进行推理反击，使其观点中的某些谬误得到再现，那么对方的观点也就会不攻自破了，这样一来定然能使对方反观自身，得以自悟。

林肯是美国第十六任总统，他在当选总统之前，是美国著名的大律师。

当时，有一位叫阿姆斯壮的人，被法庭指控谋财害命，林肯出庭为他进行辩护。

此案的原告是一位有钱人，他收买了一位名叫福尔逊的人做伪证。在法庭上，福尔逊发誓他亲眼看见被告开枪杀人，被告一时有口难辩。

林肯仔细研究全部案卷，调查了案发现场，掌握了大量确凿的证据。在法庭上和原告进行辩论时，他运用了丰富的自然知识和严密的逻辑推理，施展他高超的说话技巧，揭穿了证人的谎言，终于使被告得以无罪释放。

林肯首先问证人："你确定开枪杀人的果真是阿姆斯壮吗？"

福尔逊答："是的，我可以把手放在《圣经》上发誓。"

"你当时是在草堆后面，而被告是在大树下，对吗？"

"是的！"

"草堆和大树之间有30米的距离，你确信没有看错人吗？"

"没有，我看得清楚，因为当时月光很亮。"

林肯又问道："你敢肯定不是从衣着或身材上确认的吗？"

福尔逊："不是，我看见了他的脸，因为那时月光正好照在他的脸上，我看见他脸上充满杀气，拿枪的手不停地颤抖。"

"那你能说出当时确切的时间吗？"

"当然可以，因为我回到屋里时，闹钟正好响起，时间是深夜11点。"

林肯马上面对听众和法官说："可敬的法官和陪审团，我敢百分之百地说，这名证人是个彻头彻尾的骗子。他一口咬定他在10月18日晚上11点时，在明亮的月光下看清楚被告的脸。请各位想一想，按照天文历法来计算，10月18日那天晚上应该是弦月，到了晚上11点时，月亮就不见了，哪里还有明亮的月光？再者，假设证人对时间有些糊涂，那时月光还很亮，但他站的方位是东边，被告人站的是西边，月光应该从西边往东边照射。如果被告脸朝大树，月光可以照在他的脸上，但证人只能看到被告的背影而不是他的脸。如果被告面对着证人，月光只能照到被告的后脑，证人又怎么能看到被告被月光照射的脸呢？"

林肯的话一讲完，全场掌声雷动，连法官也不禁微微点头称是。

林肯的说话策略，其实就是所谓的"以子之矛，攻子之盾"的战术。

利用矛盾，是论辩中常用的技法。在论辩中，通过分析对方的论辩，抓住其中自相矛盾的地方加以揭露，从揭露对方论辩中的荒谬之处，使其目的不能得逞。

在《古今谭概》中，记述了这样一个故事：

齐宣王斩杀了谋叛之臣齐国大夫邴石父，并准备灭其九族，赶尽杀绝。邴石父的族人就跑来求救于艾子。于是，艾子来到齐宣王面前，问道："谋叛的只是邴石父一人，他的宗族有什么罪要被杀呢？"

齐宣王说："这是先王的法度，不敢废掉，法典上明明白白地写着'与叛同宗者杀无赦'。"

艾子说："我也知道大王是不得已而为之的。我听说以前公子巫在邯郸投降了秦国，公子巫不是大王的舅舅吗？那么大王也是叛臣的族人，按照法典也该连坐，希望大王马上自尽吧，不要因为爱惜自身而破坏了先王的法度。"

说罢，便从怀中掏出一根绳子来，郑重其事地献给齐宣王。

齐宣王哭笑不得，只好说："先生，算了吧，我赦免他们就是了！"

这个故事里，艾子运用了"以子之矛攻子之盾"的说服方式，他没有直接劝说齐王赦免邴石父及其族人，而是紧紧抓住了齐王的话，把"与叛同宗者杀无赦"的话作为判断的标准和原则，并引申到齐王本人身上，从而得出了"齐王当自尽"的荒唐结论。自然，齐王是不会也不能自杀的，那么，他只能对自己的那段论据做灵活处置了。就这样，艾子达到了劝谏齐王、救人生命的目的。

因为是反击推理之语，所以我们在运用"以子之矛，攻子之盾"这一方法时，还得注意语气是否适当，措辞是否委婉。毕竟反击之语谁都不愿意听，而且有时候还涉及对方的尊严与权威等问题，这是值得我们注意的。

敢于拒绝，敢于说不

拒绝是一门人生的学问，也是一门人生的艺术。所以，一位哲人说："学会了拒绝，是一个人成熟的标志之一。"

做人有底线，做事有原则，这是一个人在社会上能够生存得游刃有余的铁律。这个铁律告诉我们，做人做事都要适当地学会拒绝，对一些自己不能做、不该做的事都要敢于拒绝，这是维护自身尊严、保证自己利益的重要手段，工作、生活甚至于做企业莫不如此。

那个时候，风险投资商们都知道阿里巴巴并没有赚钱，而且缺钱，因为某些网络公司是"烧钱"的主儿，庞大的运营费用终会将马云压得喘不过气来。幸运的是，马云的全球巡回演讲起到了一箭双雕的作用。马云知道，唯有做到控制市场、占有资本两全，才能积聚底气，高枕无忧地享受阿里巴巴蒸蒸日上的未来。

1999年7月的一天，马云在湖畔花园那个房子的客厅里接了个电话，然后看了看正在公司的人，对彭蕾说："你和我一起出去一趟好吗？"

于是他们就一起走了。到了外面彭蕾才知道，马云和她是要去见投资人。但是她和马云一样没什么准备，她带了一个普通的本子，马云干脆什么都没带就过去了。

例行的寒暄过后，谈判很快进入了实质性的问题。可是马云不满意股份比例，于是马云提议让会议暂时停一下，对投资经理们说："我们要出去走走。"

马云和彭蕾下了世贸的电梯，走到就在旁边的曙光路上。一开始马云默不作声，过了很久他突然问了一句话："你觉得怎么样？"彭蕾说："马云，公司账上没钱了。"

马云不吭声，又走了一段，说："好了，我们回去吧。"到了饭店的房间里，马云对对方说："我们认为阿里巴巴的总价值是我们所认为的那样，你们的看法与我们的差距太大，所以看来我们无法合作。"就这样结束了这次谈判。彭蕾还记得谈判结束后她随马云乘电梯时还是和对方的一个人一起的。在电梯里那个人还特别遗憾地对他们说："你们错过了一个机会。"

一个名不见经传的阿里巴巴，何以对风险投资如此挑剔？马云解释道，他希望阿里巴巴的第一笔风险投资除了带来钱以外，还能带来更多的非资金要素，例如进一步的风险投资和其他的海外资源。为此，马云总共拒绝过38家投资商。

对于不适合企业发展的投资，即便自己深陷困境，对方给再多的钱，马云都会拒绝的。

在诱惑面前，要懂得拒绝。邓肯曾说："有德行的人之所以有德行只不过是受到的诱惑不足而已。这不是因为他们生活单调刻板，而是因为他们专心一意奔向一个目标而无暇旁顾。"拒绝是对一个人胆魄和心智的考验。如果你不会拒绝，你就无法成功地跨越生命中的障碍。

生活中，我们要敢于拒绝，也要善于拒绝，既要能够拒绝别人，又不能让对方太尴尬和难堪。一旦确定要拒绝对方，心意就要坚决，但拒绝的方法则不要过于僵硬。下面介绍几种拒绝的方式：

1.幽默的拒绝

交往中，有时会遇到不好正面拒绝对方，或者对方坚决不肯接受的要求或条件，你并不直接加以拒绝，相反全盘接受。然后根据对方的要求或条件推出一些荒谬的、不现实的结论来，从而加以否定。这种拒绝的方法，往往能产生幽默的效果。

有一个时期，苏联与挪威曾经就购买挪威鲱鱼进行了长时间的谈判。在谈判中，深知贸易谈判诀窍的挪威人，开价高得出奇。苏联的谈判代表与挪威人进行了艰苦的讨价还价，挪威人就是坚持不让步。谈判进行了一轮又一轮，代表换了一个又一个，还是没有结果。

为了解决这一贸易难题，苏联政府派柯伦泰为全权贸易代表。柯伦泰面对挪威人报出的高价，针锋相对地还了一个极低的价格，谈判像以往一样陷入僵局。挪威人并不在乎僵局。因为不管怎样，苏联人要吃鲱鱼，就得找他们买，是"姜太公钓鱼，愿者上钩"。而柯伦泰是拖不起也让不起，而且还非成功不可。情急之余，柯伦泰使用了幽默法来拒绝挪威人。

她对挪威人说："好吧！我同意你们提出的价格。如果我的政府不同意这个价格，我愿意用自己的工资来支付差额。但是，这自然要分期付款。"堂堂的绅士能把女士逼到这种地步吗？所以，在忍不住一笑之余，挪威人就一致同意将鲱鱼的价格降到一定标准。

柯伦泰用幽默法完成了她的前任们历尽千辛万苦也未能完成的工作。

2.假托直言

直言是对人信任的表现，也是与对方关系密切的标志。但是多数情况下直言反而不能收到预期的效果。在这种情况下，要拒绝、制止或反对对方的某些要求、行为时，可采取假托由于非个人的原因作为借口从而加以拒绝，这样对方就容易接受。例如：某报社的推销员登门拜访，要求你订阅他们发行的报纸，可你不想订阅。你可以很有礼貌地说："谢谢。你们的服务很周到，可是我家已经订阅了其他几家报社的报纸了，请谅解。"

3.模棱两可的拒绝

生活中大家可能都有这样的经验，当你提出某种要求时，对方既不马上反对，也不立即赞同，而是耐心细致地与你谈些与主题有关但又模模糊糊的问题，整个谈话像笼罩在烟雾之中，最后你都不明白自己是怎样被拒绝的。

同样的说话意图，不一样的说法，效果截然不同。避开实际性的问题，故意用模棱两可的语言做出具有弹性的回答，既无懈可击，又达到在要害问题上拒绝答复的目的。

说对手的好话

面对日益激烈的竞争，诋毁对手似乎是一个很正常的现象。但从长远发展来看，这样做事损人不利己。正如马云所说："真正做企业的人是没有仇人的，竞争的时候不要带仇恨，带仇恨一定失败。"

有段时间，阿里巴巴网站的出口企业用户陆续收到一些匿名传真，称美国国际反伪联盟已经把阿里巴巴定义为"世界各地假货供应商和批发商汇集的地方"，这显然是被某些对手公司幕后操控的不正当竞争行为。

对于匿名传真的来路，阿里巴巴表示，目前已经掌握了一些证据，但是，阿里巴巴并没有公开指出这一幕后黑手是谁。阿里巴巴的发言人金建杭表示："我们认为任何企业在竞争中都应该遵守基本的商业准则，靠实力竞争，特别是作为国际企业，更应该尊重各个国家的政府及企业。阿里巴巴公司将用更好地为中国和全球企业服务来证明自己的实力。"

阿里巴巴的这一声明，让业界再一次刮目相看。其实，早在营运初期，马云就制定了两个铁的规定：第一，永远不给客户回扣，谁给回扣一经查出立即开除，否则客户会对阿里巴巴失去信任；第二，永远不说竞争对手的坏话，这涉及一个公司的商业道德。

阿里巴巴是一个遵守商业道德的企业，在掌握到对手诋毁的证据后，不但没有公开指出元凶，而且依然秉承着靠实力竞争的原则。这也是马云做人做事的原则。

人类因竞争而存在，社会因竞争而发展。竞争、斗争、较劲、嫉妒充斥着我们的生活，这些隐藏在身后的暗器，常会陷你于不仁不义的境地。

余建明是从事房地产交易的一名销售人员。在工作中有一个名叫林建波的同事对他取得的业绩非常嫉妒，将他看作自己工作发展道路上的眼中钉，时常在领导面前说他的坏话。

有一次，林建波接待了一位有意向向余建明购买郊区别墅的大客户，但当时余建明因为有其他事情请假没来上班(根据房地产交易所的规定，客户一般情况下应该由第一次接待他的交易员接待)，于是林建波便带着这位客户去郊区看别墅了。

在带着客户在别墅中四处转的时候，林建波一有机会就向客户贬低余建明，说他为人虚伪狡诈，而且有过欺骗客户的案例。当时客户听完后没有说什么，可是第二天客户便打来电话，说他不准备通过这家房地产交易所购买房子了，原因是连余建明那么优秀的房屋销售员都如此不可信，那么这家公司一定不值得信赖。得知事情真相的销售经理当即决定辞退林建波，但是房地产公司的损失却难以挽回了。

我们经常听说这样一句话："不要说别人不好，而要说别人的好话。"对竞争对手的攻击往往不会达到消灭对手的目的，反而会使自己的形象大打折扣，最后受伤害的往往是自己。

不论做事还是做人，背后说人是非，暴露的是自己品德的缺失，而在攻击竞争对手的同时也会使自己失去他人的拥护。

小敏是一名化妆品销售员，她推销的化妆品主要是针对中干性肤质的客户，但是，很多时候有的客户适合用油性和敏感性肤质。每当这个时候，她会把这个客户推荐到对面的一家店，"那个品牌的化妆品更适合您的皮肤，你可以到对面的店看看……"或者针对客户的皮肤和产品特点给予最中肯的建议。

看到她的诚意，无论是对面店里的销售人员还是客户都成了她的朋友。

有时候，不失时机地夸赞竞争对手反而可以获得意想不到的结果。对竞争对手的评价，往往最能折射出一个商业人士的素质和职业操守。而保持客观公正的态度评价竞争对手，不隐藏其优势也不夸大其缺点，才能让你的客户从你的评价中了解相关信息，并敬佩你的素质和修养。

记住：攻击竞争对手，伤的是自己。不要攻击你的竞争对手，而要说他的好话！

第十章

低调，把姿态放低一些

说话时，低调一些比较好，这是一种内涵，既可以展现出自己谦逊的修养和豁达的襟怀，又能够更加客观地分析自己，了解对方，淡化别人对你的嫉妒心理，维持和谐良好的人际关系。所以，切不可目空一切，乱出狂言妄语。

朴实的语言往往最精彩

语言是情感的表达，只有情感朴素真实，语言才能朴实清新。马云说话之所以能打动人，在于他说话朴实，用实实在在的话表达出个人内心的真实感受。

马云说："我一直认为，不管做任何事都不能有功利心。我没有什么功利心，我只是想证明，我们这代人通过努力是可以做一件伟大的事情的。说归说，做还得脚踏实地，最后证明我不是狂人。七八年前大家觉得我狂，做出来就不会有人说了，我不过比别人早做了3年而已。阿里巴巴融资是为了做一番事业。要找风险投资的时候，必须跟风险投资共担风险，这样你获得投资的可能性才会更大。"这直抵人心的大白话无疑证明了一个事实：马云善于说朴实的白话。

2007年，马云在一次商业会谈中对话郭台铭，这场会谈是郭台铭第一次参加公众场合的演讲，现场的气氛很是融洽。尤其是当郭台铭演讲完，马云上台后所发表的演讲，更是直入人心。

马云说："今天我很感谢郭先生给我们做的演讲。两个月前我跟郭台铭先生说好以后，他说你要把提纲和题目给我，前天早上我们还在开电话会议讨论怎么讲，我还没见过一个知名人士准备演讲准备得这么认真。前面两次我们争论比较多一点，但是我坐在下面争论了，不断地表达自己的想法就没有时间听。我在下面一直想，有些东西让我感慨，第一他感觉到成功，我自己也觉得，我不知道什么叫成功，但我知道什么叫失败，我不敢说我们是成功的，人开始承认自己成功的时候也是开始走向失败的时候。另外一个，听了以后，我觉得我们两个有一个共同点，我一直觉得，在武功上面他像外家功夫，我像内家功夫，但是大家基本的想法是一样的，坚持啊，梦想啊，永不放弃啊，细节啊。大家都知道今天深夜两点钟郭先生还在准备今天上午的演讲稿，他对细节的处理，包括每一个字，都是他自己在做，包括昨天晚上我们在西湖谈论项目。一个不断努力的、很勤奋的、很注重细节的、很有理想的人才会走到现在。我以前对郭先生的了解也是从媒体上获得的，我觉得媒体上绝大部分东西不能相信。至少别人把我说得那么好，我没那么好，别人说我那么坏，我也没有那么坏。所以我今天在这样一个场合，把郭台铭先生介绍给大家！"

老舍先生说过，"文字不怕朴实，朴实也会生动。"质朴的语言是最美的语言，华而不实的演讲往往令人生厌。马云用简单朴实的话表达了自己的想法。尽管马云本身与郭台铭一样都是商界传奇人物，但是他却用向对手学习的口吻去谈论自己的观点，言语中对对方更是充满了敬佩与尊重。

托尔斯泰说："真正的艺术永远是十分朴素的、明白如话的、几乎可以用手触摸到的。"说话力求通俗化、口语化，如不考虑听者的接受能力，用那种文绉绉、酸溜溜的语言就既不亲切，又艰涩难懂，往往事与愿违，甚至还会闹成笑话。

有一个秀才去买柴，他对卖柴的人说："荷薪者过来！"卖柴的人听不懂"荷薪者"（担柴的人）三个字，但是听得懂"过来"两个字，于是把柴担到秀才前面。

秀才问他："其价如何？"卖柴的人听不太懂这句话，但是听得懂"价"这个字，于是就告诉秀才价钱。

秀才接着说："外实而内虚，烟多而焰少，请损之。（你的木材外表是干的，里头却是湿的，燃烧起来，会浓烟多而火焰小，请减些价钱吧。）"卖柴的人因为听不懂秀才的话，于是就担着柴走了。

故事中秀才的生活环境和文化修养显然与卖柴人有很大的差异，而秀才在与卖柴人沟通的时候，却用了很多书面语言，这些语言完全与卖柴人的语言环境没有交集，因此，秀才每讲一句话都会让农夫费解半天，所以最后双方的交易无果而终也是顺理成章的。

古书曾有一记载，说的是唐代诗人白居易写好诗后，常常读给邻居不识字的老太太听，若有不懂处则修改，直到她点头为止。正是如此，白居易的诗朴实通俗，流传极广，曾被人盛赞为"说尽世间俗语"。所以，真正富有魅力的话语，也应该是有真意、去粉饰、少做作，表现为朴素、自然之美的。朴实无华的语言是真诚心灵的表露，是美好情感的折射，因此，常常有着巨大的感染力。

事实上，语言的魅力往往来自于说话人内心是否朴实与真诚，通常，越是朴实无华的语言，越能打动人心。即便只是短短的几句话，也能够引起听众的强烈共鸣。

某企业因经营不善要倒闭，工人将面临失业，不但拿不到遣散费，连欠发的工资也兑现不了。

工人们聚集在领导办公室的门口抗议，要求领导拿出解决的办法来，情绪非常激动。

领导说："工厂就在你们眼前，你们都看到了。现在把工厂拍卖，也恐怕没有人买。就算能卖掉，也换不了几个钱，如果先还上银行贷款，大家还是分文拿不到。怎么办？把领导绑起来？把厂里的产品抢回家？把机器、厂房砸烂还是烧掉，让公安局抓去坐牢，还是冷静善后处理呢？"

聪明的领导在一连串的问话后，接着说："工厂是大家的。人人都是老板。现在我们组成专案委员会，把工厂按比例分给大家，大家都是股东，都是老板。少拿点儿薪水，努力工作，撑几个月看看。赚了，是大家的。赔了，再关门也不迟。你们想想，现在把工厂砸了，什么也拿不到，不如自己当老板，继续做做看。"

领导在详细地分析了利害关系后，工人想了想，觉得厂长说得有道理，于是听从了领导的劝说，纷纷集资入股重新干了起来。大家都把工厂当作自己的事来做，特别卖力，经过一段时间的经营，工厂居然起死回生，扭亏为盈，不但还上了债务，工人还分到了红利。

该领导讲话淳朴实在，赢得了工人们的认同。可见，朴实的语言往往会给人留下仁厚的印象，让人觉得值得信赖，于是听者往往会对说者产生强烈的好感。所以说，要想真正地打动他人，未必一定要用华丽的辞藻去赞美。朴实的语言更能让人信服，听者更易认真思考和接受，有的人甚至会为此改变人生。

谚语里曾说："真诚贵于珠宝，信实乃人民之珍。"事实上，说得最多的、辞藻最华丽的人，并不一定是最受欢迎的人；讲得最顺畅、最激情澎湃的演讲也并不一定就是成功的演讲，如果谈话缺少真诚，言之无物，那么说得再精彩也会失去吸引力。很多时候，朴实方显真诚，朴实才真正能够打动人。只有真情实感的话语，说出的一字一句才会犹如滋润万物的甘露，点点滴入听者的心田。

说话要用尊重的口气

说话艺术的核心在于对别人表示尊重。古人云："尊人者，人尊之"，只有尊重自己的交往对象，交往对象才会尊重你。在互相尊重的氛围下，沟通才能顺利进行。哲学家威廉·詹姆士说过："潜藏在人们内心深处的最深层次的动力，是想被人承认、想受人尊重的欲望。"渴望受人喜爱、受人尊敬、受人崇拜，这是人类天生的本性。但是，有取必有予，我们希望获得些什么，也就必须首先付出些什么。我们希望获得别人的尊重，就要求我们先学会尊重他人，这样我们才能获得别人的尊重。

2008年4月，马云经过劳累奔波，出现在湖畔学院发表三期讲话。因为中途有些事情被耽搁，来到现场时大家都已经等了很久了。面对在场的各位听众，马云首先做出了解释："不好意思，让大家等了很久。说好四点半到的。这一趟确实跑得比较远，后面我会跑得更多一点儿。这次我从北京去了博鳌论坛，龙永图本来就是我们的董事，他说APEC(亚太经济合作组织)有你，达沃斯有你，博鳌更不能不去。龙董说了这句话，那还是得去。

"去的人比较多，各国领导人去了11个。这次我想阿里巴巴的影响越来越大，外界对我们的关注也是越来越多。我参加了两个论坛，也是被龙董叫去，我本来不想做任何发言，不想说任何话，但是龙董说改革三十年，每个人都要讲。

"每个人都把自己三十年前和现在的照片挂在墙上。我没有带照片过去，我想再过十年挂到墙上去。改革头十年，改革后十年，改革再后十年，我们算哪一年。头十年，中国接受改革开放的思想，后面两个十年，中国融入世界经济，特别是最近十年，中国企业走出去了。"

对于自己的迟到，马云首先致歉于听众，这不仅是对各位听众的尊重，更是有礼貌的表现。马云接着的解释似乎带了点儿幽默的成分，却依旧是在诚恳地向大家解释自己迟到的原因，希望得到大家的谅解。面对马云的这番诚恳，还有谁会埋怨呢？

现实生活中，我们要学会尊重每一个人，无论一个人的身份和工作多么卑微，穿着或长相有多么寒酸，我们都应尊重他，这是我们应该具备的良好品质。要知道，尊重没有高低贵贱之分，而且尊重别人就是在尊重自己。

迈克曾因不尊重他人付出了沉重的代价。迈克是一家小服装公司的老板，其公司产品大都通过一家外贸公司销往国外。迈克与这家外贸公司长期合作，保持着很好的业务往来。外贸公司的胖子经理就如同迈克的财神爷一样受到迈克的欢迎。

在一次谈判中，迈克极力劝说外贸公司和他们扩大贸易范围，但胖子经理就是不答应。迈克费尽了口舌，依然一无所获。此时，迈克恼羞成怒，胖子经理刚走，他就对手下人说："你看那胖子，往公司大门口一站，蚊子就只有侧着身子才能过来。"恰巧这时胖子经理回来取忘了拿的手机，正好听到了迈克的嘲讽。

　　胖子经理望了望迈克，拿起东西就走了，迈克甚是尴尬。之后他多次想方设法赔礼道歉，但胖子经理始终没有原谅他。这样，他们两家公司也就逐渐减少了合作，直至分道扬镳。迈克为此损失甚多。

　　有时，我们都希望赢得别人的尊重，却往往忽视了尊重别人。"己所不欲，勿施于人"，是尊重他人的基本原则。心理学研究表明，人都有受尊敬的欲望，并且交友和受尊重的希望都非常强烈。人们渴望自立，成为家庭和社会中真正的一员，平等地同他人进行沟通。如果你能以平等的姿态与人沟通，对方会觉得受到尊重而对你产生好感；相反的，如果你自觉高人一等、居高临下、盛气凌人地与人沟通，对方会感到自尊受到了伤害而拒绝与你交往。

　　这是发生在美国纽约曼哈顿的真实故事。

　　一天，一位40多岁的中年女人领着一个小男孩走进美国著名企业巨象集团总部大厦楼下的花园，在一张长椅上坐下来。她不停地在跟男孩说着什么，似乎很生气的样子。不远处有一位头发花白的老人正在修剪灌木。

　　忽然，中年女人从随身提包里拉出一团白花花的卫生纸，一甩手将它抛到老人刚修剪过的灌木上面。老人诧异地转过头朝中年女人看了一眼，中年女人满不在乎地看着他。老人什么话也没有说，走过去拿起那团卫生纸，把它扔进了一旁装垃圾的筐子里。

　　过了一会儿，中年女人又拉出一团卫生纸扔了过来。老人再次走过去把那团卫生纸拾起来扔到筐子里，然后回到原处继续工作。可是，老人刚拿起剪刀，第三团卫生纸又落在了他眼前的灌木上……就这样，老人一连捡了那中年女人扔过来的六七团纸，但他始终没有因此露出不满和厌烦的神色。

　　"你看见了吧！"中年女人指了指修剪灌木的老人对男孩大声说道，"我希望你明白，你如果现在不好好上学，将来就跟他一样没出息，只能做这些卑微低贱的工作！"

老人听见后放下剪刀走过来，和颜悦色地对中年女人说："夫人，这里是集团的私家花园，按规定只有集团员工才能进来。"

"那当然，我是巨象集团所属的一家公司的部门经理，就在这座大厦里工作！"中年女人高傲地说道，同时掏出一张证件朝老人晃了晃。

"我能借你的手机用一下吗？"老人沉默了一会儿说。

中年女人极不情愿地把手机递给老人，同时又不失时机地开导儿子："你看这些穷人，这么大年纪了连手机也买不起。你今后一定要努力啊！"

老人打完电话后把手机还给了妇人。很快一名男子匆匆走过来，恭恭敬敬地站在老人面前。老人对来人说："我现在提议免去这位女士在巨象集团的职务！""是，我立刻按您的指示去办！"那人连声应道。

老人吩咐完后径直朝小男孩走去，他伸手抚摸了一下男孩的头，意味深长地说："我希望你明白，在这世界上最重要的是要学会尊重每一个人。"说完，老人缓缓而去。中年女人被眼前骤然发生的事情惊呆了。她认识那个男子，他是巨象集团主管任免各级员工的一个高级职员。"你……你怎么会对这个老园工那么尊敬呢？"她大惑不解地问。

"你说什么？老园工？他是集团总裁詹姆斯先生！"中年女人一下子瘫坐在长椅上。

这个故事进一步说明只有真正学会尊重他人、尊重身边的每一个人，才能得到他人的尊重，最终才不会使自己受到损失。

任何人都有自尊和被人尊重的需要。如果你不能满足他人的这种最基本、最简单的需要，他人也肯定不愿意与你相处。

我们活在这世上，人人都需要别人的尊重与认可，当你主动尊重别人，给人以真诚、温暖与鼓励的时候，他们也将用同样的方式对待你。

一句古语说得好："君子敬而无失，与人恭而有礼。"只有尊敬别人才能换来别人对你的尊敬，只有互相尊敬才能互相受益。

善于聆听的人才是高手

有这样一个小故事：

曾经有个小国家派使者到中国来，进贡了三个一模一样的金人，金碧辉煌，把皇帝高兴坏了。可是这个小国家不厚道，同时出了一道题目：这三个金人哪个最有价值？

皇帝想了许多的办法，请来珠宝匠检查，重量、做工都是一模一样的。怎么办？使者还等着回去汇报呢。

最后，有一位退位的老臣说他有办法。

皇帝将使者请到大殿，老臣胸有成竹地拿着三根稻草，插入第一个金人的耳朵里，这稻草从另一边耳朵出来了。第二个金人的稻草从嘴巴里直接掉出来，而第三个金人，稻草进去后掉进了肚子，什么响动也没有。老臣说：第三个金人最有价值！使者默默无语。

虽然三个金人都有各自的价值，但是第三个金人却因为善于倾听别人的意见而价值最大。这个故事告诉我们：最能说的人，不一定是最有价值的人。老天给我们两只耳朵一个嘴巴，本来就是让我们多听少说的。

沟通的基础是倾听。不重视、不善于倾听就是不重视、不善于沟通。沟通就是要用心倾听对方的谈话。在沟通中，马云很善于让自己处于蓄势待发的优势地位，这种优势主要源于马云自己成功的说话之道，他说："走出自己的逻辑，善于倾听别人的人容易成功；永远活在自己逻辑中的人是走不远的。"

1999年，马云因为在中国外经贸部做网站已经在互联网界小有名气，因此，他有幸收到了当时在新加坡召开的全亚洲电子商务大会的邀请。

当时的亚洲电子商务大会，虽然号称"亚洲大会"，但是到场的亚洲人却并没有多少，相反，倒是金发碧眼的欧洲人居多，甚至占到了整个与会人数的80%。这种情况至少证明了一点：当时的亚洲，整个电子商务界几乎都还没有开始起步，不然大会也不会花重金邀请一些西方人前来高谈阔论。

既然西方人居多，那么大会上所谈最多的当然是欧洲电子商务。当这些西方人侃侃而谈eBay、亚马逊时，台下认真聆听的马云却不动声色地坐在一旁暗暗观察与思考。当轮到自己发言的时候，马云没有片刻犹豫，用流利的英语说道："亚洲电子商务步入了一个误区。亚洲是亚洲，美国是美国，现在的电子商务全是美国模式，亚洲应该有自己独特的模式。"

在亚洲电子商务大会上，当大家都在谈论自己的观点、陈述自己的见解时，马云却聪明地选择了旁观、倾听、分析他人的对话，然后结合自己的思考，从而冷静地分析把控当前的局势，在大会的最后一鸣惊人。这种善于倾听的方式，实乃马云的过人之处。

倾听是了解别人的重要途径。倾听是一种能力，也是一种技巧。每个人都可以通过耐心练习来锻炼这项能力，给人留下良好的第一印象。

学会倾听就是学会一种美德、一种修养、一种气度。一个谦虚好学的人，一个懂得善待他人的人，一个会反思的人，永远懂得倾听！在人与人的交往中，倾听是一个不可缺少的能力，它甚至比交谈还要重要。

美国汽车推销之王乔·吉拉德曾有一次深刻的体验。一次，某位名人来向他买车，他推荐了一种最好的车型给这位名人。那人对车很满意，并掏出现钞准备付款，眼看就要成交了，对方却突然变卦离去。

乔·吉拉德为此事懊恼了一下午，百思不得其解。到了晚上11点他忍不住打电话给那人："您好！我是乔·吉拉德，今天下午我曾经向您介绍一部新车，为何您眼看就要买下，却突然走了？"

"喂，你知道现在是什么时候吗？"

"非常抱歉，我知道现在已经是晚上11点钟了，但是我检讨了一下午，实在想不出自己错在哪里了，因此特地打电话向您讨教。"

"真的吗？"

"肺腑之言！"

"很好！你在用心听我说话吗？"

"非常用心！"

"可是今天下午你根本没有用心听我说话。就在签字之前，我提到我的吉米即将进入密歇根大学念医科，我还提到他的学科成绩、运动能力以及他将来的抱负，我以他为荣，但是你却毫无反应。"

乔·吉拉德不记得对方曾说过这些事，因为他当时根本没有注意。乔·吉拉德认为已经谈妥那笔生意了，他不但无心听对方说什么，反而在听办公室内另一位推销员讲笑话。这件事让他领悟到"听"的重要性，让他认识到如果不能自始至终倾听对方讲话的内容，认同客户的心理感受，就会失去自己的客户。

一个讲话者总希望他的听众听完他发表的意见，如果你对此漫不经心或者毫不在乎，这就在一定程度上伤害了他的自尊心，他原来对你的好感也会顷刻化为乌有。如果你要在沟通中赢得他人的好感，那么你首先要做到的便是用心地倾听。正如一位心理学家所说："以同情和理解的心情倾听别人的谈话，我认为这是维系人际关系、保持友谊的最有效的方法。"

外国有句谚语："用十秒钟的时间讲，用十分钟的时间听。"倾听是人际交往中的制胜法宝。一个在人群中滔滔不绝的人或许很容易得到大家的尊敬和钦佩，可是一个懂得倾听并善于鼓励别人的人，能更容易得到他人的好感和信任。

基德是威廉见到的最受欢迎的人士之一，他总能受到邀请参加一些私人聚会。

一天晚上，威廉碰巧到一个朋友家参加一次小型社交活动。他发现基德和一个漂亮女孩坐在一个角落里。出于好奇，威廉远远地注视了他们一段时间。威廉发现那位年轻女士一直在说，而基德好像一句话也没说。他只是有时笑一笑，点一点头，仅此而已。几小时后，他们起身，谢过男女主人，走了。

第二天，威廉见到基德时禁不住问道：

"昨天晚上我看见你和最迷人的女孩在一起。她好像完全被你吸引住了。你怎么抓住她的注意力的？"

"很简单。"基德说，"有个朋友把她介绍给我认识后，我只对她说：'你的皮肤晒得真漂亮，在冬季也这么漂亮，是怎么做到的？你去哪呢？阿卡普尔科还是夏威夷？'

"'夏威夷。'她说，'夏威夷永远都风景如画。'

"'你能把一切都告诉我吗？'我说。

"'当然。'她回答。我们就找了个安静的角落，接下去的两个小时她一直在谈夏威夷。

"今天早晨，那个女孩打电话给我，说她很喜欢我陪她。她说很想再见到我，因为我是最有意思的谈伴。但说实话，我整个晚上没说几句话。"

看出基德受欢迎的秘诀了吗？很简单，基德只是让那个女孩谈自己。他对每个人都这样说："请告诉我这一切。"这足以让一般人激动好几个小时。人们喜欢基德就因为他注意他们。

由此可见，专注认真地倾听别人谈话，向对方表示你的友善和兴趣，这样做的最大好处就是深得人心，能使双方感情相通，休戚与共，增加信任度。

在谈话过程中，你若耐心倾听对方谈话，就等于告诉对方："你说的东西很有价值"或"你值得我结交"，等于表示你对对方有兴趣。同时，这也使对方感到他的自尊得到了满足。由此，说者对听者的感情也更进一步了，"他能理解我"、"他真的成了我的知己"。于是，两人心灵的距离缩短了，只要时机成熟，两个人就会很谈得来。

人们都喜欢善于倾听的人，倾听是使人受欢迎的基本技巧。人们被倾听的需要，远远大于倾听别人的需要。倾听是心与心的交流。只有善于倾听的人，才会赢得更多的朋友。

有一种口才叫谦虚

人们常说："天不言自高，地不言自厚。"自己有无本事，本事有多大，别人都看得见，用不着自己去吹嘘。古今中外那些先哲伟人，即使取得了令人瞩目的成绩，也绝少有人恃才傲物，相反，他们倒是非常自知而且谦虚的。

成功之后的马云总是这样说："如果我马云能够创业成功，那么我相信中国80%的年轻人都能创业成功。"这句话当然是谦虚之言，却表明他已经非常成熟。

有一次，马云去参加地方与行业的网站峰会，在大会上，有人向马云提问："阿里巴巴淘宝和淘宝客给我们站长分了这么多钱，要感谢马总，感谢阿里。我不太知道马总是不是第一次参加这样的站长会议，我想问的第一个问题是，马总对于我们地方网站站长有什么感觉？"

马云答道："第一，你感谢我，我受宠若惊，我真是觉得我做阿里巴巴和淘宝客的时候，不管别人怎么看我们，我是真心地感谢这些站长。刚刚开始的时候，没有小网站和站长们的支持，阿里巴巴就活不下来，今天淘宝大了应该做一些思考。所有的活儿不是我干的，是淘宝客和阿里巴巴的工程师做的，而且阿里巴巴今天的发展也超越了我的能力范围。很多人在网上表扬我，马云你怎么那么厉害，我真的不厉害，我真的不懂互联网。我前不久开关于支付宝的会议的时候，我两天之内都听不懂他们在说什么，我心里很慌，要是两年前我知道会这么复杂的话，我可能就不会做支付宝了。无知者无畏，技术如此地复杂，我做什么工作呢？坐在那里认真地观察，认真地听，看有没有违背我们的使命和价值观，有没有违背我们答应的事情，就是做这个事情。"

这就是说话谦虚的马云。面对提问者的问题，马云的回答中并没有丝毫傲气，而是十分坦然地将功劳全部推给了自己的职员，将职员的功劳摆放在了第一位。这样的马云，不仅为自己赢得了良好的声誉，也让员工们佩服。

谦虚是高尚的品德，居功自傲最终会导致失败。成就越大的人往往说话越谦虚，成功的第一个条件便是谦虚，谦虚会使人得到尊重。谦虚、退让地说话是拥有雄心大志的表现，是正确认识客观世界的反映，无论从做人上还是语言表达上都是一种好的表现。

在奥斯卡领奖台上，著名影星英格丽·褒曼在连获两届最佳女主角奖后，又因在《东方快车谋杀案》一片中的精湛演技，获最佳女配角奖。然而，与她角逐此奖的弗伦汀娜·克蒂斯也对这个奖项充满了期待，名单揭晓后她难以掩饰内心的落寞。

在接过奖杯发表获奖感言时，英格丽·褒曼却说："其实，我觉得弗伦汀娜·克蒂斯一直表现得比我更优秀，她也是我最喜爱的演员之一，真正的获奖者应是她。"紧接着，她把目光转向弗伦汀娜·克蒂斯，真诚地说："原谅我，弗伦汀娜·克蒂斯，我事先并没有打算获胜。"

英格丽·褒曼这一句低调而谦逊的话语，马上消除了对方心里的隔阂。泪水瞬时从弗伦汀娜的脸上滚落，她们紧紧地拥抱在一起。

为了维护良好的人际关系，我们在说话的时候要考虑别人的感觉，不要让对方感觉相形见绌，而要让对方在交谈时也会有优越感。褒曼作为获奖者，没有喋喋不休地叙述自己的辉煌，没被胜利冲昏头脑，而是为自己留下更大的发展空间，对自己的对手推崇备至，维护对手的面子。无论这位对手是谁，都会感激英格丽·褒曼。她的语言风格就像她的人一样，非常有魅力。

　　爱因斯坦是20世纪世界上最伟大的科学家之一，他的相对论以及他在物理学方面的研究成果，是留给我们的一笔取之不尽、用之不竭的财富。然而，就是这样的一个人，他在有生之年不断地学习、研究，活到老，学到老。

　　有人问爱因斯坦："您可谓是物理学界空前绝后的天才，何必还要孜孜不倦地学习呢？何不舒舒服服地休息呢？"爱因斯坦并没有立即回答他这个问题，而是找来一支笔、一张纸，在纸上画上一个大圆和一个小圆，对那位年轻人说："在目前情况下，在物理学这个领域里我可能是比你懂得略多一些。正如你所知的是这个小圆，我所知的是这个大圆，然而物理学知识是无边无际的。对于小圆，它的周长小，即与未知领域的接触面小，他感受到自己未知的少；而大圆与外界接触的这一周长，所以更感到自己未知的东西多，会更加努力地去探索。"

　　1929年3月14日是爱因斯坦50岁生日。在柏林的爱因斯坦住所中，有好几篮子从世界各地寄来的祝寿的信件。

　　然而，此时的爱因斯坦却不在自己的住所里，他在几天前就到郊外的一个花匠的农舍里躲了起来。

　　爱因斯坦9岁的儿子问他："爸爸，您为什么那样有名呢？"

　　爱因斯坦听了哈哈大笑，他对儿子说："你看，瞎甲虫在球面上爬行的时候，它并不知道它走的路是弯曲的。我呢，正相反，有幸觉察到了这一点。"

　　爱因斯坦就是这样一个谦虚的人，名声越大，他就越谦虚。

　　所谓"自谦则人必服，自夸则人必疑"，才识愈高的人，说话反而愈谦卑，希望自己能精益求精，更上一层楼。相反，那些妄自尊大、过分自负的人总是喜欢炫耀自己的才能，结果引起别人的反感，最终在交往中使自己走到孤立无援的地步，别人都敬而远之，甚至厌而远之。所以，我们应该戒骄破满，做人谦虚一些、说话谦虚一些。

自曝缺点，拉近与对方的距离

在人际交往的过程中，人们总想把最好的一面展现给他人，即使有不足和缺点，也本能地伪装着，生怕被别人知道，仿佛要是有人知道他过去的"污点"，他的光辉形象就会大打折扣。这是完美主义在作怪。其实，在适当的时候，偶尔暴露一下缺点，会让你在交往中更自信，更胜一筹，更能赢得他人的喜爱和信任。

在2011年厦门会员见面会上，马云这样说：

"第一，我的题目是'把电子商务还给商人'，题目听起来很专业，但是我自己不会讲技术。电子商务这两年大家听得很多，听糊涂了，我自己也听糊涂了。今天我不是以技术专家的身份出现。我经常说，我只会用电脑做两件事：一是收发email（电子邮件），二是浏览'sina.com'和'alibaba.com'，我对技术一窍不通。

"第二，我讲的时候可能会东窜来西窜去，我自己的条理不是很清晰，这是互联网时代的一种跳跃式思维，所以大家就要将就地听，发现问题，等会儿会有半个小时的时间我们可以共同探讨一下。我刚才看了一下名片，来宾大部分是商人、总经理，还有很多优秀的年轻人。在两年内，通过所有员工的努力、会员的努力、投资者的努力，阿里巴巴得到了许多荣誉，我们连续两年被《福布斯》评为'全球最佳B2B网站'，哈佛也是连续两年把我们作为案例分析。去年我觉得哈佛大学是把我们作为泡沫的典型案例，一家公司在一年内迅速打入美国，打入欧洲，品牌树得那么大，大家都想看看这家公司还行不行，今年我们收到的报告上说：'阿里巴巴逆市而上，我们今天再度把阿里巴巴作为中国区的案例分析。'"

从这段话中，可以看出马云的沟通策略，首先，自曝一下"不懂技术"的缺点，但却拉近了和听众的距离。接着，通过自己的故事以及其他有趣的故事，增进双方的情感互动。

俗话说："金无足赤，人无完人。"一个有些缺点的人往往真实可信，容易得到他人的认可。因此真正聪明的人常常有意承认或透露一些自己无关要紧的缺点。

在一次采访中，一位记者在大庭广众之下问世界垒球球王史蒂夫·加夫："你哭过吗？"在我们的观念中，男儿流血不流泪，男儿有泪不轻弹，男儿怎么能哭呢？更何况是众人瞩目的体育明星呢！人们臆想，如果史蒂夫·加夫回答真的哭过，那么场面会很尴尬的。但是，大家都错了，他毫不掩饰轻松地回答说："哭过，我觉得在情不得已的时候掉眼泪更像个男人，因为这表现了你是一个实实在在的人，而不是一个机器。"

垒球球王史蒂夫·加夫就这样真诚地坦白了自己的真实想法，毫不保留，也不遮掩，把自己的隐私展示给了观众，但结果是，人们更加喜欢他了。

心理学家指出，一个接近完美的人如果敢于承认自己的瑕疵，他的言行将更讨人喜欢。其中的主要原因是一个过于高大而完美的人容易在人的内心产生一种压迫感，有时也会令人有一点点自卑心理。而优秀者通过坦承自己的某个小缺点或过去的某个缺点，会在无形中缓解听众的压迫感。

有一位平时在校表现并不出众,也没有多少特长的大学生到一家用人单位参加求职的面试,前来参加面试的人很多,竞争也异常激烈。但与众不同的是,他在自己的求职简历中,不仅列举了自己的优点和在校期间获得的一些荣誉及奖励,还自我揭短,把个人存在的诸如做事缺乏必要的耐心、性格有些急躁以及喜欢墨守成规、不善于与人沟通交往等缺点,明明白白写在了简历上。

负责招聘面试的公司人事部经理看了这份与众不同的求职简历,问这个大学生:"你为什么把自己的缺点都不加掩饰地写在简历上,难道你就不怕用人单位知道了你的短处而拒绝聘用你吗?"这位大学生非常坦然而真诚地回答:"人无完人,金无足赤,人都是有缺点的,正如明亮的太阳中还有黑子一样。我想,让用人单位知道自己的缺点甚至比知道优点更重要,而且只有把自己的缺点说出来,才能有决心和勇气去改掉!"

听了他简洁坦率的回答,人事部经理高兴地对他说:"祝贺你,小伙子,我们就需要你这样的人才,你被我们公司录取了!"就这样,一个勇于说出自己缺点的年轻人靠真诚战胜了其他竞争对手,脱颖而出,找到了一份称心如意的工作。

可见,适当地暴露一下个人的短处,反而会使人觉得真诚,更容易让人接受。

当然,暴露或坦白自己的缺点也要讲究策略,不能把自己的缺点全部和盘托出,这样做不但得不到上述效果,反而会破坏自己的形象。最好的办法是:适当透露自己的缺点,否则会让人感觉你一无是处。而且这些缺点必须是与人无害,不会导致别人对你宣判"死刑"的。

勇于认错是一种赢的态度

勇于认错，看起来是一道简单的命题，但在现实生活中，却是一件不容易做到的事情。认错，就意味着要对所犯的错误负责，要承担因错误所引发的一切后果，承认错误，就会给自己精神、物质等方面的利益带来损失。

古语云："知错能改，善莫大焉。"认错并不丢人，只有知耻方能后勇。某件事做错了，某句话说错了，可以开诚布公地直接向对方道歉。真诚坦白的态度才更容易得到对方的谅解。

2006年5月10日，淘宝网推出了历时半年研发出来的"招财进宝"，这项服务不仅没有获得人们的认可，还酿成了一次大的风波。马云对此事非常重视。于是，马云立即发表署名文章，就淘宝和淘友们沟通上存在的问题向卖家们道歉。与此同时，淘宝网还对"招财进宝"的价格进行了调整。

马云声明，三年不收费的承诺不会改变。目前淘宝有2800万件商品，不久甚至会有5000万件，如果按照商品上线的时间来决定商品位置的话，那么后上线商品的交易概率将大大降低，淘宝希望通过"招财进宝"这一服务维持正常的市场秩序，通过这只看不见的手调节优化市场环境。

终于，在马云诚挚的致歉和可行的挽回措施之下，这次事件终于得以平息。

古人语，"人非圣贤，孰能无过？"说的是人并不都是圣人贤达，总会有过错的时候。实际上，即使圣贤，他们也承认自己会有过错。只要是人，就难免会犯错。既然过错是不可避免的，那我们就应该学会勇于认错，主动改错，从而达到少犯错或不再犯错。勇于认错是每个人都必须具备的基本素质，应该成为我们的自觉行动，更应该成为我们开拓进取、不断前进，推动人生走向辉煌的一种动力。

春秋战国时期，秦穆公是秦国的一代仁义之君。他曾经为了向东扩张势力，派三员大将带兵偷袭郑国。由于郑国离秦国较远，当时秦国的谋士蹇叔劝秦王说："长途奔袭，士兵们肯定在未到郑国时就已疲惫不堪，况且浩浩荡荡的大军去偷袭，郑国又怎能没有准备呢？"

秦穆公不听蹇叔的意见，坚决要进攻郑国。蹇叔于是号啕大哭，因为他已料到秦国必败，而他的儿子正是三员出征大将之中的一个。

果然，郑国大商人弦高在途中遇到秦军，当他得知秦军要攻打郑国时，一面找人急速报于郑国，一面犒劳秦军，并对他们说："你们三路大军奔波这么远，浩浩荡荡，影响那么大，郑国早有准备了，你们不可能偷袭成功。"

秦军三员大将觉得弦高说的言之有理，以疲惫之师去攻打以逸待劳的郑国，肯定会损失惨重，于是，开始撤退。但是在归途中，却遭到晋军的偷袭，结果秦军全军覆没，三员大将也被俘虏了。

当秦国三员大将历经千险万阻，逃命回到秦国时，秦穆公披着缟素(孝衣)，到郊外三十里迎接他们，哭着说："委屈你们了，这一切都是我的过错啊！我不该不听蹇叔的话，而坚决让你们进攻。你们哪有罪啊？"

秦穆公勇于承认自己的错误，正是一代仁君风范的表现。他这样做丝毫无损于他的威信，相反，却让他的将士们更加信服他，更加愿意为他效劳。

哲学家西塞罗说："每个人都有错失，但只有愚者才会执迷不悟。"勇于道歉认错是智者的胸怀，也是诚信的表现。

人无完人，每个人都会犯大大小小的错误。我们对待自己错误的态度，决定了我们在别人眼中的形象。一个人有闻过则喜的胸怀，不仅不会失去威信，相反还会使形象更加高大。所以，在自己有错误的情况下，要有勇气承认错误并改正错误，而不是做缩头乌龟。

有了错误，及时纠错，能够将错误所带来的损失降低到最低限度，这是一个人必须具备的品德和修养。反之，一味地掩饰，会越抹越黑，越走越错，结果只能是失败。

一天早上，秘书张园正在忙着整理文件、安排会议时间，经理走过来递给她一封信件："张园，帮我把这封信发到上海的分公司。"张园正忙于工作，因而应了经理的话，把信接过来就直接放在了桌上。

一直忙到了中午，张园手里的工作才暂告一段落。她收拾桌上的文件时，才发现经理的那封信还好好地在那儿放着，她心中一惊，知道自己只顾着忙手里的活儿，忘了这件事情了。事已至此，张园知道只有主动向领导道歉才有可能获得他的谅解。

她来到经理的办公室，诚恳地说道："经理，真是非常抱歉。早上我只顾着手上的活儿，忘了把您的信件发出去了。我现在就去给您办这件事情，希望没有耽误您的工作。"

经理本来觉得这是张园的失误，但是看张园的认错态度比较诚恳，因而原谅了她："下次不要再出现这样的疏忽了，记得把手头的工作安排好。"

张园连声说道："谢谢经理，以后不会再出现这样的状况了，我现在立刻去给您发信。"

面对自己工作上的失误，张园没有选择逃避，而是主动去找经理认错，再加上她的态度诚恳，因而获得了经理的谅解。

错误并不可怕，可怕的是我们不能承认错误。犯了错误，怕丢面子，怕声誉受损，怕承担责任，因而不愿承认，甚至掩饰错误、知错不改，最后会失去更多，无异于犯下更大的错误。而勇于认错则是一种赢的态度，从错误中汲取到提升自己的力量，获得进步的契机，同时也能赢得别人的谅解和赞赏。

第十一章

智慧，语言贵在睿智

每一个人都能说话，但不一定会说话，有些人会说话，但不一定能睿智地说话。说话从来都不只是一种简单的行为，而是高深莫测的处世技巧和为人智慧。不经意间的谈话能够显露出一个人的才智，别人对你的第一印象也从这里开始。

拉近你我之间的距离

在人际交往中，也许你会发现，那些社交经验丰富的人们，一般很少直接跟你说"我怎么着怎么着"，都是说"我们怎么怎么样"。这样虽然有拉关系、套近乎的嫌疑，但是，这招很有效，可以称得上是人际交往的助推剂。

亨利·福特二世描述令人厌烦的行为时说："一个满嘴'我'的人，一个独占'我'字、随时随地说'我'的人，是一个不受欢迎的人。"的确如此，在人际交往中，"我"字讲得太多并过分强调，会给人突出自我、标榜自我的印象，这会在对方与你之间筑起一道防线，形成障碍，影响别人对你的认同。而"我们"这个词却可以制造彼此间的共同意识，拉近双方的距离，对促进人际关系将会有很大的帮助。

经常听演讲的人，大概都有过这样的经验，就是演讲者说"我们是否应该这样"比"我这么想"更能使你觉得与对方的距离接近。因为"我们"这个字眼，也就是要表现你也参与其中的意思，所以会令对方心中产生一种参与意识，按照心理学的说法，这种情形是"卷入效果"。

我们知道，马云是一个善于激励士气的领导者，他的豪言壮语会让很多人热情澎湃，但是只要我们细心观察就会发现，不论他演讲谈话时内心有多么炙热，他谈话的重点都没有过多地放在自己身上，而是站在一个团队的角度，用综观全局的方式来讲解通往成功之路的方法。

马云曾有这样一番谈话：

"你是阿里巴巴的员工，你拥有很多股票，身家上百万，人家看你的眼光就彻底不一样了，但是你没变，你还是你。

"我说阿里巴巴今年跟去年有什么区别？没区别。今年股票250多亿美金，今年我们看起来很伟大的样子，去年其实也差不多。有没有区别？没区别。说你变了，没变啊。

"我们今天是价值200多亿美金的公司，我们的股票每只三十几块钱。我们要很理性地知道我们值多少，我们还是昨天的我们。但我们的责任更大了，我们以前干好就是对得起两三个股东，今天光香港本地就有19万股民在买我们的股票。

"在美国，整个机构投资者有1300多家，其中600多家以前从来没有买过中国或亚洲的股票，但现在却来到亚洲买我们的股票。这是老外对中国人的信心。如果我们失败了，这是责任。

"但是我们没有变化，千万不要觉得我们已经富裕了，也千万不要认为我们就是200亿美金了。我们的股票价格很高，看似很有钱，这跟当年万元户与李自成打进北京没有区别。"

这段话是马云在阿里巴巴的员工会上所做的一番演说，为了鼓励阿里巴巴成员能够奋进，马云现场为员工们清晰地剖析了公司的整体形势，从宏观角度出发，给大家带来新的动力。马云的这段话，整体的出发点都放在"我们"这两个字上，而且并没有用"我的公司"或者"我的阿里巴巴"来向职员讲解努力的重要性，如果马云那样说话，就完全失去魅力了。

"我"和"我们"从字面来看只有一字之差，但在沟通过程中所达到的效果却截然不同，这主要在于听者的感受。"我们"表明说话的人很关注对方，站在双方共有的立场上看问题，把焦点放在对方，而不是时时以自我为中心。

有个工厂的厂长，在上级领导来工厂检查工作开座谈会的时候，他认认真真地汇报了工厂的宏伟规划和目前存在的困难。他说："我今年的产值一定要超过……，我的利润定要达到……但我的困难很多…我……我……我……"汇报时还有他的副手、中层骨干和工人在场。

　　汇报完以后，上级领导征求在座的意见，没有一个人作声。等了好大一会儿，一个工人没头没脑说了两句这样的话："我们没意见。领导怎么说我们就怎么干。"这使所有在场的人都感到十分尴尬。

　　这个工人之所以对厂长使用"领导"这个称呼，是因为厂长把工厂、大伙、集体都称为"我的"、"我"。对厂长这个常挂在嘴边的别扭的"我"字，工人们早已很反感。

　　可见，如果你一个劲地提到"我"如何如何，那么必然会引起人们的反感。如果改变一下，把"我"改为"我们"，就可以巧妙地拉近双方的距离，使对方更容易接受你和你的话。经常使用"大家"、"我们"等这类字眼，会使人感觉到很亲切。因此善用"我们"来制造彼此间的共同意识，对促进人际关系将会有很大的帮助。

　　"我"跟"我们"之间的差别，其实就是听者听了心里高兴与否。说"我们"，听者心里高兴，对自己有好处；说"我"，听者心里不高兴，对自己没什么好处。既然这样，管理者就应该多说"我们"少说"我"。

　　1.少用"我"字，尽量省略主语

　　比如："我对我们公司的员工做了一次调查统计，我发现有四成的员工对公司有不满情绪，我认为这些不满情绪来自于奖金的分配不公，我建议是不是可以……"

　　第一句用了"我"，便让主语十分明确，那么后面几句中的"我"不妨通通省去。如此一来，句子意思的表达丝毫不受影响，却能让语句显得很简洁，避免了不必要的重复，同时还使得"我"字不至于太过突出。

　　2.用平稳和缓的语调以及自然谦和的表情动作

　　具体而言，提及"我"字时不要读成重音，也不要拖长语音，目光不要咄咄逼人，表情不要眉飞色舞，神态不要扬扬得意，语气也不要过分渲染，要把表达重点放在事件的客观叙述上，而不要突出做这件事的"我"，更不要使听者感觉你高人一等，或者你是在吹嘘自己。

3.用"我们"一词代替"我"

以复数的第一人称代替单数的第一人称，可以缩短双方的心理距离，促进彼此的情感交流。例如，"我建议，今天下午……"可以改成"今天下午，我们……好吗？"

总之，少说"我"，多说"我们"，是说话的一种技巧，如果你很自然地多说"我们"、"咱们"、"大家"，必然能笼络人心，让人们更喜欢你。

善用肢体语言，为你平添无限魅力

肢体语言又称身体语言，是指经由身体的各种动作来传达人物的思想，从而代替语言借以达到表情达意的沟通目的。它是一种双向的表达和沟通方式。恰当得体地运用表情和肢体语言，能够配合语言表达人们的思想、感情和态度。

在某些情况下，肢体语言甚至可以取代话语的位置，发挥传递信息的功效。美国作家威廉·丹弗思曾有这样一段描述："当我经过一个昂首、收下颚、放平肩膀、收腹的人面前时，他对于我来说，是一个激励，我也会不由自主地站直。"

这段话道出了身体语言对他人产生微妙影响的玄机。即便在你沉默不语的时候，你的姿态、神情，已经在无声地告诉人们你是谁，并且从一定程度上决定了人们将如何对待你。

在西方的商业领域和政治领域，很多成功人士深刻理解身体语言在领导过程中的作用。国外最新的研究表明：现在的所有沟通行为中，单纯的语言成分只占17%，声调占38%，另外55%的信息都需要由非语言的肢体动作来传达。由此可见，一个善于沟通的人必定要善于运用身体语言。

马云是一个非常善于运用肢体语言的人。尤其是在演讲时，马云收紧两腮，握紧拳头，激动之处两手张开，这些独特的肢体语言不仅在阿里员工心中留下了深刻的印象，而且还成为马云演讲的一大亮点。

2010年12月，马云出现在北京对外经贸大学的图书馆报告厅里，与来自全国各地的大学生和青年网友热烈交流，分享创业心得。

马云出场的装扮很普通，明黄色的套头衫，黑色的休闲裤，但是马云刚一上场就赢得了在座人士经久不息的掌声。尽管主持人特别介绍，马云最近生病了，是带着浑身的疼痛来到现场的，但站在台上，马云却依然神态轻松，妙语连珠，并且用丰富的肢体语言和灿烂的笑容展示着他的活力与亲和力。

在活动一开始的"快问快答"环节，面对观众此起彼伏的提问，马云几乎不假思索的回应让人们看到了他一如既往的自信和敏锐。

观众："您最希望拥有哪项才华？"

马云："我最希望我对任何困难都能够不担心，对任何快乐我都不会迷失自己。"

观众："请问您最恐惧什么？"

马云(笑)："我最恐惧什么？好像没什么东西让我最恐惧。"

观众："请问您对自己外表的哪一点不满意？"

马云(抬手)："年轻的时候我挺不满意，现在我都挺满意。"

观众："对于男性身上的品质你最喜欢哪一个？"

马云："乐观地看待世界。"

观众："您最喜欢女性身上的什么品质？"

马云(微笑，眼神和蔼)："乐观地看待我。"

马云犀利的眼神、笃定的语气以及丰富的肢体动作，似乎已经成了他固定的媒体形象。每当他演讲时，眼睛中所透露出的光亮都像在释放诱人的信息，吸引着人的注意。通过这些丰富的肢体语言，不仅形成了马云在演讲时的强大气场，而且还让台下的听众内心激情澎湃。

在日常的生活中，为了进行有效地交流和沟通，我们一定要注意用一些身体语言帮助交流，否则，就算你口头上已传达了正确的信息，也无法将自己所要传达的信息全部准确送出。

李主任在某公司人事部工作，因为工作需要经常要找下属谈话，本想借此机会多了解一些员工的情况和思想动态，可下属好像都不愿意敞开心扉，每次谈话总是草草收场，就连平时下属也不太愿意和他交流。为此，李主任常常很委屈地说："其实我很注意和下级的交往，从来不打'官腔'，力争平等地对待每一个下属，也很愿意和下级沟通思想，可是为什么大家对我还是有这么强烈的生疏感呢？"

事出必有因。原来，正如李主任自己所说的那样，对来谈工作的部属，无论职务的高低，他都是热情接待，可是当开始交流的时候，李主任就显得有点心不在焉了，下级汇报工作的时候，李主任很少把目光投向下属，虽然也在认真地听，可手边总是不闲着，一会儿批批文件，一会儿看看电脑，有时下属的话还没有说完，李主任就会打断，表明下属的意思他已经明白了。于是，和他谈工作的下属也是言简意赅地把事情说完，就匆匆离去。

看来，能否恰当地运用身体语言是沟通的关键。在日常的生活中，如果你善于运用身体语言，就能把你的尊重、理解、支持和关爱无声地传递出去，收到意想不到的效果。反之，则会造成沟通的障碍。

富有艺术力的肢体语言、优雅的举止，是可以训练出来的。事实上，很多成功人士都会将培养身体语言当作一项重要的功课，并通过这种良好而有意识的训练，形成了他们优雅的举止。训练肢体语言，意味着矫正一种散漫的坏习惯，养成一种得体、有度的好习惯。如何训练良好的肢体语言呢？以下几点可以助你一臂之力。

1.目光的交流

眼睛可以反映人的情绪、态度和情感变化。俗话说，"眼睛是心灵的窗口"，人与人之间的沟通有时不需要说话，仅仅靠眼神的传递就能传情达意了。很多时候，有效的目光交流是保障沟通顺畅的润滑剂。

目光交流时，首先要注意注视的部位。在与对方沟通时应用亲切、友好的目光注视对方的面部，与对方进行直接的目光接触和交流。人的面部可以分为两个区域，额头至双眼之间是正三角区，注视这一部位表示双方谈话都处于非常严肃、认真的状态；双眼到嘴之间是倒三角区，注视这里有利于传递礼貌友好的信息。你可以根据谈话性质的不同选择不同的注视部位。其次，要注意目光停留的时间。在与对方交流时既不可以说话不看对方，也不可以直盯着对方不放，应自然、大方地与对方进行目光交流，让对方在你的目光中看到亲切、友好和自信，感受到温暖和舒适。再次，要注意注视的方式。与对方交流时应保持正视，即要直视对方，让对方感受到你的认真和对他的重视。一般平视(平等注视)会让对方感到自然亲切，不要居高临下俯视对方，更不可摆出一副不屑一顾的表情。另外，适时给予对方一些积极的目光注视既是一种尊重，也是一种鼓励，对于对方来说，你眼神中流露出的一点点赞赏，也会大大鼓励对方继续畅所欲言。

2.开放的姿态

当一个人双臂交叉在前胸的时候，往往会给他人一种明显的自我保护暗示——感到不够确定或者不够安全。这样的防御性姿势也会引发别人的戒备心理，这显然不会让你受欢迎。当然，双手交叉在背后会显得比较有信心和气势，不过在东方文化中这种讲话姿势显得有些不够谦虚谨慎。比较而言，开放性的肢体语言比较放松，容易让人亲近，例如，双臂自然下垂或者在适当的时候微屈前臂伸出双手，有谁会拒绝一个接纳的怀抱呢？如果你实在觉得开放的姿势比较困难，不妨双手交叉在腰以下，不过手不要搓来搓去，会让人感觉你不自信。

3.得体的行为

有些人在和他人的沟通过程中会有不自觉地看表、翻阅文件、乱写乱画等行为，这些做法会使对方产生你很厌烦或不感兴趣的感觉，这样的话，沟通显然是无法顺利进行的。在与对方沟通的过程中一定要专注，停下手中不相关的工作，要展现赞许性的点头和恰当的面部表情，当然也不能刻意追求效果，任何反应都不能夸张。

4.身体的接触

可以通过与他人的身体接触来实现沟通。恰当地运用身体接触，可以更好地拉近彼此的距离。比如可以用握手、拍肩膀、拥抱等方式来表达友好、鼓励、安慰等情感。不过，在使用身体接触方式时必须考虑双方的年龄、级别、性别、场合等因素，不可随心所欲、任意妄为，以免引起不必要的误会和麻烦。

用数字说话更容易让人信服

数字是一种语言符号，一种语言信息。数字能给人一种真实、具体的感觉，让对方在脑海里形成清晰的图像。如果在说服过程中能巧妙地运用数字，将会取得事半功倍的效果。

马云就是一个善于用数字的人，从下面他的讲话中我们可以看得出来：

"创业就是100个创业者里面，有95个你都不知道他们是怎么死的，你甚至不知道这95个人创过业。剩下的5个里，有4个是你看着死掉的，最后只剩下一个站在那里。

"我们阿里巴巴所经历的、大家看到的辉煌的一面只占20%，艰难的一面达80%。

"假如今天我能帮10家小企业，将来就能帮100家，未来还有10万家在等着。

"我们要做一家102年的公司，要进入全球网站的前三名。

"我认为3年到5年之内，中国经济会面临挑战，挑战最大的是中国民营企业和中小企业。

"淘宝网每年仅运营成本就超过70亿。淘宝平台今年的交易规模将达到6000亿元，培育了逾800万的商家，每年直接、间接提供200万个就业机会。如果有一天淘宝网关门了，哪怕是关停一天，其影响都会不堪设想。"

如果你想让自己的话有说服力，必须列出具体数据，仅有漂亮的外表而无内容的话是不会吸引人的，马克思说过："一种科学只有在成功地运用数学时，才算达到真正完善的地步。"说话时，借助数字和数学方法对客观事物进行精确计算和定量分析，有助于人们准确地掌握情况，进一步加深理解。因此我们应学会用数字说话。

有那么几年，全世界各地飞机经常失事，经常外出旅行讲学者感到恐惧万分。

有天有人在航空公司买机票时，开玩笑地向一位职员说："这样常常失事，有天给我碰上了，可就糟了，我看我还是自己开车子，长征讲学吧！"

这位职员不以为然地说："先生，因为飞机失事是件太严重、太不寻常的事，所以难得一次便惊坏了旅客。其实，飞机出事的比率，比起中奖券还要困难得多，简直连百万分之一都不到。"

"奖券也期期有中呀！难道飞机失事也班班有？"

"不可能，近几年，飞机引擎发生故障的概率更是相对地减少，准确地说，飞机失事的概率十亿分之一都不到。"他充满自信地解释。

这位职员这样一说明，用数字一比方，乘客镇定了，不安全感一扫而空，这乃是数字的魔力。

用数字来支持你的观点，你将更有说服力。虽然数字是枯燥无味的，但有经验的人却知道，数字自有一种非凡的力量，如果能巧妙地加以利用，就能发挥出意想不到的作用。

在推销的时候，用数字说话也有很好的作用。在推销活动中，客户对推销员本能地存在一种怀疑心理。这时候如果推销员能够拿出一系列统计数字，用数字来说话，相对来说就更容易说服客户。

亨利是一位烹调器推销员，他推销的烹调器每套价格是395美元。一次，亨利到一个城镇推销，把镇上的人叫到一块，一边示范这套烹调器，一边强调它能节省燃料费用，并把烹调好的食品散发给人们，请大家品尝。这时，一位当地有名的守财奴，一边吃着亨利烹调的食品，一边说："他的产品再好我也不会买的。"

第二天，亨利首先来敲这位守财奴的门。守财奴一见到亨利就说："见到你很高兴，但你与我都知道，我不会购买400美元一套的锅。"亨利看看他，从身上掏出1张1美元，把它撕碎扔掉，问顾客："你心疼不心疼？"守财奴对亨利的做法感到吃惊，但却说："我不心疼，你撕的是你的钱，如果你愿意，你尽管撕吧！"

亨利说："我撕的不是我的钱，我撕的是你的钱。"

守财奴一听感到很奇怪："你撕的怎么是我的钱呢？"

亨利说："你已结婚23年，对吧？"

"是的。"守财奴回答道。

"不说23年，就算20年吧，一年365天，按360天计，使用我们的烹调器烧煮食物，每天可节省1美元，360天就能节省360美元。也就是说，在过去的20年内，你没有使用烹调器，就浪费了7200美元，不就等于白白撕掉7200美元吗？"

接着，亨利盯着守财奴的眼睛，一字一句说："难道今后20年，你还要继续再撕掉7200美元吗？"

亨利把产品带给顾客的利益由抽象变为具体，把"节省"变成一个实实在在的数字，这些数字令他的推销取得了成功。因为很少有顾客会对7200美元不动心的。

用数字说话，既显得专业，又能给人以信任感。很多人都相信了数字。在美国，提供各种数字的市场调查公司，便有350家之多，而且，有1006家大的商家，其本身便设有调查部门。英国政治学家迪斯莱有过如此的名言："谎言有三种，单纯谎言、令人讨厌的谎言和数字。"在讲话中使用数字，可以将讲话内容变得更加丰富具体，使用翔实的数字、数据可以让你所说的话显得更加真实，更加有说服力。内容明确、具体、实在，才能让别人感兴趣。如果只是笼统地介绍，往往会让人觉得不可信赖。

数字的说服力是很惊人的。所以很多会说话的人在关键时刻，尤其是正规的商业场合都会借助数字来说话。

说话要留余地

《韩非子·说林》下篇中有这样一段话："刻削之道，鼻莫如大，目莫如小。鼻大可小，小不可大也；目小可大，大不可小也。举事亦然，为其不可复也，则事寡败也。"这段话以雕刻比喻为人处事的道理：鼻子刻大，还可以修得小一点，如果鼻子刻小，就没有办法补救了；同样的道理，眼睛刻得小，还可以再加大，如果把眼睛刻太大，就没法再缩小。说话亦如是，说话留有空间，便不会因为意外出现而下不了台，因而可以从容转身。

生活中的很多尴尬是由自己一手造成的。其中有一些就是因为话说得太绝造成的。凡事多些考虑，留有余地，总能给自己留条后路。这在外交辞令中是见得最多的。每个外交部发言人都不会说绝对的话，要么是"可能、也许"，要么是含糊其词，以便一旦有变故，可以有回旋余地。话不说绝对一个人老练成熟的标准。

2011年，马云曾给公司新入职的员工发了一封邮件。在邮件中，他这样写道："刚来公司不到一年的人，千万别给我写战略报告，千万别瞎提阿里巴巴发展大计，谁提谁离开！"

他要求新员工要多观察、少发言，同时要相信公司的人、使命、价值观，假如不信，可以选择离开；相信了之后，则要仔细想如何为实现公司使命做贡献，进而执行，然后才是分享。

马云说他欣赏民主气氛，追求建立自由开放的环境，但公司不缺战略，不缺主意，更不缺批判，缺的其实是把战略做出来的人，把主意变现实的人和把批判变行动的人。他要维护其设定的阿里价值观的纯洁性。

这封邮件可谓是措辞严厉，但是马云却也不是完全不留余地，他紧接着又说道："我们喜欢小建议、小完善，我们感恩你的每一个小小的完善行动。可以有不同的观点和意见，我们一定会认真倾听，虽然不一定会按你说的做。"

与人交谈，话里留下一点儿余地，不要把话说死，给双方都有回旋的余地，做到求同存异，这样的交流富有弹性，也符合人的理性，更容易取得好的结果。如果话语相逼，不留空间，把话说得绝对了，就等于把自己的后路给堵死了，双方的关系也弄僵了。

说话不留余地等于不留退路，"要么成功、要么失败"的简单逻辑已经不适合这个复杂多变的社会。为此付出的代价有时是无法承受的。与其和自己较劲，不如改变一下说话方式，多用一些不确定的词句，给自己留条退路。

比如，对于别人的请求或者领导交代的任务，可以答应接受，但是不要说一些"我保证没问题"之类的话，而应代以"我尽量、试试看"之类的字眼。这并非是我们不够热情或者没有上进心，而是生活中总免不了有这样或那样的意外，不在我们的能力控制范围内。说话留有空间，也是为了给自己留一条后路，避免自己在遇到意外时陷入尴尬。而且，这样的回答，会让人觉得你更加谨慎，而因此更信赖你。

有位教授学识渊博，气质儒雅，颇令一批批的青年学子为之倾倒，真可以说是桃李满天下了。在经商热潮的冲击下，他也跃跃欲试地兼任了一个信息与广告咨询事务所的经理。

一天，某杂志社的主编经人介绍来到教授家，教授热情而又不失礼节地接待了他，一番寒暄过后，主编道出了来意。原来，他们这个小杂志社有心搞一项文化活动，扩大自己的影响和募集一些资金，想请他出面帮帮忙。

教授仔细询问了一番后，感到还算满意似的频频点头："嗯，你们的想法很好，这样搞就对路子了，我愿意帮助那些有作为的年轻人。"接着他又蛮有把握地许诺说："我的学生中现在有许多已是企业和一些部门的领导了，他们一向很尊重我，也非常关心和支持我现在搞的事业。我请他们搞点赞助、广告什么的，估计不成问题。"

教授此番蛮有把握的一些话，使主编大喜过望，信心也立时大增，连忙动用各种关系，好话说了千千万，才有一些德高望重的名人答应来捧场。

就在主编等着教授许诺的赞助款一到，便要发布消息的时候，教授忽然销声匿迹了。杂志社不但白白劳神费力搭钱，而且从此失信于人。

后来，每当老教授提起这事，他都叹着气说："唉，为拉赞助，我不知费了多少口舌，跑了多少路，好话说了几十车，把我的老脸都丢尽了！谁知那些人原来说得好好的，什么愿意给文化事业投点资吧，什么您出面我们还有什么可说的……可事到临头，该往外掏钱了，就又都变卦了！这下我倒好，成了猪八戒照镜子——里外都不是人了！"

说话时，多些考虑，留有余地，要给自己留条后路。否则，君子一言，驷马难追，不仅会给人际关系造成不应有的损失，还会因此影响自己的前途和声誉。

富兰克林这样说过："我所说的话，一定竭力避免伤害别人情感，甚至我自己禁止使用一切确定的词句，如'当然'、'一定'等，而用'也许'、'我想'来代替。说话关系重大。你如果出言不慎，跟别人争辩，那么，你将不会获取别人的同情、别人的合作、别人的帮助、别人的支持、别人的赞赏。" 弓箭拉得太满就容易断，水缸里的水装得太满容易外溢，气球打得太满容易爆破，说话说得太绝容易出现尴尬局面。

总之，说话留有空间，不把话说得太满太绝，时刻为自己留一些余地，这是说话的一种策略。

沉默也是一种口才

俗话说："言语伤人，胜于刀枪；刀伤易愈，舌伤难痊。"沉默是一种行之有效的交流手段，它和语言相比，更富有理性，更富有智慧，也更富有内涵。当你遭到别人的无端指责和恶意诋毁的时候，你不妨保持一下沉默，因为，沉默是金，沉默更是一种力量。当你保持沉默时，对方往往由于不知道你的底牌而感到无穷的压力，这时，他的意志也将会受到动摇甚至不战自溃；如果此时你进行了反抗和争辩，那么，你的愚昧行径必将给对方以可乘之机，这样一来，不但不会得到任何友善的结局，反而会使自己进一步陷入被动和尴尬的窘境，同时也会大大地诋损了自己的完美形象。

2008年汶川地震发生后，阿里巴巴集团对外公布，为汶川抗震救灾捐款和筹款接近5000万元。而值得注意的是，一条"马云为汶川捐款一元钱"的消息却在网上疯狂传播，阿里巴巴集团董事局主席马云一时被千夫所指，与之相关的阿里巴巴集团也面临名誉危机。然而，此时马云与当时处于过激状态的网友们争辩，没有讲出什么大道理为自己辩护，而是保持着沉默，任由网友们发泄自己的不满情绪。

随后，马云个人及阿里巴巴数次向灾区捐赠了大笔的善款。并且，经调查发现，所谓"捐款一元钱"的原始出处竟然只是马云在2006年一次采访中的旧话，却被完全断章取义，莫名遭到有组织的谣言攻击。真相被公布后，网络上的负面信息几乎全部消失。

在这次风波中，一向善言的马云却保持着令人赞叹的沉默，从而使得公众的敌意迅速消弭。

沉默是人们表达力量、并使自己处于主动地位的一种技巧。许多人经常利用沉默这一策略来击败对手。他们可以制造沉默，也有方法打破沉默。当然，沉默并不是简单地一味不说话，而是一种成竹在胸、沉着冷静的姿态，尤其在神态上表现出一种运筹帷幄、决胜千里的自信，以此来逼迫对方沉不住气，先亮出底牌，从而达到自己的目的。

某机关有一个女孩子，平日只是默默工作，并不多话，和人聊天，总是微笑着。有一年，机关里来了一个好斗的女孩子，很多同事在她的主动攻击之下，不是辞职就是请调。最后，矛头终于指向了这个沉默的女孩子。

某日，这位好斗的女孩子抓到了那位一贯沉默的女孩子的把柄，立刻点燃火药，噼里啪啦一阵，谁知那位女孩只是默默笑着，一句话也没说，只偶尔问一句："啊？"最后，好斗的那个主动鸣金收兵，但也已气得满脸通红，一句话也说不出来了。

过了半年，这位好斗的女孩子也自请他调。

为什么会有这样的结局呢？其实，原来那个沉默的女孩子听力不大好，理解别人的话有些困难，总是要慢半拍，当她仔细聆听你的话语并思索你话语的意思时，脸上又会出现"无辜"、"茫然"的表情。你对她发作那么久，那么卖力，她回你的却是茫然的表情和"啊？"，难怪斗不下去，只好鸣金收兵了。

这个故事说明了一个事实：沉默的力量是何其强大，面对沉默，所有的语言力量都消失了！

很多时候，当对方出于不良动机，对你进行恶意攻击、造谣诽谤或无理取闹时，如果你予以驳斥反击，可是又同他无理可讲，反会使周围的人难以分清是非，反倒有损于你自己的形象和声誉。这时，你无须争辩，你的沉默会比语言驳斥更有效。诗云："此时无声胜有声。"默默无言反而会使对方摸不着边际，老子曰："大辩不言"，也就是这个道理。

晏子是春秋战国时期一位相当有才干的政治家。一次，齐景公命他去治理东阿，晏子非常高兴地接受了这个任务。可是3年后，许多人都来朝廷告晏子的状，齐景公非常恼怒，便将晏子召回来，准备罢免他的官职。

晏子没有急于为自己辩解，而是摆出一副谦恭的态度认错。为了有机会替自己澄清事实，晏子非常谦恭地说："臣已知错，请大王再给臣3年的时间，臣一定会让别人对我赞赏有加。"齐景公见他言辞恳切，知错必改，就答应了他的请求。

3年过去了，果然称赞晏子的奏折不断被送到齐景公手上。齐景公大为高兴，召晏子入朝准备予以封赏。不料，晏子却诚惶诚恐地不肯接受。

在齐景公的一再追问下，晏子道出了缘由："第一次我去东阿，施行有利于百姓的政策，遭到坏人的指责；我主张勤俭节约，尊老爱幼，惩治贪官污吏，于是在暗地里备受打击报复；权贵犯法，我也严加惩治，毫不宽恕，于是权贵们嫉恨我。他们对我恶语中伤，甚至在背后告我黑状。"

晏子舒了口气继续说道："第二次去的时候我就改变了做法。我拖延实施利民措施，坏人为此开心了；我释放鸡鸣狗盗之徒，无赖们为此高兴了；我偏袒权贵，即使他们犯法我也不予以惩治，权贵们为此无怨言了。于是这些人又到处颂扬我，传到您的耳里，您也信以为真了。3年前其实我该受赏，您却要处罚我；现在我该受罚，您却要封赏我。所以大王，这个赏我是万万不能接受啊！"

齐景公听后恍然大悟，知道当初是自己冤枉了晏子。看到晏子是一位有德有才的良臣，就交给了他治理全国的重任。

事实胜于雄辩，我们在蒙冤时不如把争论放在一边，让事实说话。受得住委屈，方能保全自己，经得起冤屈，事理才能得到伸张。受不得委屈，只会丢人现眼，遭受更大的屈辱。

遇到意见不合引发争执时，沉默则能缓和双方的言辞冲突，利于化解矛盾。所以说，赢得争论的秘诀就是不做无谓的争论，学会保持沉默，这是以静制动的策略，是聪明人在言谈中的明智表现。

不断重复的宣传技巧

人们常常提及这样一句话："谎言重复一千遍就会变成真理。"真的是这样吗？本来是谎言却因为重复而成了真理？重复真的有这样的作用吗？经常听一种谎言，难道不会麻木，对谎言不加理会吗？但事实告诉我们，这句话还真有一点儿道理。先让我们看看下面这个小故事：

古时候，有一个人在朝中为官，这人为官清廉、为人刚直，天下有名。有一天，一个人急匆匆地跑到他家对他母亲说："不好了，你儿子在外面杀了人。"这位老母亲好像没听见似的充耳不闻。

没多久，又有一个人急急跑来告诉她："你儿子逃走了，官府正在缉拿归案。"这位老母仍不作声，只不过纺织机摇得更响了。

再过了一会儿，又有一个人大汗淋漓地跑来告诉她："大事不好，你儿子已被抓起来，官府正来抄家！"这位老母亲再也沉不住气了，弃家而逃。

这位朝廷命官，廉洁刚正，天下有名，哪会干杀人的勾当？然而，谣言连续被人重复三次，其母便也不再相信她的儿子了。由此可见，谎言经常在耳边鼓噪，就会使人的大脑产生疲乏从而失去辨别真伪的能力。这就是"谎言重复一千遍就会变成真理"这句名言的精髓。谎言重复一千遍并不会变成真理，但它有可能让你的大脑思维经过这一千遍的暗示而认为谎言就是真理。心理学研究发现，如果群体里的一个人重复他的观点三次，那么就会有90%的机会获得他人的支持。

马云深知众口铄金的厉害，当年他在宣传和推广阿里巴巴时就是利用人言的力量，不断重复和宣传B2B的商业模式，达到了良好的效果。虽然宣传推广跟"三人成虎"有本质的差别，但有时宣传推广却需要三人成虎的效果。现在，就让我们看看马云是如何做到的。

阿里巴巴的B2B商业模式，是中国互联网的一个另类，也是全球互联网的一个另类。在马云创立阿里巴巴之前，中国的互联网模式都可以在美国找到成功的原型，所以风险投资敢于投资这些公司。但阿里巴巴不同，它是完全创新的，在它之前，没有成功的原型。所以，国内外那些掌握着巨额资金的投资方，一开始并不敢投资阿里巴巴。

马云的解决办法就是充分利用他的好口才。他说："听到了、断言、重复、传染，断言我是第一，传十遍，然后不断地重复说一百遍，然后你就是第一了，很多事都是这么起来的。"阿里巴巴在创业之初，其B2B商业模式之所以能迅速被大家接受，正是得益于他一个人不遗余力地不断重复、推广、宣传。

为了能让投资方认可阿里巴巴的商业模式，马云把自己当成了一台促销机器，开始了疯狂的演讲传道之路。从1999年到2000年，他不间断地在空中飞来飞去，参加全球各地的经济论坛，尤其是去经济发达的国家。每到一个地方，他就发表激情疯狂的演讲，用他那张"铁嘴"宣传全球首创的B2B思想，宣传阿里巴巴。

马云一个月能去三次欧洲，一周内可以跑七个国家。他每到一个地方，总是不停地演讲，他在BBC做现场直播演讲，在麻省理工学院、宾夕法尼亚大学沃顿商学院、哈佛大学演讲，在世界经济论坛演讲，在亚洲商业协会演讲。他挥舞着充满激情的双手，对台下的观众疯狂地叫道："B2B模式最终将改变全球几千万商人的生意方式，从而改变全球几十亿人的生活！"

就是靠这种不断地重复，马云真的达到了他的目的。没过多久，他和阿里巴巴的名字就被欧美国家的很多人记住了，来自国外的会员和点击率也呈直线增长。尤为重要的是，他还登上了世界上最著名的财经杂志《福布斯》的封面，成为《福布斯》杂志创办几十年来首位登上其封面的中国大陆企业家。至此，马云用他无与伦比的口才宣传阿里巴巴的"阴谋"彻底得逞。

不断对别人重复某个观点的重要性，这样有助于使他人相信你。马云之所以能够说服各种各样的人相信阿里巴巴，接受阿里巴巴，靠的其实就是不断重复的宣传技巧。

其实，任何的行为和思维，只要你不断地重复就会得到不断地加强。只要你能够不断地重复一些人、事、物，它们都会在别人的潜意识里变成事实，并让你的观点具有说服力。所以，如果你想让他人感觉你的观点是代表大多数人的意见，那么你只需要不断地重复它。

附　录

附录一 马云在杭州师范大学的开学演讲

今天我特别荣幸，也特别感动。我坐在上面思考，尽管我和大家一样，第一天新生开学，老师讲的、书记讲的、校长讲的、前面的所有学生讲的，我们听听热闹，相信的只有10%(听到这句话，所有学生都笑了)。所有的年轻人都会这么想，但走过以后，你回过来看，这些是对的。

有的时候，人生就是去犯错误，就是去尝试，如果大家没有去尝试过，你永远觉得这是聒噪。刚才我们俞师姐讲的话，我最有感触。她讲了很多我们过去做的，我一会儿想和大家分享我们未来应该做什么。

我觉得你们特别有眼光，刚刚老师说了，杭师大是一个魅力很强的学校，具备未来的战略眼光。它主要来自于我们有这么多有魅力的学生、有眼光的年轻人选择了杭师大。我深信不疑地认为，杭师大是全世界最好的学校。

我没有必要拍大家的马屁，我也不想把自己抬得太高。但是我确实去过许多大学，哈佛也好，MIT(麻省理工学院)也好，或者北大、清华，不管与任何人，我都以杭师大为骄傲。我一直说这是最好的学校。因为，好与不好很多时候不是别人怎么看，是你自己怎么信的。如果你觉得自己不好，你就没有好的机会。如果你觉得好，你就不断有好机会。

杭师大跟北大、清华比，在世俗眼光里是有距离，但是正因为有距离才给了我们机会。假如我当年考进了北大，就不是我马云了。因为杭师大才给了我这样的机会。

人生不是你获得了什么，而是你经历什么。

我自己也想，今天这个开学典礼不是为了庆祝我们曾经诞生了多少校友，而是，我们希望创造出更多、更好的校友。而这些校友就来自于这里，就坐在下面。因为你信，你才有机会；如果你不信，你一点儿机会都没有。

大家在学校里会学到很多知识，我相信学校里学到的那么多知识真正毕业后所用不多。但学校给了我们很多经历。人生不是你学到了什么，不是你获得了什么，而是你经历了什么。大学四年可能是我们人生中最美好的，但也是最痛苦的时光。因为每天忙着考试。

我到前几年还做梦，老师又要考试了。有时醒过来想，我今天终于不是学生了。很美好，但是一定带着痛苦。真正的幸福一定是和眼泪、欢笑、汗水结合在一起的。如果你在杭师大四年没有眼泪，没有欢笑，没有汗水，我相信你不会成功。

同时，我也在想，什么是成功？成功是成就自己，功，功德天下。你只有成就了自己，帮助了别人，你才会有真正成功的感觉。所以大家想着自己的时候也想想将来，自己能给别人做些什么事。

有三件事情是我必须告诉儿子的。

你们大概和我孩子年龄差不多，比我的孩子大一点儿。我儿子生日时，我给他写了一封email。老爸给儿子写信总有点奇怪，但我觉得有三件事情是我必须告诉他的。

第一，永远用乐观的眼光看待这个世界。

在这个社会上，你永远会郁闷，一定会郁闷，一定会痛苦，一定会沮丧，一定会觉得这个不爽，那个不爽。不仅你们这么觉得，人类社会几千年以来几乎每个人都郁闷过，每个人都痛苦过，每个人都难过过。但是人类社会永远是一代胜过一代。在座的，你们一定会胜过我们，一定会胜过所有的院长们，这是我们的希望。不管发生什么事情，要相信明天会更美好。

这世界上会有很多令人不满的事情、不爽的事情，你改变不了多少。改变自己，才能改变未来。

给大家讲个例子：前段时间日本地震，云南刚好也地震。我们公司决定给日本、云南捐钱。结果很多同事说我们干吗捐给日本，我们为什么不捐给自己的国家，很多人提出了抗议。我写了回信，我认为，你捐是对，不捐也是对的，但是你自己不捐还不让别人捐，那是错的。今天任何一个灾区不会因为你的捐款发生改变，但是你捐了钱是因为你发生了改变，这世界才会发生改变。不管外面多么麻烦，你改变了，世界才会改变。

第二，我希望大家永远用自己的脑袋思考。

脑袋是来给自己用的，不要东说好就说东，西说好就说西。永远用自己的脑袋独立思考，用自己的独立眼光去看待任何问题。任何人同意的时候，停一下，其实不差两秒钟；任何人反对时，也停一下，思考，也不缺这两秒钟。永远用自己的脑袋，永远保持今天一样，一种新生所具备的充满好奇的眼光，看待这个世界，看待身边的人。

永远记得用欣赏的眼光看别人，用欣赏的眼光看自己。只有懂得用欣赏眼光看待别人的人，他才会有成就感。永远要用欣赏的眼光看自己，我一直给别人的建议是：假如你毕业于名校，请用欣赏的眼光看别人。假如你毕业于一个普通的学校，请用欣赏的眼光看自己。因为只有这样我们才能走过一步一步的难关。永远保持好奇的心，到了八十岁、九十岁，你也好奇那女孩长得挺漂亮，那就对了。

第三，永远讲真话。

真话最难讲也最容易讲。真话永远听起来不爽，但是它又是最爽的。所以学弟学妹们，我们在四年的学习过程中，enjoy your life(享受你的人生)。同时，乐观、独特并且讲真话。我相信只有这么走，我们人生才是丰满的。

最后，希望四年开开心心。过了四年，你一定会后悔的，当年没那么开心。因为我现在走过篮球场时，我在想那时候我怎么没练好篮球。很多东西，失去了才知道它的珍贵。永远记住自己在校园的四年，玩得最爽，读书读得最爽，朋友交得最爽。

如何过好每一天？

第一，珍惜大学生活，努力勤奋学习。能进大学是人一生中的幸事，在大学里把握每一天，争取多学习点知识，为自己踏入社会，担当起责任，做好积累和准备。

第二，要读书也要社会实践。我们78届、79届的学生在社会上各个岗位都还做得不错，除了读书，主要是我们还有比较丰富的社会经验，希望同学们不要埋头读书，要多参加社会实践。阅历增加了，才能触类旁通，把书读活，才能更深地理解书本和社会。国外学校是很重视学生社会实践的。

第三，读书不仅要读本专业的书，也要读点三教九流、天文地理的书。一个人很难对自己的人生事先有一个正确的规划或一字不差的描绘。你一辈子从事的事情，有可能并不是你当初想做的事情。你以后为之奋斗的事，可能并不是你大学学的专业。我当年学英语，现在搞的是电子商务。

第四，读书重要，学做人更重要。我们也招过很多北大、清华学生，但并不是学校出名学生就出色，学校不出名学生就不优秀。一个人书读少了，以后可以读，但价值观错了，人生的路选择错了，这个代价就太大了。

附录二　马云在斯坦福大学的演讲

大家好。我今天感到非常荣幸能来到这里和大家见面。大约几个月前，斯坦福邀请我来演讲。我没有意料到。很多人说因为所有关于雅虎、阿里巴巴和许多其他的新闻，这个时间点来这里演讲是非常的敏感。但是既然我做了一个承诺，我还是来了。今天如果你有任何问题要问我，我都会一一回答。

今天是我来美国的第15天，而且我打算在这里待上一年。这个计划没有人知道。甚至我的公司也不知道。大家问我为什么要来这里。要打算做收购雅虎的准备吗？不，大家都太敏感了。我来这里是因为我累了，过去16年来太累了。我在1994年开创我的事业，发现了互联网，并为之疯狂，然后放弃了我的教师工作。那时候我觉得自己就像是蒙了眼睛骑在盲虎背上似的，一路摔摔打打，但依然奋斗着、生存着。在政府机关工作了16个月之后，1999年我建立了阿里巴巴。

我们还幸运地拥有着淘宝网、支付宝、阿里云和集团下其他公司。所以，建立阿里巴巴12年后的今天，我决定需要休息一段时间。尤其今年的挑战实在是太艰辛了，这也是我没有意料到的。中国人说每12年是一个本命年。阿里巴巴今年在中国刚好是第12年，也遇上了许多棘手的问题，好比今年年初因为供应商欺诈事件导致首席执行官辞职，还有VIE的问题，虽然我到现在仍然不知道什么是

VIE，以及把淘宝分成四个公司的决策。所以，忙完所有这些事情之后我累了。我告诉自己，为什么不花个一年好好休息。尤其明年是我个人的本命年，肯定会比今年更辛苦。我想要花多一点时间好好准备，迎接明年更艰苦更困难的挑战。我需要好好休息才能为3到4年后的挑战做好准备。这三年如果事情出了错，大家可以批评淘宝、阿里巴巴或阿里云的首席执行官。但是三年后，如果事情出了错，那就是我的错。所以我准备在美国花上一段时间好好思考和放松。前两天，我开始再次练习起高尔夫球，好好放松。所以，来美国的目的真的不像是大家揣测的这么复杂。

我们是一间非常幸运的公司。我没有任何的背景，没有富裕的父亲，也没有很有权势的叔伯们，根本不用想能够有成功的机会。我记得1999年来到硅谷寻找资金，跟很多风投、资本家接洽，也去了Menlo Par一带开会。但是没有人有兴趣投资阿里巴巴，我被一一回拒。回到了中国，一点儿资本都没拿到。但是，我充满了信心。我看到了美国梦。我看到硅谷的快速成长，我看到许多公司的停车场不管是白天或黑夜，周一到周日，都是停满了车。我相信那种快速的成长也会发生在中国。接着我创立阿里巴巴，12年过去了，到今天取得了很多的成绩。但在那之前，没有人相信B2B能够在中国发展。当时B2B美国有名的公司包括Arib（一家美国软件信息技术服务公司）和Commerce One（美国第一商务公司），这些公司主要的客户都是大公司的买家们。没有人觉得中国近期内会有大公司的出现，而大公司也不会有电子商务的需求，因为所有大公司都归于政府，他们只需要配合政府的政策就可以。但我的信念是，我们必须要专注在小型公司，因为未来是私营企业的天下，所以我们必须把重点放在小型企业。

还有，美国大公司的B2B都非常专注于买家，美国的买家们需要许多建议来帮忙节省成本开销和时间。但是我相信中小企业们不需要这方面的帮忙，他们比我们还厉害，懂得还多。我们应该专注于帮他们赚钱，把产品外销出去。当时我们也遇到很多挑战，但是12年过去了，今天全球有58万的小型企业都使用阿里巴巴来做生意。我们的生意模式跟腾讯或百度相比可能并不是十分吸引人，我们也并不靠网络游戏赚钱。但是我们晚上可以睡得安稳，因为我们知道我们赚的钱并不是从网络游戏上来的。我们的收入是靠帮助小企业们成长来的，这点我感到十分的骄傲。直到今天我都没有为阿里巴巴赚了多少钱而骄傲过，我为我们影响和帮助了其他人，尤其是小企业主而骄傲！

在互联网之前，没有人可以帮助超过5000万的中小企业。但是今天，我们正在努力这么做。人们会跟我说，马云，如果你能把阿里巴巴搞好，那相当于你将好几吨羊运到了喜马拉雅山顶上。我说，是的，我们还会把它们运下来。而且我们做到了。第二个公司是淘宝。大家都跟我说，天哪，你是在跟eBay竞争啊！我说，为什么不？中国需要一个电子商务网站。创建一个中国的网络交易市场需要时间跟精力。所以，那个时候人们告诉我在中国做这个没戏。我说，如果你总是不尝试，你怎么知道没戏？所以我们就尝试了。我说如果eBay是大海里的鲨鱼，那我们就是长江里的扬子鳄。咱们不在大海里打架，我们在长江里练练。一开始很困难，但是很有乐趣。而且我们最后活下来了。一开始eBay占据了中国C2C市场的90%。但是到了今天，我们拥有中国C2C市场90%的份额。我们很幸运，真的只是幸运。很多事情以后我们还可以再讨论。

今天，大家总是在写关于阿里巴巴的成功故事。但是我并不真的认为我们有多么聪明。我们犯了很多错误。当时我们还是很愚蠢的。所以我在想，如果哪天我要写关于阿里巴巴的书，我会写《阿里巴巴的一千零一个错误》。这才是大家应该记住的事情，应该学习的事情。如果你想知道其他人是怎么成功的，这是非常难的。成功有很多幸运的因素。但是如果你想学习别人是怎么失败的，你就会受益很多。我总喜欢看那些探讨人如何失败的书。因为，当你仔细去分析的时候，任何失败的公司，他们失败的原因总是不尽相同。而这才是最重要的。所以淘宝成功了，接下来我们做了支付宝，因为大家都说中国没有信用体系，银行很糟糕，物流很糟糕，你为什么还要做电子商务？今天，我不是来这里跟大家说我的生意经的，我没有准备PPT（演示文稿软件），因为我没有股票要卖给大家。但是我想正因为中国落后的物流、信用体系和银行，我们才需要有创业精神。这就需要我们创建自己的蓝图。所以我相信这个事情是你先做了，然后慢慢地就成了中国的标准。我记得6年前当我来美国的时候，我说我相信5年以后，中国的网民人口会超过美国。人们说，不会的。然后我说，你们的人口才3亿。中国有13亿人口不是吗？如果让你们有4亿人口，没有人口死亡，人们还要不停地生孩子，你们需要50年的时间。我们只需要5年时间，所以这只是一个时间的问题，不是吗？我们走着瞧。今天，中国网络用户的人口超过了美国。然后人们说为什么你们的购买力这么低？我们五年后再说。今天，人均消费大概只有200元人民币每月。5年以后，这些人会消费2000元。而且我们很有耐心。我们还很年轻。我是老了，但是我们员工的平均年龄才26岁。他们还很年轻，所以让我们期待未来。

当时做支付宝的时候，大家说这是一个很傻的担保服务。张三要从李四那里买点东西，但是张三不肯把钱汇给李四，李四也不肯把货给张三。所以我们就开了一个账户，跟张三说，把钱先汇给我，如果你对货物满意，那么我付钱，如果你不满意，你退货，我退钱给李四。人们说你的这个模式怎么这么傻啊？但是我们不关心这个模式是不是傻，我们关心的是客户是不是需要这样的服务。我们是不是满足了客户的需求。如果这东西很傻的话，今天中国就有超过6亿的注册用户在用这个傻东西。所以傻的东西，如果你每天都改善它一点儿，那么它就会变得非常聪明。所以今天支付宝很好，我们还在成长。支付宝跟Paypal（中文译作贝宝，是使用电子邮件转移资金的方法）很像，但是我从交易量来说，我们比Paypal更大。

最后，也是最重要的，是我们的阿里云计算，这个公司跟其他那些谈论云计算的公司不同。那些公司是想把他们的软件和硬件卖给你。但是我们没什么可以卖的。我们通过云技术对自己的数据进行计算。来自中小企业的数据，来自淘宝消费者的数据，以及来自支付宝的数据。我们相信未来。未来的世界将是信息处理的世界。我们如何很好地与他人分享数据，这将是未来商业的核心。这个公司目前还不是很好，但是盈利能力很强。

整个公司都很健康。一开始人家说这个公司不可能成功的，但是我们活下来了。我们很有耐心。我们总在问自己一个问题：为什么我们还要这么辛勤地工作？有一天，我问我的同事，他告诉我："我从来不知道我这辈子还能做这么多事情。我从来不知道我现在做的事情对社会这么有意义。我从来不知道生活是这么艰辛的。"我们没日没夜地工作，甚至现在也是这样。我变得更瘦了，而且长相更奇怪了。我知道生活不是容易的事。我们很骄傲，我们在改变中国，而不是挣了很多钱。

10年前，当我走在街上，有人跑过来感谢我，因为阿里巴巴帮他们得到了国外的订单、国外的生意。今天，当我走在街上，有人过来感谢我，说他和妻子在淘宝上开了个小店，以此为生，并且收入不错。这对我来说，意义重大。我们将诚信变得有价值(你的诚信是可以变成钱的)。许多年前，如果你有很好的信誉记录、交易记录，你可能还并不富有。今天，如果你在淘宝上有很好的信誉记录、交易记录，你将会非常富有，因为人们都愿意跟信誉好的店家做生意。我们教育消费者要聪明。有人来跟我说："马云，我在淘宝上买了个东西，非常非常便宜，你说这是假货吗？"是的，我们淘宝上有假货，假货在现实生活中无处不在。但是我们做了非常多的努力，用了大量的人力物力来对付这个问题，在淘宝，有50%的工作人员每天的工作是筛查侵权、伪冒商品。但是如果有一瓶红酒，在商场里买要300美金，而在淘宝上只要9美金，为什么会这样？因为渠道、广告费用。为什么消费者要为这么多其他费用埋单？我们帮消费者省了，所以我们跟消费者说，如果你在淘宝上买一件15块钱的T恤，而它在商场里要卖150块钱，那不是因为淘宝卖得太便宜了，那是因为商场里卖得太贵了。我们应该帮助消费者变得更聪明。

我们看见在中国有很多的工厂，尤其是在广东，他们其实是公司，并不仅仅是加工厂。他们仅仅是做代工，这些代工的产品之后就在淘宝上卖。他们不知道谁是他们的销售渠道，也不了解最终购买他们产品的客户。这种代工厂，在遇到有问题发生的时候，比如金融危机，会马上陷入困难。所以我们应该告诉这些生产者，你必须直接跟你的客户沟通，你应该自己去做销售，自己提供服务，这才是真正的做生意。否则，你就只是个工厂。我们正在改变这些工厂，扭转这种局面，我感到非常自豪。这与财富无关，因为如果你有100万，你是个富有的人，但如果你有1000万，那你可能就有麻烦了。你会担心通货膨胀，于是你开始投资，接着你就可能遇到困难。如果你有10亿，那这就不是你个人的财富了，就是社会的财富了。你的股东、投资者，认为你应该比政府更能有效地使用这些钱。于是他们给你信任，那你要如何运用好这笔钱，对得起他们的信任呢？我觉得这是我们所面临的挑战。阿里巴巴的产品，其实并不是服务，是人，是我们的员工。

我们员工的平均年龄是26岁。我们正面临着许许多多的挑战，这些是我曾经所没有意识到的。曾有一位政府高层来公司访问，他说马云，如果你们淘宝有3亿用户，那就已经比我管理的国家还要大了。我说是的，这个管理的难度非常大。不管我们制定出什么新的政策，都会让我们遇到各种压力。用户有抱怨的时候，就好像是对制定政策的政府不满似的。就是这些平均年龄26岁的员工，在制定着淘宝的游戏规则，我们从未有过这样的经历。如果我们改变一下，比如说做搜索引擎，传统的搜索引擎会让卖得好、最便宜的排在前面，但我想，我们会让最有信用和信誉的排在最前面。之后，会有很多的人去验证。有200个人来到我们公司，跟我说，我们会为改变游戏规则而付出代价。我的回答是，如果这个改变是正确的，我们就要做下去。眼前的这个世界，也是我们改造出来的。我们不需要不能服务于人的项目。我们需要社会学家、经济学家，让这些人来制定我们的政策规则。所以我们还面临着许许多多的考验。但我们仍觉得骄傲，因为我相信在21世纪，如果你想做一家成功的公司，你需要学会的是如何解决社会上存在的某个问题，而不仅仅是学会如何抓住机会。抓住机会是非常容易的，我不是吹牛，我觉得今天，在阿里巴巴成立12年后，我觉得赚钱非常容易，但是要稳定地赚钱，并且对社会负起责任、推动社会的发展，非常难。这也是我们正在努力为之奋斗的，我相信中国因为有了互联网，在未来的3年内会有很大的发展。今年，人们说很多中国的股票因为VIE掉了很多。我相信，如果你看看其他地区的经济，比如美国目前正面临巨大考验，比如欧洲可能已经无所适从，那中国会怎么样？所有发生在美国和欧洲的情况，三四年后也会发生在中国。三四年后，中国的经济将面临巨大的挑战。如果你预感到了将会有糟糕的事情发生，那就从现在开始为之做准备，而不是到时候抱怨和哀号。作为互联网公司，我们必须承担起我们的责任。我不是政治家，我只为自己说话，为我的客户——5000万中小企业者和800万淘宝卖家说话。他们在3年后要如何生存下去？这也是我此次来到美国想要去学习的。跟奥巴马学习，他将如何增加就业，他会怎么做，从错误中整理经验，然后在3年后，用我们的方法，帮助我们自己。这就是为什么我会来这里。

附录三　马云在首届中国网络商品交易会的演讲

我在这里，谢谢大家！

感谢大家来参加今天的首届网商交易会，我想知道今天有多少是淘宝的用户，谢谢大家！

有多少是阿里巴巴B2B的用户，请举手，谢谢！

请大家就座！

在周末，这么多人来参加网络交易会，其实，我心里还是非常感动的，特别是昨天我到会场看到了其他交易会很少看见的现象：有妈妈带着孩子，也看到了一家三口，也看到了很多年纪比较大，六十多岁的人拉着包在交易会上走。回去后我就想，是什么样的力量将这些人聚在一起，是什么吸引了他们？我认为是希望和信心，帆布包里面装着每个人的信心和希望，我自己这么觉得。

我大概在1992、1993年有创业的想法，为了尝试创业的感觉，我曾经到义乌小商品市场拉着包进货，我也到广州海珠广场进货。当时海珠广场还是比较乱的，广交会也进不去，但是每次来进货，我心里充满了希望和信心。我觉得我参加这样的活动会改变我们，我认为这次的网货交易会尽管开得还不是非常的正规，还不是非常的好，但是我们的人气说明了一切。让我感到自豪和高兴的是，在座的都是八十年代和九十年代的人，你们在改变世界和未来。

阿里巴巴今年是十周年，十年来想在中国证明一件事情，就是互联网在中国有希望！互联网将完善中国，推进中国的发展，我们坚信电子商务会存在，电子商务在中国会发展。

十年以来，我被很多中国人认为是中国最大的忽悠者，我讲任何话都是忽悠，我今天还想再忽悠一把！

十年以来一直在忽悠，我一直在倡导互联网的精神，一直倡导电子商务，一直倡导网商的精神。六年前我与很要好的朋友，一个很要好的商人朋友交流，我说刚刚推出了淘宝网，我希望他将生意搬到网上做，他说再说吧，有很多的时间。四年前又说请将生意搬到网上，他说算了，现在忙不过来。两年前他跟我说，为什么不早说，现在的生意都被淘宝网上的商家抢走了。我在1999年和2001年来过很多次广东，每次阿里巴巴的网商大会上，我不断推进一个想法，就是将外贸企业迅速地搬到网上去。有多少人真正的相信，我看未必，但是相信的人今天得到了好处。世界发生了很大的变化，到今天为止，还没有认清互联网，到今天为止还没有开始使用电子商务，到今天为止还认为互联网就是网络游戏和网上看看新闻的话，我相信你会非常的后悔。我自己是这样看待的：到今天为止，前十年电子商务也好，互联网也好，我们只证明它存在，但是互联网和电子商务到底是否可以影响未来，对我们的生活有多大的改变，未来的十年将发生巨大的改变。这次的网货交易会本人有很大的期盼，我们正在开启网货的时代。自从淘宝诞生以后，自从阿里巴巴诞生以后，最近的半年和一年，我们听见的声音太多的是：淘宝上面假货横行。反对淘宝的声音越来越多，随着交易量的增长，不讲诚信、假货横行、盗版猖獗，大家认为淘宝就是假货集散地。事实上淘宝是不是假货集散地，我本人认为，并不是这样的。

以前淘宝碰到的是竞争，以前与淘宝竞争的是同行业的；今天淘宝最大的竞争者是昨天最成功的人。我关注到很多的品牌商、渠道商不断地说淘宝是假货。

上一个月，我在香港街上一位好友送了几支雪茄烟，我刚好走过卖雪茄盒的商店，很贵的，我挑了一个最便宜的也要1.3万元，我心疼了很久，回到家我就觉得不行，我要在淘宝上查一下。同样的盒子在淘宝上卖720元，一模一样的，到底发生了什么样的事情？还有朋友从香港购买了玩游戏的筹码，1.3万元一套,也有1.5万元/套的、9000元/套的,我在淘宝上查了一下是350元,所有的人就想一定是假的,不可能是真的。我发现生产筹码的工厂是在浙江金华,将筹码出口到美国,香港从美国进口后放在香港,中国大陆的人再从香港购买回去。现在的情况是金华的工厂直接在淘宝上卖,也就是卖350元。很多品牌的电视机以及制造厂家跟我说,我们卖一台电视机,从设计到制造好和销售,卖回来只赚10元,几千元的电视机只赚10元。如果一台电视机只赚10元,怎么可以希望制造业创新和投入研发,这些钱被谁赚走了?有一个朋友跟我说,中国有一个很有名的酒,卖800元/瓶,但是酒的成本只有10元。300元给了电视广告商,300元给了渠道商,还有100~200元给了回馈和包装,消费者为什么为了只有10元价值的酒,却要花800~900元?这对消费者不公平,对制造业也不公平,如何将整个渠道打通,我觉得电子商务必须对行业给予巨大的冲击。

电子商务对其他传统行业的冲击,我们想象一下,5年前的物流行业,有多少的物流行业真正做到了客户第一?真正做到了客户的体验?真正扩大了物流?没有的。

但是最近,淘宝上每一天至少送出400万个包裹,需要很多的物流公司将包裹一个一个地送出去。顺便我跟大家讲,去年我没有在淘宝上购物,现在我们家跟所有的朋友一样,每天最大的希望和快乐是收到包裹,拆开来看,尽管我知道包裹里面是什么东西,但是我就想拆开来看。前几天我购买了几个洗澡用的大浴巾,卖家有非常漂亮的红色浴巾,也有黄色和绿色的,但是他说红色的没有货。我发现太太跟那个人在网络上争论,她说为什么没有红色的还在卖,卖家说没有了,我太太说,将货拿下来,结果第二天还没有将货拿下来。我就说必须将没有的货拿下来,我告诉他,我是淘宝的,他说我不相信。经过交流,那个人说我一定将货拿下来。没有就是没有,对于我来讲,网商最大的价值就是诚信,因为我们要求货源公司诚信,要求买家诚信,为什么不能强制卖家诚信!

我在淘宝和阿里巴巴市场上看到的是诚信在不断地诞生,看到今天互联网的力量,这些不断的变化。

去年的年初,我们从淘宝的数据,特别是阿里巴巴中小企业的数据上基本判断出，世界经济将会出现很大的问题。7月份就写了一封信说冬天要来了，但是绝大部分的人认为互联网的冬天来了，阿里巴巴的冬天要来了。但是我们认为是世界经济、进出口贸易、内需市场的冬天要来了。去年年底有人说你说冬天要来了，冬天有多久，什么时候可以度过。我去淘宝和阿里巴巴的卖家餐厅吃饭，刚坐下，老板就说，冬天被你说对了，现在店里的生意越来越差，你如何看待冬天，什么时候会结束？我说今年年底和明年年初冬天没有问题的，他说真的，这么快就结束了。我说今年年底和明年年初你会适应的，任何的企业都必须适应外部的环境。

今天经济有所回暖，但是我想告诉大家的是，今天经济仍然面临巨大的困难，不要为恢复昨天而感到兴奋，更不要为失去昨天的辉煌而伤心。2007年火爆的股市不会回来了，真正要改变的是经济的结构和商业的文明，商界新生力量的出现。我看到经济的恢复，我告诉所有的网商，在网货交易会上感受到的不是冬天，感受到的是春天的来到，感受到的是希望的来到，因为世界进入了非常大的变化。我本人如何看待这场危机？我认为去年六七月份是危机，今天已经不是危机，它是强有力的信号。今年年初事实上越来越显示证明这是世界经济发展过程中必然的阵痛，强烈的信号告诉我们昨天越成功的企业，今天越失败，昨天越自以为是、不改变自己的企业，不会走下去，昨天小的企业今天将会强大。

另外的信号是由资本密集型走向知识密集型。这是强烈的信号，从以前靠关系做生意走到靠诚信做生意，信号越来越强烈，不管大家是否相信，十年以后的商业会跟今天完全不一样。十年后的富豪和成功的企业家跟今天是完全不一样的。十年后的成功者一定是八十、九十年代的人，而且成功者的年龄会越来越小，大家要记住，我自己这样告诉自己，假如不改变，怎么会有我们的机会。1995年从大学出来创业，我想证明一件事情，如果马云可以成功，中国80%的年轻人都可以成功。凭什么只有有关系的人可以成功，为什么只有胆大的人可以成功，成功者必须有智慧和诚信，因此世界正在加快开放。在座所有的人，我跟大家没有任何的区别，而且唯一的区别，我比在座所有的人都长得怪一点儿，长得丑一点儿。但是我也没有资本，创业的时候，我是向亲戚、朋友借钱，总共是2万元。没有关系的，我父母就是普普通通的家庭，但是为什么发展得这么快，今天我看到网络上说，马云你真伟大，淘宝做得这么好，阿里巴巴做得这么好。我心里特别的难过，这不是我的功劳，这是互联网的功劳，这是中国发展的功劳，这是1.3万员工的功劳，这是中国几千万在座各位对网商信任的功劳。我觉得自己真的很难过。有的时候别人骂我，马云你是胡扯的，怎么有这么烂的服务，我也没有写过一段程序，也没有编过规章制度。但是后来发现，今天网络发生的巨大变化，让我们这些平凡的人，可以借助中国的力量、互联网的力量发生变化。回忆这十几年的发展之路，只要有梦想，只要跟同事不断地了解客户，因客户的变化而变，一定会走到今天。我自己感觉，因为互联网，因为前十年的变化，让我们走到今天，未来的十年互联网和电子商务的变化会更大，假如没有时代的变化，没有这场经济危机，我相信在座绝大部分的人没有十年后成功的可能性。

我们去哪里找关系，我们去哪里找银行贷款，我们去哪里跟人谈合作？因为在所有人的眼里就是普通的年轻人，就是普普通通的人。互联网给我巨大的感触，在公司和家庭中，不断创造新的思想，中华民族尊老爱幼的传统美德很好，为什么不可以尊幼爱老？对年轻人尊重和倾听，今天八十、九十年代的孩子伴随着网络的成长，对老的人要爱护，太老的人问明天会怎么样，我估计谈不出什么。互联网的另外一种变化是很有意思的。我爷爷这一辈子是靠报纸决定未来的，报纸上的一切都是对的，我父亲是靠听广播的，我们这一代是看电视的。今天八十、九十年代的孩子说要参与，要有自己的观点，因此互联网诞生了新的一代。互联网的起来，电子商务的起来将彻底改变未来，彻底影响我们的生活，社会已经发生剧烈的变化。我想告诉大家的是，2009年互联网和电子商务只完成了第一个阶段，就是机会。大家都说机会被阿里巴巴和淘宝、百度、谷歌和腾讯抢去了，我告诉大家机会还没有开始，所有的机会都会在未来十年内真正的开始。

网货今天才开始，前面的八年阿里巴巴做了什么事情？我们想证明中国将会诞生一批新的群体叫作网商，我们所到之处都是网商。广东的粤商、山西的晋商，但是互联网是没有区域的，所有的商业都要遵守一个规则就是诚信，网商告诉我们一点，阿里巴巴走到今天是四大特征，未来的二十一世纪要想成功必须有四大特征：开放的胸怀、分享的精神、承担责任、全球化的眼光。

必须从全球化的角度看问题，有了四大特征，一定会在二十一世纪非常的成功。后面的五年我们将证明网货的力量，十元的酒就应该卖二十、三十元，而不应该卖八百元，制造电视机耗费这么多的工序只挣十元是不合理的。

传统的渠道商拿了制造业的钱，剥削了消费者，不是真正的完善渠道，而是做房地产的投资、股市的投资。这是对任何人的不负责任。未来的五年我们将倡导和推进网货的力量，再五年我们将推进网规，没有网络上的诚信和做事的规则我们绝对不相信互联网可以完善。

在淘宝的封面和阿里巴巴的网上开始在全球范围内招聘和寻求法律专家、经济学专家、社会学专家、人类学专家。为什么请这些人，因为我们感觉到未来的网规、网货、网商将会创造新的世界，人类开始进入新的世界，不能再凭今天二十多岁的淘宝的店小二制订游戏的规则，他们已经非常的累。有人问，为什么要找人类学家研究淘宝，现在淘宝发生了很大的变化。淘宝用户到店里看到一个样品，小绒娃娃，卖家说30元，买家问是否包邮费，我们必须制订网上交易的规则，必须对卖家约束。我很感动，有的时候，在凌晨一点的时候上网，还可以看到旺旺上一片亮起的灯，到了晚上一点多还在上班，我想请人类学家研究卖家的行为，几点起来，登录过程中发现了什么事情，根据这些行为制订游戏的规则。这就是对未来的判断，十年后，我相信在座每一个人的努力，我们会创造新的网络世界。今天阿里巴巴B2B有很多的企业，制造业因为网货时代发生巨大的变化，每一次营销方式的变化，都会形成制造业的变化。我在这里不是忽悠，也不是劝阻，而是警告，而是真正的呼吁大家，所有的企业高度关注电子商务。最近发现渠道越强的企业，卖货越好的企业，麻烦越多。今天搬到网站上去卖，现在90%的营业额来自于渠道，今天没有渠道的企业越活越好。今天发现一个问题，广东的企业会制造不会卖。广东几十年的发展，资金是靠台港澳地区，品牌和渠道是靠海外，广东人只要造就可以了，造了就会有人来卖，有港澳台融资，一旦金融危机海外渠道发生了问题，品牌发生了问题，很多企业就出现了问题。但是今天我想告诉大家，通过互联网，通过电子商务，你的货是可以迅速走出去的，必须进行改革，以消费者为中心，C2B（电子商务模式，即消费者对企业）思想，今天也听到了C2C，这两三年来，关注最多的是消费者将影响未来。以前大家都是C2C，还有传统的B2C，到了今天我想告诉大家，所有的制造业高度警惕，因为消费者必须改变自己产品的设计，改变渠道的推广方式，必须改变创新设计的能力。C2B一定会成为产业升级的未来，以消费者为导向，柔性化、定制化生产将成为主流，网货将制造业的利润提高，将渠道打掉，网货让所有的消费者得到个性化的产品，网规会让这些企业更加透明，更加诚信，更加受消费者的尊重。我相信这才是未来时代的发展，我们处在变化的时代，今天痛苦的人，你们去看一下，互联网上反对声音最大的是谁？是今天的成功者，网商群体中看到反对阿里巴巴和淘宝的已经不是阿里巴巴和淘宝的竞争者，而是今天买卖中最好的人。

前几天有一个老外，一个LV（路易·威登，奢侈品牌）的包卖两三万元，我可以买二十头牛了，凭什么卖这么贵？我们尊重知识产权，尊重品牌，但我不尊重暴利。我更不尊重，为了维护自己某些特殊的利益而设置了大量的障碍，我今天也这么讲，十年以后法律的规范会使传统的专利、品牌受到巨大的冲击。

前段时间从美国回来，最有意思的是，很多的企业说，我们有这么多的专利，有全世界著名的公司，他们可能是诺贝尔奖获得者最多的公司，我们拥有全世界最多的专利。这家公司活得非常累，他们为了管理这些专利，请了无数的人，做了很多的程序，他们就是管理专利。哪些专利可以用，他们设置了大量的地雷阵，阻碍其他人的创新，发达国家今天设置了大量的壁垒，阻碍发展中国家。有钱、有势的公司投入了大量的钱为了保护自己，最赚钱的就是律师以及利益保障者。今天人类要进步，人类要创新，就靠在座的网商的力量、网货的力量。

法律不能保障诚信，如果不相信诚信光有力量是不行的。今天的中国必须倡导互联网是有力量的，最后我想提醒制造商们，这次的金融危机可能使在座绝大部分今天没有渠道，但是，昨天的一步臭棋今天会变成好棋，要迅速开始新的营销。

不知道在座有多少人会下围棋，但是我知道下了一步臭棋，就不要救，反过来看就是下了一步好棋。我在阿里巴巴十年中，有人说马云你很厉害，其实一开始是臭棋，现在看来都是好棋。千万不要迷信一个人和一家公司，要靠自己一步一步地走，创业者永远要有梦想，每天采取行动去改变和调整。

我还想讲这句话，假如在二十一世纪你想成功，记住客户第一，就是诚信，做一切的努力都是为了客户；员工第二。最近争议很多，我前几天在香港的股东大会上讲，客户第一，员工第二，股东第三。有人说马云早知道你是股东第三，我就不会买你的股票，我说你还来得及，现在可以卖掉股票。是谁给我们钱？是客户。谁创造了价值？是员工，广东所有的网商们。今天改变我们，影响我们，帮我们成长的是我们的员工。

有一位企业家跟我讲，卖很好的产品，在淘宝上怎么卖也卖不出去，小丫头一卖就卖出去了。那些老头卖产品的套路是不同的，年轻的店小二一上来就是"亲"，我们是不适应的，现在上淘宝如果没有人说"亲"我反而不适应了。

以前我们认为穿西装是对人的尊敬，最早我们发现穿中山装是对人的尊敬，现在发现其实穿得越舒服，别人感觉好就很好。商业形式真正发生了变化。最后我想说，我们淘宝的卖家，阿里巴巴的企业们，今天的电子商务不是五年以后的电子商务。五年前有人问我，阿里巴巴到底会变成什么样子，我说我们有了消费者的淘宝，有了企业的阿里巴巴，有了中间支付的体系，开始为明天打造阿里软件。开餐饮、做洗脚店和搞旅馆的电子商务在三至五年会起来。我们建立了这个体系，但是电子商务的真正成型是在五年内，我相信在2014年会看到完全不同的电子商务渠道，希望大家抓住这五年的时间。如果今天还停留在游戏和网吧里面，今天还在笑话别人做电子商务，五年后你会更加的后悔。我们必须要创造未来，我们可以改变未来，每一个人今天到这里来，每天来这里的目的是对未来的希望，对明天的信心。一切为明天而做，我们不要为昨天而失望，更不能因为恢复昨天而感到兴奋。世界变化刚刚开始，阿里巴巴在这里向大家承诺，以前是几个人的使命，今天已经变成了1.3万阿里人的使命！我们将会全力以赴支持网商、网货、网规的建设，阿里巴巴未来十年的使命是打造新的商业文明，我们要让那些诚信、开放、分享责任感和全球化的商人取得成功。

最后，十年后我希望今天场地里坐着的人，绝大部分的人从今天开始行动，十年后以成功者的身份站在这个台上，对自己的家庭和世界负责任，感谢大家参加本次论坛，谢谢大家！

附录四 马云"阿里巴巴
10周年庆典"演讲

感谢大家，其实我还没有从刚才的表演中恢复过来，从来没有想到自己可以在万人体育场表演，表演之前呢，紧张了至少十天，但是表演了两分钟就不肯下来，所有刚表演完下来的阿里巴巴高管都特遗憾，我们只有这么一点儿时间，所以一激动我们在后面聊了很长时间，现在，我上来跟大家分享阿里巴巴十年的经历。

为今天晚上我大概准备了十年，十年以前我设想过，十年以后我会如何对我们的员工讲话，如何对我们的客户讲话，如何对我的朋友讲话，讲些什么？离十周年越来越近的时候，我心里面越来越亢奋，越来越希望讲，但是到这几天，我居然晚上都睡不着觉，因为我不知道自己要讲什么。刚才在来之前，看到那么多阿里巴巴的人，那么多阿里巴巴的亲朋好友，我其实不需要讲什么，十年来所有阿里巴巴人的行为已经告诉我们了，感谢大家！

十年以前，在我的家里，我还有其他17位同事，我们描绘了一个图，我们认为中国互联网会怎么发展，中国电子商务会怎么发展，我们讲了两个小时，从此就走上了这条路。十年下来，没有任何理由让我们活下来，有无数的原因、无数次的坎坷、无数次的情况会让阿里巴巴一蹶不振，甚至消失在互联网世界。我们自己也在问是什么让我们活了下来，并且越来越强大。我相信我们的人并不是能力最强的，我见过很多很多比我们强的人，阿里巴巴今天的年轻人的能力比十年前的我们更强，我们也不是最勤奋的，有很多比我们更勤奋的人，我们肯定不是最聪明，因为比我们聪明的人有的是。那么是什么让我们活了下来，让我们坚持走到现在？今天我想在这里跟我们所有的阿里巴巴人，跟我们所有阿里巴巴的亲朋好友分享一下。我认为我们是非常幸运的，我们幸运地生活在这个时代，我们幸运地生活在这个互联网时代，我们幸运地生活在中国。所以我讲，从第一天起到现在，阿里巴巴一直充满了感恩之情，要感谢的人非常多。

我想我首先要感谢我的17位同事，17位创业者，无论发生任何事情，他们总是坚定地站在我后面。我也感谢在座所有的阿里巴巴同事，是你们坚强的精神让我们走到今天，感谢大家。

我感谢所有阿里巴巴的客户，他们帮我们成就了阿里巴巴的梦想。我记得9年以前有人认为，阿里巴巴的商业模式、阿里巴巴提供的服务就像把一个万吨油轮抬到喜马拉雅山上。我要感谢在座的阿里巴巴的家属，没有你们的支持，阿里巴巴的人就不可能夜以继日每天晚上干到十一点、十二点甚至深夜两点、三点，为了一点点程序，为了一个问题，为了一个客户，日夜为之奋斗，感谢你们。我当然也感谢我们的投资者，没有他们的信任我们不会走到今天，我更要感谢的是我的很多朋友们，这些朋友包含很多政府官员，今天在这儿有很多阿里巴巴的朋友，很多是政府官员的朋友，他们不仅仅是政府官员，他们更是我们的朋友，他们信任电子商务，信任阿里巴巴，信任中国中小企业，我由衷地感谢他们。

我相信要感谢的人很多，这几天我想了很多的人要感谢，很多的人要感恩，包括杭州的出租车司机，杭州西湖上划船的船工，没有他们的支持，没有他们帮助不断地宣传阿里巴巴，没有杭州市民支持我们，我们不会有今天。所以感恩是阿里巴巴十年以来心里永远记着的事情。我记得在九年前，我在阿里巴巴的100名员工大会上说，我希望阿里巴巴成为杭州的骄傲，我希望杭州的老百姓愿意把自己的孩子，把自己的男朋友、女朋友、丈夫、太太送到我们公司来，让我们的公司越来越大，不仅成为杭州的骄傲、浙江的骄傲，甚至成为中国的骄傲和世界的骄傲。今天我们刚刚开始，后面的路还非常之长。

我也相信，不管任何原因，我们今天活了下来，但是我们还有92年要走，这92年，我们凭什么再走下去，前十年阿里巴巴只有两大产品，第一个产品就是我们的员工，第二个产品就是我们的客户。我想在这儿分享几样东西，未来十年阿里巴巴必须坚持的事情。第一阿里巴巴是使命感驱动、价值观驱动的公司，8年多来阿里巴巴每个季度考核价值观，每个季度、每个月是靠自己的使命感，每一个人都是靠自己的使命感而坚持。有人说阿里巴巴创办的是理想主义公司，我今天还是觉得，阿里巴巴是充满理想主义和充满现实主义的公司，阿里巴巴没有理想不可能走到现在。未来十年我们永远是家理想主义公司，当然一定会脚踏实地，如果不充满现实主义的去做任何点点滴滴的事情，我相信我们也不会活到现在，我们永远会坚持客户第一、员工第二、股东第三。让华尔街所有的投资者骂我们吧，我们坚持客户第一、员工第二、股东第三。

我们坚持专注，我们专注电子商务，前十年我们专注电子商务，后十年还是专注电子商务，我们前十年专注中小企业，未来十年我们还是专注中小企业，因为只有专注中小企业，专注电子商务，才能让我们长久，因为中小企业需要我们，因为中国电子商务和全球电子商务需要我们。今天阿里巴巴十周年，看到大家的激情，我从来没有那么担忧过，因为今天是前一个十年的结束，我们后面的92年刚刚开始。从昨天晚上到今天早上，我们收到了18个阿里创始人的辞职信，我们所有的18个人辞去了自己创始人的职位，因为我们知道，从9月11日开始，阿里巴巴将进入一个新的时代，进入合伙人的时代，我们18个人不希望背着自己的荣誉去奋斗，今天晚上将是我们睡得最香的一个晚上，因为今天晚上我们不需要说因为我是创始人，我必须更努力，因为今天我们辞去了创始人的职位，明天早上我们将继续去应聘、求职阿里巴巴，我们希望阿里巴巴再度接受我们，跟任何一个普通的员工一样，我们的过去一切归零，未来十年我们从零开始。

说实在的，收到这18个创始人的辞职信，看到他们讲着真诚的话，我非常的感动，我会在公司内网上分享公开每一封辞职信。十年来，阿里巴巴和大家一样，关注着世界在发生巨大的变化，互联网的发展，全球化的发展，金融危机，世界经济已经发生了很大的变化，我们在刚才三分钟的录像里看到，毒奶粉、大气变暖等所有的问题，世界在发生剧烈的变化。我认为这世界在呼唤一个新的商业文明，旧的商业文明的时代就是企业以自己为中心，以利润为中心，创造最有价值，希望能够获取更多的利润，以自己而不是以社会为中心，21世纪的企业需要的是在新的商业文明下、在新的环境下，对社会的关系、对环境的关系、对人文的关系、对客户的关系的重新思考。最近一两年来，阿里巴巴管理层纠结的是，未来十年我们阿里巴巴怎么走，我们需要变成一个什么样的公司。我想不是我们想变成一个什么样的公司，而是世界需要什么样的公司，在21世纪，我们需要有21世纪理念的公司，我们希望更懂得开放、更懂得分享、更懂得全球化的公司，我相信互联网之所以发展那么快，是因为互联网懂得开放、懂得分享、懂得承担责任、有全世界的眼光。今天任何一家企业，假如想在21世纪活好，必须学会开放、分享、责任、全球化，阿里巴巴就是希望成为这样的一家公司。

世界不需要再多一家互联网公司，世界不需要再多一家像阿里巴巴一样会挣钱的公司，世界也不需要有持久经验的公司，世界需要的是一家更加开放、更加懂得分享、更加负责任的企业，一家来自于社会、服务于社会、对未来社会充满责任的企业，世界需要的是一种精神、一种文化、一种信念、一种梦想。阿里人要在未来十年坚守我们的信念，坚守我们的文化，坚守我们的梦想。只有梦想、理念、使命、价值体系才能让我们走得远。

我们希望通过阿里人的努力，我们能够通过互联网、电子商务专注小企业，让全世界所有的企业在平等的、高效的平台上运作，我们期望十年以后，在中国这片土地上，再也看不见民营企业和国有企业之间的区别，我们只希望看到的是诚信经营的企业，我们不希望看到是外资企业和内资企业的分别；我们只希望看到诚信经营的企业，我们不希望看到大企业和小企业的区别。我们希望看到商人再也不是唯利是图的象征，我们希望看到企业再也不是以追求利润为目的，而是追求社会的效益、追求社会的公平、完善社会，我们希望看到自己作为企业家、商人，在这个社会里面，承担着政治家、艺术家、建筑家一样的责任，成为促进社会发展的主要动力之一。

前面十年，通过全社会各位朋友的帮助，阿里巴巴使自己创业成功，未来十年阿里巴巴希望通过自己的平台帮助无数的企业成功，帮助无数的创业者成为阿里巴巴。从最初的18个人到今天的17000个员工，我们将永远坚持员工第二，我们将永远不仅仅满足于创造更多的百万富翁，我们关注员工的幸福感，阿里人我们共同努力，我们要在2010年设计、打造阿里人员工的幸福指数。

我们希望员工不仅仅物质富有，而且精神富有，我们希望员工有成就感，为社会认同，被社会尊重，我们永远坚持认真生活、快乐工作。

对所有的股东，所有支持阿里巴巴、信任阿里巴巴集团的股东们，我们用自己的行为保证，一定会给股东以丰厚的回报，但是我们回报的不仅仅是金钱，我们希望让阿里巴巴所有的股东最后感到骄傲的是，你们投资了一家对社会有巨大促进作用、对社会承担巨大的责任、帮助就业、成就梦想的公司。只有投资这样的公司，你才会觉得有成就感。

最后，就像十年以前，我跟今天的杭州市委书记王国平书记在我的家里说，阿里巴巴十年以后，会成为一家市值50亿美元的公司，当时我们总共凑了50万人民币，非常之艰难。我看见王书记兴奋地点了点头，当然边上很多人觉得不靠谱。十年以来，很多人一直说，阿里巴巴讲的是故事，阿里巴巴这个做不到，那个做不到。但是十年了，阿里巴巴其中的一家公司已经在股市上市，已经超过100亿美金的市值，阿里巴巴已经从18个人变成一万多名员工，阿里巴巴也从中国遍布到全球两百多个国家和地区。我今天当着两万七千名阿里巴巴的员工、阿里巴巴的客户、亲朋好友描绘一下十年以后，阿里巴巴如果要做好新商业文明，我们未来的具体指标是什么。

第一个指标，我们将会创造一千万家小企业的电子商务平台，我们要为全世界创造一亿的就业机会。我们要为全世界10亿人提供消费的平台，我们希望通过一千万企业的平台，通过我们所有企业的平台，让所有的小企业可以通过技术、互联网、电子商务，跟任何大型企业进行竞争，我们希望我们的消费者，能够享受真正物廉价美的产品，我们更希望通过我们的服务，任何一个老太太，不会因为交60元电费去银行门口排队，利用我们的服务，让他们享受跟工商银行的董事长一样的权利。

我相信，一千万家中小企业，一亿个就业机会，10亿个消费者，一定会引来很多的非议、嘲笑、讽刺，没关系，我们阿里人习惯了。我也相信世界一定会忘记我们，因为我们追求的不是让别人记住我们，我们追求的是别人通过使用我们的服务完善自己的生活，促进社会的发展。各位阿里人，92年的路非常之长，来到阿里巴巴不是为了一个工作，而是为了一份梦想，为了一份事业。我在这儿想分享一下不断激励我自己，也是想激励大家的，我讲了N多遍今天还想讲一遍的话：今天很残酷，明天更残酷，后天很美好，绝大部分人死在明天晚上，看不到后天的太阳，阿里人必须看到后天的太阳。

所有阿里人记住，毛主席曾经讲过，自信人生两百年，会当击水三千里。世界给了我们这个舞台，全球给了我们这个机会，动用所有的智慧、所有的勇气、一切的努力去帮助一千万家企业生存，创造就业机会，为10亿人提供真正价廉物美的平台。谢谢大家。

附录五　马云卸任阿里巴巴CEO演讲

大家晚上好！谢谢各位，谢谢大家从全国各地来到这里，我知道也有从美国、英国和印度来的同事，感谢大家来到杭州，感谢大家参加淘宝的十周年庆典！

今天是一个非常特别的日子，当然对我来讲，我期待这一天很多年了，我最近一直在想，在这个会上，跟所有的同事、朋友、网商、所有的合作伙伴，我应该说些什么？很奇怪，就像姑娘盼着结婚，到了结婚这一天，除了傻笑，却不知道该干什么了。

我们是非常幸运的人，我在想十年前的今天，是"非典"在中国最危险的时候，所有人都没有信心，大家不看好未来，十几个阿里人一起相信十年以后的中国会更好，十年以后，电子商务会在中国受更多人的关注，很多人会用。

但我真没想到，十年以后，我们变成了今天这个样子。这十年来，无数的人为此付出了巨大的代价，为了一个理想，为了一个坚持，走了十年。我一直在想，即使把今年阿里巴巴集团99%的东西拿掉，我们还是值得的，今生无悔，更何况我们今天有了那么多的朋友，那么多相信的人，那么多坚持的人。

有时我自己在想是什么东西让我们有了今天，是什么让马云有了今天，我是没有理由成功的，阿里也没有理由成功，淘宝更没有理由成功，但我们居然走了这么多年，依旧对未来充满梦想。其实我想是一种信任，在所有人不相信这个世界，所有人不相信未来，所有人不相信别人的时候，我们选择了相信，我们选择了信任，我们选择相信十年以后的中国会更好，我们选择相信我的同事会做得比我更好，我相信中国的年轻人会做得比我们更好。

二十年以前也好，十年以前也好，我从没想过，我连自己都不一定相信自己，我特别感谢我的同事信任了我，当CEO很难，但是当CEO的员工更难。我从没想过在中国，在一个大家都认为缺乏信任的时代，人们居然会从一个都没有听过名字的人那里，买一个可能从来没见过的东西，经过上千上百公里，再通过一个不认识的人拿到商品，今天的中国，拥有信任，拥有相信，每天2400万笔的淘宝交易量，意味着在中国有2400万个信任在流转着。

在座所有的阿里人，淘宝、小微金融的人，我特别为大家骄傲，今生跟大家做同事，下辈子我们还是同事！因为你们让这个时代看到了希望，在座的你们就像中国所有的80后、90后那样，你们在建立一种新的信任，这种信任让世界更开放、更透明、更懂得分享、更敢于承担责任，我为你们感到骄傲。

今天的世界，是一个变化的世界，30年以前，我们谁都没想到今天会这样，谁都没想到中国会成为制造业大国，谁都没想到电脑会深入人心，谁都没想到互联网在中国会发展得那么好，谁都没有想到淘宝会起来，谁都没想到雅虎会有今天。这是一个变化的世界，我们谁都没想到，我们今天可以聚在这里，继续畅想未来。

我们大家都认为电脑快，互联网还要快，我们很多人还没搞清楚什么是PC互联网、移动互联来了的时候，大数据时代又来了。变化的时代是年轻人的时代，今天还有不少年轻人觉得无数的像谷歌、百度、腾讯、阿里这样的公司拿掉了所有的机会。

十年以前，当我们看到无数伟大的公司时，我们也曾经迷惘过，我们还有机会吗？但是十年的坚持、执着，我们走到了今天，假如不是一个变化的时代，在座所有的年轻人，轮不到你们，工业时代是论资排辈的，永远需要有一个rich father，但是今天我们没有，我们拥有的就是坚持和理想。很多人讨厌变化，但是正因为我们把握住了所有的变化，我们才看到了未来，未来30年，这个世界，这个中国，将会有更多的变化，这种变化对每一个人来说都是一个机会，抓住这次机会。我们很多人埋怨昨天、埋怨30年以前的问题，中国发展到今天，谁都没有经验，世界发展到今天，谁都没有经验，我们没有办法改变昨天，但是30年以后的今天，是我们今天这帮人决定的，改变自己，从点滴做起。坚持十年，这是每一个人的梦想。

我感谢这个变化的时代，我感谢无数人的抱怨，因为在别人抱怨的时候，才是你的机会，只有变换的时代，才是每一个人看清自己有什么、要什么、该放弃什么的时候。

参与阿里巴巴的建设14年，我很荣幸我是一个商人，今天人类已经进入了商业社会，但是很遗憾，商人在这个社会没有得到他们应该得到的尊重，我想我们跟任何一个职业，任何一个艺术家、教育家、政治家一样，我们在尽自己最大的努力，去完善这个社会。14年的从商生涯，让我懂得了人生，让我懂得了什么是艰苦，什么是坚持，什么是责任，什么是别人成功了才是自己的成功。我们最期待的是看到员工的微笑。

从今天晚上12点以后，我将不是CEO。(掌声)从明天开始，商业就是我的票友，我为自己从商14年深感骄傲！

看到你们，看到中国的年轻人，我不希望有一天你们这些人来致你们逝去的中年。这个世界上谁也没把握能红五年，谁也没有可能会不败、会不老、会不糊涂。解决不败、不老、不糊涂的唯一办法就是相信年轻人！因为相信他们，就是相信未来。所以我将不再回到阿里巴巴做CEO。

要我回也不会回来，因为回来也没有用，你们会做得更好！

做公司，到这个规模，我很骄傲，但是对社会的贡献，我们这个公司才刚刚开始，所有的阿里人，我们都很兴奋、很勤奋、很努力，但我们很平凡，认真生活，快乐工作。我们今天得到的远远超过了我们的付出，在这个社会、在这个世纪要让这家公司走远走久，那就要去解决社会的问题，今天社会上有那么多问题，这些问题就是在座的机会。如果没有问题，就不需要在座的各位了。

阿里人坚持为小企业服务，因为小企业是蕴藏梦想最多的地方。这里，14年前，我们提出了"让天下没有难做的生意，帮助小企业成长"的目标，今天这个使命落到了你们身上，我还想再为小企业讲，人们说电子商务、互联网制造了不公平，但是我的理解是互联网制造了真正的公平。请问，全国各省、各市、各地区，有哪个地方为小企业、初创企业提供税收优惠，互联网给了小企业这个机会。有些企业三五年内享受了五六亿个用户，他们呼唤跟小企业共同追求平等，小企业需要的就是500块钱的税收优惠，请所有阿里人支持他们，他们一定会成为中国将来最大的纳税者。

感谢各位，我将会从事一些自己感兴趣的事儿，教育、环保，刚才那首歌《Heal the world》，这世界很多事，我们做不了，这世界奥巴马就一个，但是太多的人把自己当奥巴马看。每个人做好自己那份工作，做好自己感兴趣的那份工作，已经很了不起，我们一起努力，除了工作以外，完善中国的环境，让水清澈，让天空湛蓝，让粮食安全，我拜托大家！（马云单膝下跪）

我特别荣幸介绍阿里未来的团队，他们和我一起工作了很多年，他们比我更了解自己。陆兆禧工作了13年，在阿里巴巴内部，经历了很多岗位，经历了很多磨难，应该讲13年来眼泪和欢笑一样的多，接马云这个位置是非常难的，我能走到今天，是大家的信任，因为信任，所以简单！

我相信，我也恳请所有的人像支持我一样，支持新的团队、支持陆兆禧，像信任我一样，信任新团队、信任陆兆禧，谢谢大家，明天开始，我将有我自己新的生活，我是幸运的，我在48岁就可以离开我的工作，明天开始，生活将是我的工作，欢迎陆兆禧。